Rıhle Kitap 09
Ebubekir Sifil Kitaplığı 07

ISBN
978-605-5634-13-1

Baskı
RAVZA YAYINCILIK ve MATBAACILIK
Kale İş Merkezi No: 51-52
Davutpaşa-Topkapı / İstanbul
Matbaa Sertifika No: 16480

3. Baskı
Kasım 2014

Yayınevi Sertifika No: 14183

RIHLEKİTAP

Tel: (0212) 613 18 05
Fax: (0212) 613 1806
www.rihlekitap.com – www.rihledergisi.com.tr
www.sahniseman.org

Bu kitabın tamamının ya da bir kısmının, önceden verilmiş yazılı izin olmaksızın herhangi bir şekilde çoğaltılması, basılması ve dağıtılması yasaktır.

İslam ve Modern Çağ
-III-

Dr. Ebubekir Sifil

İSTANBUL 2014

Ebubekir Sifil

25.12.1960 tarihinde Kars'ın Sarıkamış ilçesinde dünyaya geldi. İlk ve Ortaokulu Sarıkamış'ta, Lise'yi Kars İmam-Hatip Lisesi'nde okudu. 1978 yılında Erzurum Atatürk Üniversitesi Kâzım Karabekir Eğitim Enstitüsü'ne (şimdiki adıyla Eğitim Fakültesi) girdi.

1980 yılında bu okuldan ayrıldı ve aynı yıl Ankara Gazi Üniversitesi Basın Yayın Yüksekokulu'na (şimdiki adıyla İletişim Fakültesi) girdi. 1984-85 öğretim yılında bu okulun Gazetecilik ve Halkla İlişkiler Bölümü'nden mezun oldu.

1986 yılına kadar serbest çalıştı. Bu arada kısa bir süre bir özel şirkette Arapça mütercimlik yaptı.

Aralık-1986 – Nisan-1987 tarihlerini kapsayan askerlik dönüşü bir süre yine serbest çalıştıktan sonra 1989 yılından 1993 yılı sonuna kadar Türkiye Diyanet Vakfı'nda yayın editörlüğü yaptı.

1993-1996 arası Yüzüncü Yıl Üniversitesi İlahiyat Fakültesi'nde (Van) ve 1998-1999 arası Osmangazi Üniversitesi İlahiyat Fakültesi'nde (Eskişehir) Araştırma Görevlisi olarak çalıştı; her iki görevinden de kendi isteğiyle ayrıldı.

Hadis Bilim Dalı'nda yaptığı Yüksek Lisansını (Konya Selçuk Üniversitesi İlahiyat Fakültesi) 1996, Doktorasını 2006 yılında bitirdi.

Halen Yalova Üniversitesi İlahiyat Fakültesi'nde öğretim üyesi olarak çalışmaktadır.

1999-2000 arası *Yeni Mesaj* gazetesinde, 2000-2013 yılları arasında *Millî Gazete*'de günlük yazılar yazdı.

Evli ve 3 çocuk babasıdır. Arapça ve İngilizce bilmektedir.

İlmî ve Edebî Çalışmaları

– 1989 yılından itibaren *Girişim, Kitap Dergisi, İlim ve Sanat, Bilgi ve Hikmet, İslamî Araştırmalar, İslami Edebiyat, Beyan, Altınoluk, Semerkand* gibi dergilerde yazıları yayımlandı. Halen sahibi ve Genel Yayın Yönetmeni olduğu 3 aylık RIHLE dergisinde yazmaktadır.

– *Modern İslam Düşüncesinin Tenkidi* adıyla başlattığı bir seri çalışmanın ilk ürünü (Prof. Dr. Yaşar Nuri ÖZTÜRK'ün görüşlerinin ele alındığı cilt) Mayıs 1997 tarihinde (5. baskı RıhleKitap, Temmuz 2013), Fazlur Rahman'ın görüşlerinin ele alındığı cildin 1. kısmı Ocak 1998 tarihinde (5. baskı RıhleKitap, Temmuz 2013) ve 2. kısmı Aralık 1999 tarihinde Kayıhan Yayınevi tarafından neşredildi. Bu seri farklı ilim adamlarının görüşlerinin kritiğine tahsis edilecek çalışmalarla devam edecek.

– Yukarıda adı zikredilen dergilerde yayımlanmış bulunan yazılarının bir kısmı ile neşredilmemiş bazı makaleleri *Çağdaş Dünyada İslamî Duruş* adlı kitapta (Rıhle yayınları, 1999; RıhleKitap, 2010) bir araya getirildi.

– *Modern Fetvalar Çağdaş Hurafeler* adıyla Prof. Dr. Yaşar Nuri ÖZTÜRK'ün görüşlerinin eleştirisine tahsis ettiği bir seri çalışmanın ilk ürünü Alperen yayınları arasında (Aralık, 2001) yayımlandı.

– Arapça'dan çevirdiği *Makâlâtu'l-Kevserî* adli eserin ilk cildi RıhleKitap yayınları arasında neşredildi (Temmuz, 2014)

– Arapça'dan yaptığı bir çeviri Risale Yayınları arasında *İhtilaftan Rahmete* adıyla 1989 yılında neşredildi. 1997 yılında bu çalışmanın ikinci baskısı (*Mezhep Meselesi ve Fıkhî İhtilaflar* adıyla) yapıldı. 2012 yılında bu çeviri RıhleKitap yayınları arasında neşredildi.

– Millî Gazete yazılarını *İslam ve Modern Çağ* adıyla neşredilen (Kayıhan yayınları, 2005; RıhleKitap, 2011) 3 ciltlik seride bir araya getirdi.

–İstikamet Yazıları adlı iki ciltlik kitabı da yeni gazete yazılarından derlenerek oluşturuldu (RıhleKitap, 2012).

– Çeşitli ilmî dergiler tarafından neşredilen akademik makalelerini *İslamî Bilincin İhyası* (RıhleKitap, 2010) adlı kitapta bir araya getirdi.

– Yine akademik formattaki diğer bir kısım makaleleri *İdrak ve Tasdik* isimliyle neşredildi (RıhleKitap, 2010).

– Rıhle Dergisi'nde neşredilen makaleleri *İhya ve İnşa* adlı eserde bir araya getirildi (RıhleKitap, 2014).

– Doktora tezi, *Hz. Ömer ve Nebevî Sünnet* adıyla basıldı (Kayıhan, 2007; RıhleKitap, 2010).

– Çeşitli yayın organlarında neşredilen mülakatları *Sözü Müstakim Kılmak* adlı kitapta (RıhleKitap, 2011) bir araya getirildi.

– Gerek internet üzerinden, gerekse yazılı basında İslamî ilimlerin hemen her dalıyla ilgili olarak kendisine sorulan sorulara verdiği cevaplar *Sana Din'den Sorarlar* adıyla basıldı (RıhleKitap, I. Cilt: 1. baskı, 2009, 3. baskı, 2012).

– Türkiye Diyanet Vakfı tarafından neşredilmiş olan İslam Ansiklopedisi'nde 20 civarında madde telif etmiştir. Telif ettiği maddeler, adı geçen ansiklopedinin XIV. cildinden itibaren neşredilmiştir.

– 1980 yılından 1993 yılına kadar yazdığı şiirler *Mavera, Dergâh, Yedi İklim, İslâmî Edebiyat, Kayıtlar, Güneysu* dergilerinde yayımlandı.

– 2012 tarihinden bu yana İSEGAH (İslamî İlimler Eğitim Araştırma ve Hizmet Vakfı) bünyesindeki Sahn-ı Seman İslamî İlimler Eğitim ve Araştırma Merkezi'nde çok yönlü ilmî çalışmalarına devam etmektedir.

– 2011-12 yıllarında TV Net kanalında Talha Hakan Alp'in sunduğu İlm-i Hâl isimli ilmî programa daimi konuk olarak katkı verdi.

– Sayıları 100'ü geçmiş bulunan radyo-televizyon programları ve yurt içi ve yurt dışı konferansları devam etmektedir.

İÇİNDEKİLER

İçindekiler 5

BİRİNCİ BÖLÜM
KUR'AN TARTIŞMALARI

1. Kur'an'da Birleşmek 11
2. Problemin Adı Ayetsiz İlmihal mi, Sistemsiz Bilgilenme mi? 15

İKİNCİ BÖLÜM
SÜNNET TARTIŞMALARI

1. Hadis Tetkikleri Dergisi 21
2. "Sûret Hadisi" Üzerine 25
3. Marife Dergisi 31
4. "Kur'an'a Aykırı Hadis" Söylemi 33
5. Ma'mer b. Râşid'in "el-Cami"i 35
6. "73 Fırka Hadisi" Üzerine 39

ÜÇÜNCÜ BÖLÜM
USUL/FIKIH TARTIŞMALARI

1. İmam eş-Şâfi'î'nin Sistemi 43
2. Şer'î Deliller Hiyerarşisi 47
3. İcma Niçin Önemlidir? 49
4. Maslahat 51
5. İstihsan 53
6. Nikâhta Denklik Meselesi 55
7. "Hüküm Vermek" ve "Ahkâm Kesmek" 59
8. Hutbe ve Cuma 63
9. İhtilaflı Meseleler Konusunda Doğru Tavır 67

DÖRDÜNCÜ BÖLÜM
AKAİD/KELAM TARTIŞMALARI

1. Nüzul-i İsa (a.s) İle İlgili Rivayetler 75
2. Yine Nüzul-i İsa (a.s) 79
3. Nüzul-i İsa (a.s) Meselesinde İtiraz Noktaları 83
4. "Nüzul-i İsa (a.s)'a Dair Üç Kitap 87
5. "Sapıklık" 91

6. Abalılar ve Sopalılar 93
7. Allah'ın Varlığına İnanmak Yeterli mi? 97
8. İtikadda Çoğulculuk 99
9. İmam El-Gazzâlî'den Emile Boutroux'ya 103

BEŞİNCİ BÖLÜM
MODERNİZM TARTIŞMALARI

1. Değişim.. 107
2. Değişimi Kabullenmek, "Nesneleşme"yi Kabul Etmektir 111
3. Akıntıya Yürek Çekmek 115
4. Kavramların Terki Kimliğin Terkidir 117
5. İdil-Ural Ceditçiliği 121
6. Musa Carullah'ın Bazı Görüşleri 123
7. İslam Modernistleri ve Yahudilik 127
8. Terakki, Örfî Hukuk, Sekülarite 129

ALTINCI BÖLÜM
KADIN TARTIŞMALARI

1. "Olumlu Ayrımcılık" 151
2. Hadis'i Feda Ederek "Din'i Kurtarmak" 153
3. İki Tarz-ı Telakki 157
4. Erkek Egemen Kültür 161
5. Çok Eşlilik 163

YEDİNCİ BÖLÜM
GEÇMİŞ ZAMAN SAYFALARI

1. "Mülk"ün Garantisi Adalet; Ya Adaletin Garantisi?............ 169
2. İlim ve Siyaset 171
3. Gerçek Bir İslam Alimi 177

SEKİZİNCİ BÖLÜM
İSLAM DÜNYASI

1. İslam Dünyası ve Tercüme Faaliyetleri 183
2. Kutsal Kitab'ın Son Versiyonu ya da Kendi Kitabını Yazanların Öyküsü 185
3. Barış ve Esenlik Şehri 191
4. Münâcât 193
5. Savaş Sonrası 195
6. Şerden Hayır Çıkarmak 197
7. Savaşa Hayır Demek 199
8. Hıyanetin Vatanı Yok 201
9. İntihar mı, Şehitlik mi? 203
10. Medeniyetler Çatışması 205

DOKUZUNCU BÖLÜM
MÜTEFERRİK YAZILAR

1. "Anlama Problemi"nden Müşteki Bir Yazara Hatırlatmalar 209
2. Ebced Hesabı ve Güneşin Açısı..229
3. Şura Üzerine..233
4. İsimler ve Bilinçaltı Atraksiyonları....................................235
5. Vahiy, Keşif, İlham..237
6. İnsan, Özgürlük ve Mükellefiyet.......................................241
7. ed-Devvânî'nin Ruh Hakkındaki Görüşü..........................243
8. Sahabe...245
9. Tevakkuf..247
10. Alim ve Rüya...249
11. İlim Talebi...251
12. Tabakat Kitapları..253
13. "Tasavvur Kitabı...255
14. "Veren El-Alan El"...257
15. Mü'min'in Hürmeti..259
16. Muhasebe..263

Bibliyografya...265
Karma İndeks 271

BİRİNCİ BÖLÜM

KUR'AN TARTIŞMALARI

1. Kur'an'da Birleşmek

CHP İstanbul milletvekili Prof. Dr. Yaşar Nuri Öztürk, geçenlerde bir TV kanalında, Mina'da şeytan taşlama esnasında meydana gelen ve birçok hacının ölümüne yol açan izdihamı yorumluyordu. Gelen bir izleyici telefonu üzerine mevzu asıl mecraına döndü ve "Kur'an üzerinde birleşme" faslı açıldı.

Programı sonuna kadar izleme gereği duymadığım ve meselenin nereye bağlanacağını tahmin ettiğim için televizyonu kapattım ve düşündüm: Bu söylemin "pratik değeri nedir?"

Okuyucuya basit dinî bilgiler vermek için yazılmış kitaplarda "ef'al-i mükellefîn" diye bir bahis vardır. Bilgi ve amel sisteminin mükemmel bir şekilde özetlendiği bu bahis, yapıp ettiklerimizin "dinî" değerinin/karşılığının ne olduğunu tesbit eder. Eğer sistemin temelini teşkil eden nassları yerinden oynatırsanız "ef'al-i mükellefîn" de, onların tekabül ettiği karşılıklar da buharlaşır.

"Varsın olsun; bundan ne çıkar!" diyenler olabilir. Böyle düşünenler, bu tavırlarıyla Kur'an ve Sünnet nasslarının bize ne dediğini ve bizden ne istediğini çok fazla önemsemediklerini ortaya koymuş olurlar. Bu da hem "sahih dinî bilgi", hem de "doğru amel" bakımından önemli bir eksikliğin işaretidir.

"Kur'an'daki bütün emirler farziyet ifade eder" diyen kişi aslında bir Usul kaidesi vaz ederek "ef'al-i mükellefîn"den bahs etmektedir. Ama eksik, bölük-pörçük, temelsiz ve tutarsız bir şekilde...

Bu sözün sahibine göre *"(Ramazan geceleri) fecir vakti beyaz iplik siyah iplikten size seçilene kadar yeyin, için...*"[1] ayeti gereğince Ramazan geceleri yemek ve içmek farzdır; hem de iftar zamanından başlayarak şafak sökünceye kadar!..

Duyan da Kur'an'ın emir ve yasaklarının mahiyeti, ayetlerin delalet vecihleri, edatların anlamları, nüzul sebepleri, ayetler ve sureler arasındaki tenasüp, nesh, müteşabihat, Kur'an-Sünnet ilişkisi... gibi Ulumu'l-Kur'an bahisleri konusunda ciddiye alınır, özgün/farklı bir bilgi sistemi ortaya konmuş olmasına rağmen insanların "Kur'an'da birleşme"ye yanaşmadığını sanır...

Hz. Ali (k.v)'nin "Kelimetun hakk urîde biha'l-bâtıl" (kendisiyle batılın murad edildiği hak bir söz) tesbitini hatırlamanın tam sırasıdır.

Bilindiği gibi Haricîler de "Lâ hükme illâ lillâh" (Allah'tan başkasının hüküm verme/hakemlik yapma yetkisi yoktur) derken[2] hak bir söz söylüyordu. Ancak bu sözü, "Hakem olayı"na karışan, bu olayı tasvip eden, hakemlerden ve onları nasp edenlerden teberri etmeyen, hatta onları tekfire yanaşmayan herkesi İslam dairesi dışına çıkarma şizofrenisinin payandası olarak kulanıyorlardı.

Bu psişik durumu yaşayanların dikkat çekici bir özelliği daha var: Kendileri bütün Ümmet'in ulemasına, Sahabe'ye, hatta Hz. Peygamber (s.a.v)'e pervasızca muhalefet ederken "fikir özgürlüğü" borusunu öttürmenin sarhoşluğu ile mest olurken, bir başkası "Ben Hz. Peygamber (s.a.v)'in hadislerine, Sahabe'nin tavrına ve ulemanın görüşüne tabi oluyorum" dediği zaman ne "yobazlığı" kalır, ne "din istismarcılığı"... Arkasına bir de "maymuncuk" eklemeyi ihmal etmezler: "Gerici... Cumhuriyet düşmanı!"...

Hacc menasiki arasında "Şeytan taşlama"nın ve bu ibadeti belirlenen süre içinde yerine getirmemenin hükmünün ne olduğunu sorsanız ne karşılık verirler? Ben söyleyeyim: "Kur'an'da böyle bir şey yoktur. Dolayısıyla

---

[1] 2/el-Bakara, 187.
[2] 6/el-En'âm, 57. ayete atfen.

yapmasanız da olur." Vacip, müstehap, mübah, mekruh... kategorileri ve bunları ahkâm sahasında görünür kılan sebepler hakkında en küçük bir fikri olmayan bu zevatın Kur'an ve Sünnet ahkâmı hakkında tek bildikleri "olsa da olur, olmasa da"dır...

Öyleyse kendilerine bir teklifimiz olacak: Hacca gidecek olursanız, bu ibadeti sadece ilgili Kur'an ayetleri ile sınırlı olarak yapmayı deneyin. "Hacc menasiki" ile ilgili olarak Sünnet'le sabit olan hüküm ve uygulamaları dikkate almadan yapılacak bir haccın neye benzeyeceğini böylece hep birlikte görmüş oluruz.

2. Problemin Adı Ayetsiz İlmihal mi, Sistemsiz Bilgilenme mi?

Bir süre önce bu köşede okuduğunuz "Muhasebe" başlıklı yazım[1] üzerine sitem ve "dokundurma" yüklü bir mesaj aldım. Şöyle diyor okuyucum: "Gençlerin hevesini kırmayın lütfen. Bırakın insanlar Kur'an'ı (anladıkları dilde) okuyup, öğüt alsınlar. (...) Lütfen insanlarla Allah arasına duvarlar örmeyelim. Bahsetmiş olduğunuz ilmihal kitabı da bu duvarlardan birisidir. Öyle bir ilmihal kitabı düşünün ki, içinde tek bir ayet bile yok. Ben şahsen bu ilmihal kitabında bir tek ayet bulamadım. Siz bulursanız bana gösteriniz lütfen. Bu ve başka sebeplerden dolayı bu ve benzeri kitapları Allah'ın mesajına ulaşmaya engel görüyorum. Lütfen bu engellerden biri de siz olmayın."

Mesaj sahibi kardeşimin iyi niyet ve samimiyetinden şüphem yok. Ama bu konu sloganvari söylemler üzerinden sonuca gidilemeyecek kadar önemli ve hassas.

Öncelikle şunu söylemeliyim: Kur'an'ı "öğüt ve ibret almak" için okuyanlara elbette bir diyeceğim olamaz. Ama mesele, Kur'an'dan şahsi olarak anladığımız şey üzerine tasavvur inşa etmeye, akide ve ahkâm bina etmeye gelince, işte burada işin rengi değişiyor. Zira Kur-'an sadece "öğüt ve ibret almak" için gönderilmiş bir Kitap değil. Akide, amel, bilinç ve vahiyle kurulacak "varoluşsal ilişki" de ondan kaynaklanmak durumunda...

Kur'an ve Hadis çalışması yapan bir kimsenin –sahip olması gereken donanım dışında, hatta "donanımına rağmen"–, muradullaha ve murad-ı Resulillah'a aykırı bir kanaate sürüklenmemek ve ilahi mesajın doğru anlaşıl-

---

[1] Bu yazı, elinizdeki kitabın 7. Bölüm'ünde bulunmaktadır.

ması konusunda sübjektiviteyi asgariye çekmek için "acaba konunun otoriteleri ne diyor" hassasiyetini göstermesi, kendi encamı için en eslem yol iken, herhangi bir altyapısı olmayan insanların "Allahu a'lem" demeyi aklına bile getirmeden hüküm yürütmeye kalkışmasını engellemeye çalışmanın neresi "insanlarla Allah arasına duvar örmek"tir, işte bunu anlamam mümkün değil.

Galiba bu okuyucumun ve kendisi gibi düşünen kardeşlerimin şu sorunun cevabını "net" bir şekilde vermesi gerekiyor: İnsanlara hidayet kaynağı olarak gönderilmiş bir Kitap'ta "müteşabihat"ın ne işi var? Âl-i İmrân ayetindeki "vakf"ın "ilimde rasih olanlar" ibaresinin sonunda olması gerektiğini söylemenin de burada bir şeyi çözmeyeceği ortada... Zira "ibtida' değil ittiba" diyenler ya da medreselere Kur'an dersi koymayı "akıl edememiş" olanlar değilse kimdir "ilimde rüsuh sahipleri"?

Bir soru daha: Tarih içinde/boyunca ortaya çıkmış/çıkmakta olan bunca itikadî fırka nasıl olmuştur da kendi tezine Kur'an'dan delil bulabilmiştir? Yoksa Kur'an'ın vaat ettiği hidayetin birden fazla tarzda ve birbiriyle uzlaşması mümkün olmayan yönelişler halinde tezahür edebileceğini mi söyleyeceğiz?

"Dirayet tefsiri" tarzı çalışmalarla Kelam ve Tabakat kitapları, Kur'an ayetlerinin birbirine zıt görüşlere nasıl temel yapılabildiğinin anlatımıyla doludur. (7/13. asır ulemasından Ahmed b. Muhammed b. el-Muzaffer er-Râzî'nin *Hücecu'l-Kur'ân*'ı bu babda en calib-i dikkat çalışmalardan birisidir.)

Yukarıda mesajının ihtiva ettiği önemli yerleri iktibas ettiğim okuyucumun Bilmen merhumun ilmihali "ve benzerleri" hakkında söyledikleri, bahse konu mesajı ciddiye almama yol açan bir yaklaşımı ele vermesi bakımından üzerinde durmayı hak ediyor.

İlmihallerden bu denli rahatsız olan kardeşlerimiz arasında, günlük ibadetlerini bütün ayrıntılarıyla –hadi "kendi çıkarsamalarına dayanarak" diyerek işi zora sokmayayım– temel Fıkıh kaynaklarına bizzat başvurarak yerine getirme kapasite ve birikimine sahip olanların adedinin ne olduğu bir bahs-i diger.

Burada meseleyi, Bilmen merhumun ilmihalinin hangi sayfalarında hangi ayetlerin zikredildiğini tadad etmeye girişme basitliğine indirgemeden şu tesbiti yapmamız gerekiyor: İlmihallere yöneltilmiş bu tenkit, aslında ilmihallerin kendisinden süzülerek geldiği Fıkıh literatürünü, hatta bu literatüre vücut ve ruh veren epistemolojiyi hedeflemektedir.

Bütün açılım ve boyutlarıyla bizatihi bir "Modern dönem mahsulü" olan "Kur'an'a/Kur'an ve Sünnet'e dönüş" hareketi, o muazzam ve muhalled Fıkıh literatürüne arka dönerek sadece kendisine hayatiyet sağlayacak damarları tıkamaya çalışmakla kalmıyor, aynı zamanda Ümmet'in Kur'an ve Sünnet'le kurması gereken/geçmişte kurduğu "varoluşsal ilişki"yi de sistemsizliğin savruk, serazat ve "miyop" macerasına kurban ediyor...

Öte yandan "ilahî mesajı anlamak" türünden tabirlerin mana ve mazmununda nelerin bulunduğunun da ayrıca irdelenmesi gerektiğini söylemeliyim. Şurası açık ki, hem gayb, hem de şehadet alemini kucaklayan ve bu yönüyle "hakikat"i "iç içe halkalar" biçiminde ihtiva eden Kur'an'ın muhtevasının ağırlık merkezleri, insanın ona nereden baktığına bağlı olarak değişiyor. "Kur'an nasıl bir kitaptır?" sorusuna İslam'la yeni şereflenmiş bir mühtedinin vereceği cevapla, ilimde rüsuh sahibi bir mü'minin vereceği cevap elbette farklıdır ve fakat Kur'an her ikisi için de bir "hidayet ve rahmet kaynağı"dır. Bir başka deyişle, Kur'an'ın mesajını her ikisinin de anladığını söylemek yanlış olmamakla birlikte, bu "mesaj"ın madde ve ruh dünyalarını şekillendirmesi noktasında bu ikisi arasında bir "seviye" ve "idrak" farkı bulunduğunu da teslim etmemiz gerekir. Bunun garipsenecek bir yanı da yoktur. Çünkü Kur'an kendisini hem *"huden li'n-nâs"* (bütün insanlık için hidayet kaynağı), hem de *"huden li'l-muttakîn"* (müttakîler için hidayet kaynağı) olarak tavsif ediyor...

Öyleyse Kur'an'ın muhtevası konusunda herkesin kendi seviyesi ölçüsünde "malumat sahibi olması" ile "Din'de derinlemesine bilgi (fıkıh) sahibi olma"yı birbirinden ayırmak zorundayız. İlahî mesajı bizzat anlama iddiasındaki kardeşlerimizin, bu ayrımın bizzat "ilahi mesaj" tarafından yapıldığının da farkında olması gerekir.

Şimdi başa dönüp soralım: Din'de fıkıh sahibi olanların, bu özelliğe sahip olmayanlara Din'in pratik hayatta nasıl yaşanacağını öğretmeleri mi, yoksa "Din'de fıkıh sahibi olma" vasfını elde etmeden Din telakkisi oluşturma gayretkeşliğine soyunmaya teşvik edilmesi mi "ilahî mesajla insanlar arasına duvarlar örmek" anlamına gelir?

İKİNCİ BÖLÜM

SÜNNET TARTIŞMALARI

1. Hadis Tetkikleri Dergisi

Yrd. Doç. Dr. Hüseyin Kahraman'ın "Sûret Hadisi Üzerine Bağlam Esaslı Bir Tahlil Denemesi" isimli makalesi, tarih boyunca muhtelif meşrep ve ekoller arasında önemli bir ihtilaf konusu oluşturmuş bulunan ve "suret hadisi" olarak bilinen rivayetin senet ve metin açısından durumunu irdeliyor. Bir kesim tarafından "teşbihçi" tavra mesnet yapılırken, bir başka kesim tarafından İsrailiyat vakıası ile irtibatlandırılan bu rivayetin "problem" teşkil etmekten uzak bir anlayışla ele alınabileceğini göstermesi bakımından Kahraman'ın makalesinin kayda değer olduğunu söylememiz gerekiyor.

Makalenin bir yerinde *"Muhakkak Allah azze ve celle Âdem'i kendi suretinde yaratmıştır"* cümlesinin, hadisi Ahmed b. Hanbel'e nakleden Abdurrahman b. Mehdî'nin kendi sözü olduğu, bir başka yerde de *"Allah Âdem'i kendi suretinde yarattı"* cümlesinin, *"Kardeşinizin yüzüne vurmayın..."* ifadesi ile birlikte zikredilmesi bazı hadis otoriteleri tarafından da "ziyade" olarak değerlendirilmiştir" denmek suretiyle "suret" içeren cümlenin hadise sonradan eklendiği intibaı verilmektedir ki, kanaatimce doğru değildir.

Zira İbn Mehdî'nin (ki otoritesi herkesçe müsellem bir Hadis imamıdır), *"Kavga ederken yüze vurmaktan sakının..."* hadisini aktardıktan sonra, bu hadisin başka varyantlarında gelen ve "suret" içeren kısmını yine hadisten iktibas olarak ta'lil maksadıyla zikrettiğini söylemek yanlış olmayacaktır.

"Ziyade" meselesine gelince, burada yazarın bir zühulü dikkat çekiyor. Zira bahsedilen yerde kaynak olarak verilen *Fethu'l-Bârî* ve *Umdetu'l-Karî* müellifleri, "ziyade" olan kısmın "er-Rahmân" kelimesi olduğunu belirtmişlerdir. Bir başka deyişle onların "ziyade" olduğunu söylediği kısım *"Allah Teala Âdem'i kendi suretinde* (alâ sûretihî) *yaratmıştır"* cümlesi değil, *"Rahman'ın suretinde* (alâ sûreti'r-Rahmân) *yaratmıştır"* cümlesindeki "Rahmân" kelimesidir...

Ancak bu söylenenler elbette makalenin kıymetini eksiltmez ve makalede ortaya konan yaklaşımın doğruluğuna tesir etmez...

Hadis Tetkikleri Dergisi'ndeki bir diğer makale de Doç. Dr. Nuri Topaloğlu imzasını taşıyor. "Hazreti Peygamber'in Zatı ve Eşyası ile Teberrük Meselesi" başlığını taşıyan makalede bir kısım sahabîlerin, Hz. Peygamber (s.a.v)'in abdest aldığı suyun fazlasıyla, tükrüğüyle, teriyle, kanıyla ve kullandığı bir kısım eşyayla teberrükte bulunduğunu bildiren rivayetler sıralanmakta ve bu rivayetler hakkında yorumlar yapılmakta.

Yazarın, ilgili rivayetler konusundaki tavrını, "sonuç" kısmındaki ifadeleriyle aktarmış olalım: "Hz. Peygamber (s.a.v)'e duydukları sonsuz sevgi, bazı sahabîleri onun zatına ve eşyasına aşırı değer vermelerine, dünya ve ahirette fayda sağlayacağına inanmalarına sebep olmuştur. Gerek Hz. Peygamber'in zatı, gerekse kullandığı eşya ile teberrük meselesi, ashabın çoğunluğu ile alakalı olmayan, azınlıkta kalan bazı sahabîlerin şahsî tavırları olarak telakki edilebilir."

Yazar, bu türlü rivayetlerin tamamını uydurma olarak nitelendirmek yerine, bazı sahabîlerin Hz. Peygamber (s.a.v)'e olan sevgi ve bağlılıklarının mantık ötesi bir tezahürü olarak görmenin daha uygun olduğunu söylüyor ve ekliyor: "Hz. Peygamber'den sadır olan (ve) akılla izah edilemeyen bir hadisenin mu'cize ve hasais kabilinden olma ihtimalini nazar-ı dikkatten uzak tutmamak gerektiğini de düşünüyoruz."

İşbu "teberrük" meselesini "bazı sahabîlerin mantıksız/aşırı tutumları" olarak nitelendirmek ve "onun zatını ve eşyasını kutsallaştırmak" olarak tesbit etmek, konuyu başka bir zemine kaydırmakta ve dilde/yaklaşımda tutarlılık problemi yaşandığını ihsas etmektedir.

Bu meseleyi önemsemeliyiz. Zira bilincimizin indirgemeci, maddî, ruhsuz bir "kalıp" ile örtüldüğü modern zamanlarda maddenin ötesine uzanmak, gözle görülmeyeni "idrak etmek" ve dokunulamayanı "hissetmek", bunun için gayret göstermek, hayatı ve eşyayı "doğru" biçimde okumanın biricik yoludur.

Biz, dünyanın peygambersiz döneminin yetimleri, bir peygamberin yanında-yakınında olmak nedir bilmiyoruz! Bir peygamberin eline-eteğine, elinin-eteğinin değdiği eşyaya "dokunma"nın insanda hasıl edeceği depremi bilmiyoruz. Bizim için önemli olan, bu dünyada başımızı sıkıntıdan kurtaracak formülü keşfedip "rahata ermek"; peygamberle birlikte iken karın tokluğuna razı olmanın, biriktirmemenin ve yüzü ahirete dönük yaşamanın bizim için şu anda çok fazla bir önemi yok...

2. "Sûret Hadisi" Üzerine

Bir önceki yazıda *Hadis Tetkikleri Dergisi*'nde yer alan makaleler üzerinde dururken Yrd. Doç. Dr. Hüseyin Kahraman'ın "Suret Hadisi" konusundaki makalesine de değinmiş ve şöyle demiştim:

"Makalenin bir yerinde *"Muhakkak Allah azze ve celle Âdem'i kendi suretinde yaratmıştır"* cümlesinin, hadisi Ahmed b. Hanbel'e nakleden Abdurrahman b. Mehdî'nin kendi sözü olduğu, bir başka yerde de *"Allah Âdem'i kendi suretinde yarattı"* cümlesinin, *"Kardeşinizin yüzüne vurmayın"* ifadesi ile birlikte zikredilmesi bazı Hadis otoriteleri tarafından da "ziyade" olarak değerlendirilmiştir" denmek suretiyle "suret" içeren cümlenin hadise sonradan eklendiği intibaı verilmektedir ki, kanaatimce doğru değildir.

"Zira İbn Mehdî'nin (ki otoritesi herkesçe müsellem bir Hadis imamıdır), *"Kavga ederken yüze vurmaktan sakının"* hadisini aktardıktan sonra, bu hadisin başka varyantlarında gelen ve "suret" içeren kısmını yine hadisten iktibas olarak ta'lil maksadıyla zikrettiğini söylemek yanlış olmayacaktır.

"Ziyade" meselesine gelince, burada yazarın bir zühulü dikkat çekiyor. Zira bahsedilen yerde kaynak olarak verilen *Fethu'l-Bârî* ve *Umdetu'l-Karî* müellifleri, "ziyade" olan kısmın "er-Rahmân" kelimesi olduğunu belirtmişlerdir. Bir başka deyişle onların "ziyade" olduğunu söylediği kısım *"Allah Teala Âdem'i kendi suretinde* (alâ sûretihî) *yaratmıştır"* cümlesi değil, *"Rahman'ın suretinde* (alâ sûreti'r-Rahmân) *yaratmıştır"* cümlesindeki "Rahmân" kelimesidir..."

Derginin editörü sevgili dostum Doç. Dr. İbrahim Hatiboğlu, birkaç gün önce gönderdiği bir e-posta ile teşekkürlerini bildirmiş ve Kahraman'ın, yukarıdaki mülahazalar üzerine bazı değerlendirmeler içeren bir notunu da eklemiş. Kahraman'ın, "münasaha müzakeresi"ne güzel bir örnek teşkil eden ifadelerini aşağıya alıyorum:

"Yaptığımız değerlendirmenin, "Abdurrahman b. Mehdî rivâyetinde "Allah Âdem'i kendi sûretinde yarattı" cümlesinin metne sonradan eklendiği intiabını vermesi" ile ilgili olarak bizim kasdımız, sizin ifade ettiğiniz "suret içeren cümlenin hadise sonradan eklenmesi" değil, hadisin "Yüze tokat atılması" bağlamındaki rivâyetine râvî tarafından eklendiğidir. Yoksa hadisin Hz. Âdem'in yaratılması bağlamındaki rivâyeti söz konusu edilmemiştir. Zira makalenin birkaç temel iddiasından birincisi suret cümlesinin bağlamını doğru tesbit etmektir ki bu bağlam, Adem ile ilgili olandır.

"Kaldı ki İbn Mehdî'nin bu tasarrufu "idrâc" yani râvînin kendinden yaptığı bir ilave olarak değil "ziyade" şeklinde yani aslında yine hadis olan bir cümlenin metne eklenmesi şeklinde değerlendirilmiştir. Eğer suret cümlesi bu "yüze vurmanın yasaklanması" bağlamında hadisin bir parçası olarak düşünülürse, makalenin, sizin de işaret ettiğiniz konuyu "problem teşkil etmekten uzak bir anlayışla ele alınabileceği" yönündeki iddiası ile çelişir. Çünkü yazıda hadiste geçen sûret ibaresinin, "insanın yüzü" mânâsına gelmeyebileceği savunulmaktadır.

"Hadis otoritelerinin bu cümleyi ziyade kapsamında değerlendirmesi de, yine "yüze vurmanın yasaklanması" bağlamı ile ilgili olup cümlenin asıl ait olduğu bağlam ile yani Hz. Âdem'in yaratılması ile ilgili değildir. Zira Hz. Âdem'in yaratılması bağlamında Sûretten bahseden cümle, hadisin temel ve en önemli cümlesidir.

"""Alâ sûreti'r-Rahmân" ibaresi ile ilgili 'zühûlümüz' konusuna gelince, kaynak olarak verdiğimiz *Fethu'l-Bârî* (Beyrut, 1989, V/229) ve *Umdetü'l-Kârî* (Beyrut, ts. XIII/116) gibi eserlere tekrar baktım. Yüze vurmanın yasaklanmasından ve bunun illetinden bahsedildikten sonra şöyle deniliyor: Ve't-ta'lîlu'l-mezkûru hasenun, lâkin sebete inde Müslim ta'lîlün âhar. Fe innehu ahrece'l-hadise'l-mezkûra min tarîki Ebi Eyyûb el-Merâğî an Ebî Hureyre *ve zâde* 'Fe innallâhe haleka Âdeme 'alâ sûratihi...'"

"Bu cümlelerden sonra sûratihi kelimesindeki zamirin mercii tartışılıyor, bazı kaynaklarda "sûratihi" yerine "alâ sûreti'r-Rahmân" ibaresinin ziyade edildiği belirtiliyor. Sizin dikkat çektiğiniz bu ikinci bölüm yani "sûrati'r-Rahmân" ile ilgili bölümdür. Halbuki bizim aktardığımız "ziyâde" ile ilgili kısım, yukarıda Arapça'sını verdiğimiz Sûret cümlesinin ziyâde yapıldığı ile ilgili kısımdır. Zira yukarıda da ifade ettiğimiz gibi, makalenin iddiası, sûret cümlesinin bu bağlamda Hz. Peygamber'e ait olmadığı bazı râviler tarafından metne ziyâde edildiğidir. Makalede de dikkat çektiğimiz üzere (s. 58, dn. 33) İbn Kuteybe daha net bir ifade kullanır ve "Kardeşinizin yüzüne vurmayın" cümlesinin "Allah Âdem'i kendi sûretinde yarattı" cümlesine ziyâde edildiğini söyler (*Te'vîlu Muhtelifi'l-Hadîs*, Beyrut 1972, s. 219)."

Bu değerlendirmelerden ilkine diyeceğim bir şey yok. Zira orada "ziyade" kelimesi ile ifade edilen hususun, ayrı bağlamlardaki iki merfu rivayetin tek bağlamda sevk edilmesi"nden ibaret olduğu noktasında Kahraman ile aynı kanaatte olduğumuz anlaşılıyor.

Kahraman'ın "Suret Hadisi" konusundaki makalesinin temel hedeflerinden biri, yüze vurmaktan sakındıran rivayetler ile *"Allah azze ve celle Adem'i kendi suretinde yaratmıştır"* cümlesinin ayrı bağlamlarda vürut bulduğunun isbatıdır. Bu durumda iki ayrı rivayetin ravi tasarrufu marifetiyle birbirine monte edildiğini söylemek gerekiyor.

Konunun detaylarına girmeden önce belirtmem gereken bir husus var: Yukarıda alıntıladığım ifadelerinden de anlaşılacağı üzere, Kahraman'ın –İbn Hacer ve el-Aynî referansıyla– kasdettiği "ziyade" ile benim "zühul" olarak nitelendirdiğim tesbitteki "ziyade" gerçekten birbirinden farklı. Dolayısıyla bu noktadaki zühul Kahraman'a değil bana aittir.

İmdi, Kahraman'ın, makalesinin temel bir iddiasını İbn Hacer ve el-Aynî'nin "ziyade" olarak nitelendirdiği cümlenin aslında farklı bir bağlamda gelen (Hz. Adem (a.s)'ın yaratılış özelliklerini anlatan) hadisin bir parçası olduğu halde yüze vurmaktan sakındıran hadise monte edildiği varsayımı üzerine bina etmesi, Usul-i Hadis açısından ayrı bir problemi ortaya çıkarıyor:

Bilindiği gibi, hadislerin ağırlıklı olarak metin kısmında görülen "eksiklik-fazlalık" vakıası üzerinde durulurken Usul-i Hadis'te "ziyâdetu's-sika" meselesi gündeme getirilir ve sika (güvenilir) ravilerin ziyadelerinin (başka ravilerin aktardığı metinlerde yer almayan artı hususların) makbul sayılıp sayılmayacağı tartışma konusu yapılır.

Şu halde Usul-i Hadis kriterlerince burada tartışılması gereken husus şudur: Bir kısım rivayetlerde sadece yüze vurmaktan sakındırma yer alırken, diğer bir kısım rivayetlerde bu sakındırmanın illeti olarak *"Zira Allah azze ve celle Adem'i kendi suretinde yaratmıştır"* buyurulduğu nakledilmişse –ki öyledir–, bu "ziyade"nin makbul olup olmadığı probleminin, onu nakleden ravilerin güvenilir olup olmadığına bakmak suretiyle çözülmesi gerekir.

Kahraman'ın bu noktadaki tavrını şu cümleleri özetlemektedir: "(...) *"Allah Adem'i kendi suretinde yarattı"* cümlesinin *"Kardeşinizin yüzüne vurmayın"* cümlesi ile birlikte zikredilmesi, bazı hadis otoriteleri tarafından da "ziyade" olarak değerlendirilmiştir. Bu durum, hadisçilerin bu konudaki rivayetin tek cümleden yani *"Kardeşinizin yüzüne vurmayın"* cümlesinden ibaret olduğuna inandıklarını gösterir. Bize göre de "yüze vurmanın yasaklanması" ile ilgili hadisin gerçek şekli, *"Kardeşinizin yüzüne* (veya *"kavga ederken yüze)* vurmaktan sakının" cümlesinden ibarettir. *"Allah Adem'i kendi suretinde yaratmıştır"* cümlesi, sahabi ravi veya daha sonrakiler tarafından, şahit olunan bir olay üzerine izah veya ikaz sadedinde bu asıl cümleye eklenmiş olmalıdır."

Önce "suret" içeren cümleyi "bazı hadis otoriteleri"nin –ki İbn Hacer ve el-Aynî'nin kastedildiğini görmüştük– "ziyade" olarak gördüğü söylendiği halde, daha sonra bütün Hadisçiler'e teşmil edilen bu tavır noktasında üzerinde asıl durulması gereken, buradaki "ziyade"nin asıl metinde yer almadığı halde sonradan –başka bir hadisten alınarak– metne eklendiği iddiasının ne ile temellendirildiği hususudur.

Kahraman bunu, "suret" içeren cümlenin, yüze vurmaktan sakındıran hadisin bazı varyantlarında yer almadığı vakıasıyla açıklamakta ise de, daha önce değindiği "ihtisar ve takti" (hadisin metnini özetleyerek veya sadece bazı kısımlarını alarak nakletmek) ihtimalinin neden burada geçerli olmayacağı sorusu tatminkâr bir açıklama beklemektedir.

Nitekim aynı durum, *"Allah azze ve celle Adem'i kendi suretinde yaratmıştır"* cümlesinin tek başına nakledilmesi vakıası için de geçerlidir. Her ne kadar Kahraman, "Hadis kitaplarında bu hadisin *"Allah Adem'i kendi suretinde yaratmıştır"* cümlesinden müteşekkil bir rivayeti yoktur" demiş olsa da, Abd b. Humeyd'in[1] bağlamsız, tek başına bir cümle olarak naklettiği bu rivayette de bir ihtisar veya takti bulunduğunu düşünmemize bir engel yok.

Sözün kısası, böyle vukuflu bir çalışmada, yüze vurmaktan sakındıran rivayetlerde "suret" içeren ifadeye yer verilmesi yorumlanırken "Ziyadetu's-sika" vakıası da dikkate alınacak olsaydı şüphesiz daha ihatalı bir bakış açısı ortaya konmuş olacaktı. ("Ziyadetu's-sika"nın makbuliyet şartları konusunda ez-Zeyla'î'nin *Nasbu'r-Râye*'sinde güzel bir tafsilat bulunduğunu ilgililerine bir not olarak eklemiş bulunayım.)

Bu söylediklerimin sırf ilmî endişelerle dile getirilmiş hususlar olarak değerlendirilmesini diliyor, Doç. Dr. Hüseyin Kahraman'ın bahse konu çalışmasını, bu hassas konuda dengeli bir duruş sergilemesi ve özgün tesbitler içermesi dolayısıyla oldukça önemli bulduğumu ekleyerek bitirmek istiyorum.

---

[1] *el-Müntehab*, 417.

3. Marife Dergisi

Marife'yi bu sütuna son konuk edişimizin üzerinden epey zaman geçti. Doğrusu geçen zaman içinde çıkan sayıları okumamış olmanın eksikliğini yoğun bir şekilde hissediyordum. İki hafta kadar önce Konya'ya gittiğimde üçüncü yılını doldurmuş olan *Marife*'nin bu yıla ait 1 ve 2. sayılarını aldım.

1. sayının İçindekiler kısmına şöyle bir göz attım. Dikkatimi ilk çeken yazıyı okudum. Erciyes Üniversitesi İlahiyat Fakültesi'nden Davut İltaş'ın "Yadsınan Gelenek: "İslam'a Yamanan Sanal Şiddet: Recm ve İrtidat" Yazısı Üzerine Bazı Eleştirel Mülahazalar" başlıklı makalesi, Prof. Dr. Hayri Kırbaşoğlu'nun recm ve irtidat suçlarının cezasını tayin eden hadisleri ele aldığı makaledeki (*İslâmiyât* dergisi, "Din ve Şiddet" özel sayısı) yaklaşımı eleştiriyor.

Dipnotta belirttiğine göre İltaş bu yazıyı önce *İslâmiyât*'a göndermiş. Ancak aradan dokuz-on ay gibi bir zaman geçmiş olmasına rağmen kendisine herhangi bir cevap verilmemesi sebebiyle çalışmasını *Marife*'de yayımlamayı uygun görmüş. *İslâmiyât*'ın yayın kurulunun bu duruma getireceği bir açıklama vardır herhalde...

Prof. Dr. Kırbaşoğlu, bahsi geçen makalesinde, konuyla ilgili olarak özetle şöyle diyor: Bu iki suça verilen ölüm cezasının Kur'an'dan dayanağı yoktur; bu suçlara ölüm cezası verileceğini bildiren hadisler ya zayıf veya Haber-i vahid'dir; haddler şüphe sebebiyle düşürülür, söz konusu cezalar da şüphe içeren haber-i vahidler ile sabit olduğu için esasen hadd cezasını ispata bu hadisler yeterli değildir; bu iki suç Kur'an'da yer aldığı halde cezalarının hadisle tayin edilmiş olması normal değildir.

İltaş, bu itiraz noktalarını birer birer ele almış ve yaptığı değerlendirmelerle Kırbaşoğlu'nun yaklaşımının kabul edilebilir olmadığı sonucuna ulaşmış.

2. sayıdan okuduğum ilk makale ise Dokuz Eylül Üniversitesi İlahiyat Fakültesi'nden (bu köşede daha önce de değişik vesilelerle adını andığım) muhterem kardeşim A. Tahir Dayhan'ın "Çocuğun Namaz Eğitimi İle İlgili Bir Hadis Tahlilinin Tahlili" oldu. Hiç abartmadan söyleyeyim; son yıllarda Türkçe'de isnad ve rical tenkidi, Cerh-Ta'dil ve ilel üzerine bu kadar dolu, doyurucu ve "nefis" bir yazı okuduğumu hatırlamıyorum.

"Modern" Hadis araştırmalarında ravi ve sened tenkidi adına genellikle yapılan, Rical kitaplarından ravi hakkında söylenmiş sözlerin taraflı ve yalapşap nakledilmesinden ibaret. Oysa Dayhan'ın isabetle belirttiği gibi mesele bununla bitmiyor. Ravi hakkında Cerh-Ta'dil otoritelerince verilmiş hükümler, naklettiği hadisin hükmünü belirleyen biricik kıstas değil. Hadisin mütabi ve şahidi bulunup bulunmadığının araştırılması da en az ravi hakkındaki bilgiler kadar önemli.

Dayhan, Doç. Dr. Mustafa Ertürk'ün "Çocuğun Dini Eğitiminde Kullanılan Bir Hadis ve Tahlili" başlıklı makalesini "tahlil" ettiği çalışmasında Ertürk'ün yanlış anladığı ve hatalı çevirdiği ibareler üzerinde de büyük bir vukufiyetle durmuş ki, İslamî ilimler sahasında özellikle son yıllarda yapılan birçok çalışmanın, metnin yanlış anlaşılmasından ve hatalı çevrilmesinden doğan önemli problemlerle malul olduğunu biliyoruz.

Dili, üslubu, sahaya vukufiyeti ve konunun inceliklerine nüfuzu ile *Marife* okuyucularına tattırdığı bu ilmî zevk dolayısıyla A. Tahir Dayhan'ı yürekten kutluyorum.

4. "Kur'an'a Aykırı Hadis" Söylemi

Bir önceki yazıda Davut İltaş'ın, "irtidat" ve "zina" (evlilerin zinası) suçlarına verilecek cezayla ilgili olarak *Marife* dergisinde yer alan eleştirisi hakkında yazdıklarım üzerine bazı okuyuculardan, ilgili rivayetlerin Kur'an'a aykırı ve uydurma olduğu temalı eleştirel e-mailler aldım.

Bana göre bu kabil itirazların önemli bir bölümünün arka planında, bu ve benzeri hükümlerin "çağdaş anlayış"la bağdaşmadığı kabulü temel bir yer tutuyor. Yani itiraz sahipleri genellikle "bunu kime nasıl izah ederiz" endişesiyle hareket ediyor.

Elbette bu psişik durum başlı başına ele alınması gereken temel bir "mesele"; ancak burada bu nokta üzerinde duracak değilim...

Ulema, Sünnet'le sabit olup, Kur'an'da lafzen yer almayan hususların Kur'an'ın Sünnet'e yaptığı göndermeler dolayısıyla amele konu edilmesi gerektiği gerçeğinden hareketle bu gibi hükümleri birer "problem" olarak değil, "dinî hüküm" olarak telakki etmiştir ve işin aslı da budur.

Öte yandan böyle önemli bir metodolojik konuda Kur'an'ın, "Sünnet'in Kur'an'a arzı" noktasında "çağdaş" anlayışı destekler tarzda açık ve kesin bir direktif içermemesi kadar, çağdan çağa değişen bir "Kur'an'a uygunluk/aykırılık" söylemiyle karşı karşıya bulunuyor oluşumuz da üzerinde ayrıca durulmasını hak eden önemde...

Kur'an'a aykırı olduğu gerekçesiyle "uydurma" olarak damgalanan hadisler konusunda, –"tarihsellik" söylemini bir kenara bırakırsak– bu arkadaşların farkında olmadan yüklendikleri ve fakat taşımaktan da sürekli kaçındıkları önemli bir "yük" var: "Bu hadisleri kim, niçin, ne zaman ve nasıl uydurmuştur?" sorusuna cevap bulmak.

Bu noktada sorulması gereken sorular şunlar:

1. Ehl-i Kitap ile ilişkilerini İslam Hukuku'nun çizdiği sınırlar içinde "belli bir mesafede" tutan bir toplumsal yapıda nasıl olmuştur da Ehl-i Kitab'a ait kimi anlayış ve uygulamalar Müslümanlar arasına bu kadar yaygın ve kolay biçimde sızmış, –hadi "avam"ı geçelim– "alimler" tarafından hemencecik benimsenip kitaplara geçirilerek İslam'ın yegâne hükmü haline getirilmiş, hatta bu da yetmiyormuş gibi "hadisleştirilerek" Hz. Peygamber (s.a.v)'e isnat edilmiştir?

2. Sosyo-kültürel ve dinî bakımdan "zimmîler"in –ya da daha genel anlamda "kâfirler"in– etkisine bu denli açık, dolayısıyla dinî ve toplumsal dokusu bu derece çürük bir toplumun "kendisi" olmaktan uzaklaşmış olması hasebiyle bize intikal ettirdiği dinî, ilmî, kültürel ve medenî (medeniyete ait) değerlerin sahiciliği iddia edilebilir mi?

3. Sosyolojik olarak bir toplumun bu kadar kısa bir süre içinde bu derece yozlaşıp yabancılaşabileceğini söylemek mümkün müdür?

4. İrtidat ve zina suçlarına verilecek ceza ile ilgili rivayetlerin "uydurma" olduğu iddiasına tarih içinde rastlamıyor oluşumuzu nasıl açıklayabiliriz?

5. Sahabe döneminden başlayarak Tabiun, Etbau't-Tabiin ve onları izleyen kuşaklar boyunca hiç mi Allah korkusu, insaf ve vicdan sahibi biri yaşamamıştır da, bu uygulamalara ve bu uygulamaların "hadisleştirilmesine" karşı çıkan olmamıştır?

6. Sahabe dönemi de dahil olmak üzere tarih boyunca bu cezalar uygulanırken acaba niçin Hz. Peygamber (s.a.v)'in aksi doğrultudaki bir uygulaması veya sözü nakledilmemiştir?

Sözün özü, Sahabe döneminden başlayarak hadislerin cem, tedvin ve tasnif dönemlerine kadar İslam toplumunun, "yabancı" etkisine bu kadar açık olduğu tezi ilmî ve tartışmasız bir şekilde isbatlanmadıkça ve dahi uydurma olduğu iddia edilen her rivayet için "kim, niçin, ne zaman ve nasıl" sorularının cevabı net olarak verilmedikçe, "çağdaş Hadis antipatizanları"nın iddialarının ciddiye alınma şansı olmayacaktır...

5. Ma'mer b. Râşid'in "el-Câmi"i

Yrd. Doç. Dr. Özcan Hıdır'ın *Hadis Tetkikleri Dergisi*'ndeki makalesini okurken daha önce dikkatimi çektiği için üzerine bir miktar eğildiğim bir hususu biraz ayrıntılandıracağım bugün.

Hıdır, makalesinin bir dipnotunda, daha önce ortaya atılmış olan bir görüşü tekrarlayarak, "Bilindiği üzere Abdürrezzâk'ın Musannefinin X. cildinin 379. sahifesinden XI. cildin sonuna kadar olan bölümü Ma'mer b. Râşid'in Câmi'idir" diyor.[1]

Abdürrezzâk'ın *el-Musannef*'inin belirtilen bölümünün Ma'mer b. Râşid'in *el-Câmi*'inden ibaret olduğu konusunda Fuat Sezgin'in de *Türkiyat Mecmuası*'nda neşredilmiş bir makalesi bulunduğunu biliyoruz.[2]

Sezgin bu makalesinde, İbnu'n-Nedîm'in *el-Fihrist*'te, Ma'mer b. Râşid'in muasırı bazı ilim adamlarının eserleri hakkında bilgi verirken hassaten "*Sünen*" diye adlandırılan eserlerin fıkhî malzemeyi, "*Câmi*" ismini alanların ise bunların dışında kalan hadisleri ihtiva ettiğini anlattığını söylemekte ise de, mezkûr eserin belirtilen yerinde, hatta ilgili başka bölümlerde esasen "*Câmi*" türü eserlerden –fıkhî muhtevalı "*Câmi*"ler hariç– hiç bahsedilmediği dikkat çekmektedir.

Abdürrezzâk'ın *el-Musannef*'inin sonunda "Kitâbu'l-Câmi'" diye bir bölümün bulunması, bu bölümün aslında

---

[1] Bünyamin Erul da, *İslâmiyât* dergisinde (I/II, 125 vd.) yer alan "Ma'mer b. Râşid'in el-Câmi' Adlı Eserinin Kadim Bir Nüshası" başlıklı makalesinde *el-Câmi*'in Ankara Dil ve Tarih Coğrafya Fakültesi Kütüphanesi'nde mevcut eski bir yazma nüshasını tanıtırken, Abdürrezzâk'ın *el-Musannef*'inin sonunda bulunan "Kitâbu'l-Câmi'"in Ma'mer'in *el-Câmi*'i olduğu kanaatini benimser.

[2] *Türkiyat Mecmuası*, XII, 115 vd.

Ma'mer b. Râşid'in *el-Câmi*'i olduğunu isbata yeterli midir? Kanaatimce yeterli değildir. Şu sebeplerle:

1. Abdürrezzâk'ın, bu "kitab"ın Ma'mer b. Râşid'e ait *elCâmi'* olduğu konusunda herhangi bir şey söylememesi, aksine, *elMusannef*'in diğer "kitap"ları gibi sadece isim açarak hemen rivayetlerin sevkine geçmesi, bu bölüme ayrı bir hususiyet atfedilmesini zorlaştırıyor.

2. Bu bölümde yer alan 1600 küsür rivayetin tamamı Ma'mer b. Râşid kanalıyla aktarılmış değildir. Burada mevcut rivayetlerin 50'den fazlası Abdürrezzâk'ın Ma'mer dışındaki şeyhlerinden aldığı rivayetlerdir.

3. Yine bu bölümde bizzat Abdürrezzâk'la Ma'mer arasında, hatta *el-Musannef*'i Abdürrezzâk'tan nakledenlerle Abdürrezzâk arasında geçen bir takım diyalogların mevcudiyeti dikkat çekicidir.

Dolayısıyla bu iddianın doğru kabul edilebilmesi için Ma'mer b. Râşid'in yaşadığı asırda "*Câmi*" türü eserlerin, literatürdeki "*Câmi*" kavramından farklı bir türü anlattığının ortaya konması gerekir. Bilindiği üzere –İmam el-Buhârî'nin *el-Câmi'u's-Sahîh*'i örneğinde olduğu gibi– "*Câmi*" türü eserlerin bariz vasfı "alel ebvab" (konulara göre) tertip edilmiş olup 8 ana konuyu bir araya getirmeleridir. *Câmi'u Ma'mer* olarak itibar edilen bahse konu "bölüm"de ise böyle bir özellik bulunmadığı dikkat çekmektedir.

Tam tersine, bu "bölüm"ün muhtevası ile söz gelimi İmam Mâlik'in *el-Muvatta*'ının sonundaki "Kitâbu'l-Câmi'" başlıklı bölümün muhtevası arasında çok büyük benzerlikler bulunması, onun *Câmi'u Ma'mer* olarak kabul edilmesinin tartışma götürür bir yaklaşım olduğunu göstermektedir.

Doğrudan Ma'mer b. Râşid'in *el-Câmi*'ini, hakkında net bir fikir edinilebilecek tarzda ayrıntılı bir şekilde tavsif eden herhangi bir müellifin bilinmeyişi, bu eserin muhtevası hakkında ortaya atılanların tahminden öte bir değer ifade etmediğini göstermektedir.

Buna mukabil İbn Hacer, el-Buhârî'nin Ammâr b. Yâsir (r.a)'den mevkuf olarak naklettiği *"Selâsun men ceme'ahunne...*" rivayeti[3] üzerinde dururken şunları söylemektedir:

"Onun bu eserini[4] Ahmed b. Hanbel *Kitâbu'l-Îmân*'da Süfyân es-Sevrî kanalıyla, Ya'kub b. Şeybe de *el-Müsned*'inde Şu'be, Züheyr b. Mu'âviye ve daha başkaları kanalıyla, adı geçenlerin Ebû İshâk es-Sebî'î ← Sıle b. Züfer ← Ammâr (r.a) tarikiyle aktardığı rivayet olarak nakletmişlerdir. Şu'be'nin naklettiği lafız, *"Selâsun men kunne fîhi fekad istekmele'l-îmân"* tarzındadır.

"Bu, mana ile aktarılmış bir rivayettir. Bu lafzı *Câmi'u Ma'mer*'de Ebû İshâk tarikiyle biz de böyle rivayet ettik. Yine bu lafzı Abdürrezzâk da *el-Musannef*'inde Ma'mer'den bu şekilde rivayet etmiştir. Aynı lafzı Abdürrezzâk daha sonra Hz. Peygamber (s.a.v)'e ref' ederek de aktarmıştır..."[5]

Bütün bunların Abdürrezzâk'ın, *el-Musannef*'in sonunda "Kitâbu'l-Câmi'" adıyla açtığı bölümün –en azından birebir– *Câmi'u Ma'mer b. Râşid* olmadığını gösterdiğini düşünüyorum.

Bu bölümde yer alan rivayetlerin büyük çoğunluğunun Ma'mer kanalıyla aktarılmış olmasının, bu kanaatin yanlışlığını isbat için yeterli olduğunu söylemek zordur.

Zira *el-Musannef*'in diğer bölümlerinde de Ma'mer b. Râşid kanalıyla aktarılmış binlerce rivayet bulunduğu malumdur. Öyleyse neden bu eserde –ve tabii "Kitâbu'l-Câmi'" kısmında– Ma'mer kanalıyla aktarılmış bütün rivayetlere, Abdürrezzâk'ın *Câmi'u Ma'mer*'den alarak kendi kitabının muhtelif yerlerine serpiştirdiği rivayetler olarak bakamayalım?

Fuat Sezgin bu soruyu "Abdürrezzâk'ın *el-Musannef*'inde Ma'mer'den naklen birçok hadislerin bulunmasını (...) doğrudan doğruya *el-Câmî*'den değil de, Ma'mer'in ya münferit bablar halinde bulunan kitapla-

---

[3] "Îmân", 20.
[4] Buradaki "eser", gayri merfu rivayetler hakkında kullanılan bir tabirdir.
[5] *Fethu'l-Bârî*, I, 82.

rından veya sair merviyyatından iktibas edilmiş olması" şeklinde cevaplandırmaktadır.⁶

Bunun sadece bir "tahmin" olduğu açıktır. Üstelik aynı tahminin *el-Musannef*'in sonundaki "Kitâbu'l-Câmi'" bölümü için de ileri sürülmesi pekala mümkündür.

Bütün bu mülahazalarla Abdürrezzâk'ın *el-Musannef*'inin sonunda yer alan bu bölüme müstakil bir eser olarak bakmak doğruysa, onu, el-Kettânî'nin adını zikrettiği⁷ *Câmi'u Abdirrezzâk* –muhtemelen bu eserin bir parçası– olarak değerlendirmek daha uygundur diye düşünüyorum.

Doğruyu Allah Teala bilir.

---

⁶ Bu ifadeye düştüğü dipnotta Fuat Sezgin, İbnu'n-Nedîm'in, Ma'mer'in müteaddit kitapları olduğunu kaydettiğini söylemişse de, görebildiğim kadarıyla İbnu'n-Nedîm, Ma'mer'in sadece *Kitâbu'l-Megâzî* isimli bir eserini zikretmektedir. Bkz. *el-Fihrist*, 123.

⁷ *er-Risâletu'l-Müstatrafe*, 41.

6. "73 Fırka Hadisi" Üzerine

Doç. Dr. Mevlüt Özer'in, konuyla ilgili olarak dilimizde mevcut yegâne müstakil telif olduğunu bildiğim *İslam Düşüncesinde 73 Fırka Kavramı* adlı çalışmasında yaptığı gibi "73 fırka" hadislerini dört grupta ele almak mümkündür:

1) Bu ümmetin 70 küsür fırkaya ayrılacağını bildiren, başka bir noktaya değinmeyen rivayetler,

2) Bu fırkalardan sadece 1'inin cennette, diğerlerinin cehennemde olduğu ziyadesine yer veren rivayetler,

3) Cennete gideceği bildirilen fırkanın özelliklerinin zikredildiği rivayetler ve

4) 70 küsür fırkanın tümünün cennete, sadece birisinin cehenneme gideceğinin ifade edildiği rivayetler.

Bu dört grup rivayetten ilki Ebû Hureyre (r.a) kanalıyla nakledilmiştir.[1] İkincisi yine Ebû Hureyre (r.a)'den[2] ve ayrıca Enes b. Mâlik[3], Sa'd b. Ebî Vakkâs[4], Abdullah b. Amr[5], Mu'âviye b. Ebî Süfyân[6], Amr b. Avf[7], Avf b. Mâlik[8], Ebû Ümâme[9] ve Câbir b. Abdillah.[10]

Bu rivayet hakkında et-Tirmizî "Hasen-sahihtir" ve el-Hâkim "Müslim'in şartları doğrultusunda sahihtir" demişlerdir; el-Hâkim'in tashihini ez-Zehebî de onaylamıştır.

---

[1] Ebû Dâvûd, et-Tirmizî, İbn Mâce.
[2] Ebû Dâvûd, et-Tirmizî, İbn Hibbân, el-Hâkim.
[3] İbn Mâce.
[4] İbn Ebî Şeybe, *el-Musannef.*
[5] el-Hâkim, el-Bezzâr, el-Beyhakî (*el-Medhal*), zayıftır.
[6] Ahmed b. Hanbel, Ebû Dâvûd, el-Hâkim, ed-Dârimî.
[7] el-Hâkim, et-Taberânî, zayıftır.
[8] İbn Mâce, et-Taberânî.
[9] et-Taberânî.
[10] Bu rivayetlerin toplu halde zikri için bkz. ez-Zeyla'î, *Tahrîcu'l-Ahâdîs ve'l-Âsâr*, I, 447.

Üçüncü grupta yer rivayetlerin büyük çoğunluğu, ikinci grupta zikrettiğim eserlerde tahriç edilmiştir. Bu rivayetlerde cennete gidecek fırkanın özellikleri meyanında şunlar zikredilmiştir: "Cemaat", "Sevad-ı A'zam", "Efendimiz (s.a.v) ve ashabının bulunduğu yolda bulunmak."

Son sıradaki rivayetler ise yalancılıkla itham edilmiş raviler kanalıyla gelmiştir, dolayısıyla uydurma olarak telakki edilmelidir.[11]

Bu ümmetin 70 küsür fırkaya ayrılacağını ve biri hariç diğerlerinin ateşte olduğunu bildiren hadislerin – özellikle farklı rivayet yolları bir arada ele alındığında- birbirini takviye ettiği ve sahih veya en azından hasen olduğunun söylenmesi gerektiği ortaya çıkmaktadır.

Burada, bahse konu rivayetlerde zikredilen rakamların, Ümmet'in iftirakından ortaya çıkacak fırka adedi konusunda mutlak sayıyı ifade etmediği, bu rakamlardan kastın, çokluk ifade etmek olduğu görüşünün ağır bastığını düşünürsek, bu rakamlara takılarak söz konusu rivayetleri tevhin etmeye çalışmanın tutarlı olmayacağı da kendiliğinden ortaya çıkacaktır. Ayrıca bazı vayantlarda 73 yerine 72 rakamının verilmiş olmasını, ravi yanılgısı olarak değerlendirmenin mümkün olduğunu da söyleyebiliriz.

Öte yandan bu rivayetlerde, biri dışındaki fırkaların tümünün "ateşte" olduğunun söylenmesinden, bu fırkaların küfre düşmüş olmaları sebebiyle ebedî azaba çarptırılacağı şeklinde bir netice çıkarmanın da doğru olmayacağını belirtelim. Zira ilgili rivayetlerin birçoğunun başında "Benim ümmetim" veya "Bu ümmet" gibi nitelemelerin bulunduğuna dikkat edilmelidir. Dolayısıyla o fırkaların "ateşte" olmasından, günahkâr mü'minler için söz konusu olan "muvakkat azab"ı anlamak gerekir. Şu halde "bu rivayet Ümmet'in çoğunluğunun küfre düştüğünü anlattığı için sahih olamaz" yaklaşımı son derece tartışmalıdır...

---

[11] Geniş bilgi için bkz. el-Albânî, *Silsiletu'l-Ahâdîsi'd-Da'îfe ve'l-Mevdû'a*, III, 124 vd.

ÜÇÜNCÜ BÖLÜM

USUL/FIKIH TARTIŞMALARI

1. İmam eş-Şâfi'î'nin Sistemi

İlm-i Fıkh'ın esas olarak Kur'an, Sünnet, İcma ve Kıyas'tan oluşan 4 temel üzerine kurulması, bir "fikir" veya "proje" değil, başından beri var olan bir "realite", bir "fenomen"dir. Fıkıh binası bu 4 ana delil (ve diğer fer'î deliller) üzerine bina edilirken elbette nassların yapısından ve anlayış farklılıklarından kaynaklanan ihtilaflar olmuştur; ancak özellikle dört mezhepten herhangi birisinin bu 4 delil üzerinde ihtilaf ettiğine dair elimizde herhangi bir veri mevcut değildir.

Hal böyle iken özellikle İslam Hukuku Metodolojisi (Usul-i Fıkıh) hakkındaki "modern" araştırmaların hemen tamamında, İmam eş-Şâfi'î'ye olumsuz anlamda özel bir vurgu yapıldığı dikkat çeker. *Marife* dergisinin Bahar2003 sayısında yer alan İhsan A. Bagby imzalı yazıda da bu konu "maslahat" merkezli olarak ele alınmış.

"Şâfiî'nin başlıca iddiası tüm hukukun İslam'ın vahyen gelmiş olan kaynaklarından çıkartılması gerektiği ve bu kaynakların menbaının da Kur'an ve Peygamber'e vahyedilen hadiste yer alan ilahi teşri olduğudur" diyen yazar, ilerleyen satırlarda, İmam eş-Şâfi'î'nin gerek önceki ve gerekse çağdaşı fakihlerle Kur'an, Sünnet ve İcma'ın esas alınması konusunda farklı bir tavır içinde olmadığını söylemeyi de ihmal etmiyor.

Ancak makalesinin devam eden kısımlarında "Kur'an ve hadisin vahyedilmiş metinlerini hukukun aslî kaynağı olarak belirlemek suretiyle Şâfiî, sadece hukukun kaynaklarının sayısını sınırlamakla kalmayıp aynı zamanda hukukun otoriter gücünü bir dizi nassa tahsis ederek bu kaynakları daha da belirgin hale getirmiştir" diyerek baştaki tavrını sürdürüyor.

Bu sadece bir örnek ve –yukarıda da söylediğim gibi– İslam Hukuk Tarihi hakkında "modern" bakış açısıyla kaleme alınmış metinlerin hemen tamamında aynı tavır "temel bir iddia" olarak öne sürülüyor.

Sonraki ulemanın eserleri bir yana, Mâlik b. Enes, Ahmed b. Hanbel, Ebû Yusuf ve Muhammed eş-Şeybânî gibi imamlara aidiyetinde herhangi bir şüphe bulunmayan eserler çok şükür bize kadar intikal etmiş durumda ve bu eserlerde "nass"a yapılan vurgu bakımından İmam eş-Şâfi'î'ninkinden farklı bir tavır görmek mümkün değil. *Modern İslam Düşüncesinin Tenkidi*'nin II. cildinde (9 numaralı yazı) mezhep imamlarının "edille-i şer'iyye" anlayışını zikretmiştim. Burada detaylarına giremeyeceğim o yazıda İmam eş-Şâfi'î'nin Hadis'e yaptığı vurgunun diğer imamlarda da aynı tonda mevcut olduğunu ortaya koymaya çalışmış ve bu yaklaşımın Müsteşrikler'in çalışmalarından İslam dünyasına intikal ettiğine dikkat çekmiştim...

Aslında bütün mesele, herhangi bir konuda hükme esas alınan rivayetin (hadisin) anlaşılma biçimi ve muhtelif (birbirine muarız) hadisler arasında yapılacak tercih noktasında düğümlenmektedir. Böyle olmasaydı, İmam eş-Şâfi'î'nin, Hadis kitaplarında gördüğümüz –"sahih" olarak nitelendirilmiş– bütün hadislerle amel etmiş olması gerekirdi. Oysa gerek "Ehl-i Hadis" olarak nitelendirilen kesimin kendi içinde, gerekse bu kesim ile İmam eş-Şâfi'î arasında, farklı hadislerin tercih edilmesinden kaynaklanan ihtilaflar bulunduğu ehlinin malumudur.

Şu halde Hadis'e yapılan vurgunun, İmam eş-Şâfi'î ile başlamış "yeni" bir sürecin veya masa başında üretilmiş bir "proje"nin ifadesi olmayıp, başından beri, yani Sahabe döneminden itibaren mevcudiyetini korumuş bir olgu olduğunu söylemek zorundayız. Aksini iddia etmek, kaynaklardaki onca nakli yok saymak anlamına gelir ki, ilmî ve ahlakî olarak bunun mümkün olmadığını insaf ehli itiraf edecektir.

Bu noktayla bağlantılı olarak ileri sürülen bir diğer tez de, İmam eş-Şâfi'î'nin başlattığı ileri sürülen bu "Hadis merkezli yaklaşım"ın, zaman içinde bütün ekolleri etkisi altına aldığıdır. Bu tezi ileri sürenlerin, mahcup duruma düşmemek için yapmaları gereken şey şudur:

Şafi'î mezhebinden önce takarrur etmiş mezheplerin Usul ve füru kitaplarında, İmam eş-Şâfi'î öncesi ile sonrası arasında meydana gelmiş tavır değişikliğini izleyerek ortaya koymak.

Bir diğer ifadeyle Hanefî ve Mâlikî imamlarının görüşleri arasında, daha sonra gelen mezhep uleması tarafından "Hadis'e dayanmadığı" gerekçesiyle terk edilen fetva ve kazaların, bu mezheplerin temel karakterini dönüştürecek bir yekün oluşturduğu isbat edilemediği sürece mezkûr tezin sahiplerinin ciddiye alınma şansı olmayacaktır. Gerek tezlerinin vakıaya aykırılığı, gerekse ilmî kapasitelerinin yetersizliği sebebiyle bu ameliyeyi, bugüne kadar olduğu gibi bundan sonra da gerçekleştirmeleri mümkün değildir.

2. Şer'î Deliller Hiyerarşisi

Bilindiği gibi herhangi bir konuda hüküm verilirken "önce Kur'an'a, ardından Sünnet'e... başvurmak" şeklinde özetlenen hareket tarzı, Sahabe kuşağından itibaren her tabakada riayet edilmiş istinbat yöntemini ifade eder. Meşhur Mu'âz b. Cebel (r.a) hadisi, bu hareket tarzının Hz. Peygamber (s.a.v)'in tensibine mahzar olduğunu gösteren örneklerden sadece birisidir.[1]

Yani herhangi bir mesele hakkında hüküm vermek için önce Kur'an'a müracaat edilecektir. Aranan cevap Kur'an'da mevcut değilse, ancak ondan sonra Sünnet'e intikal söz konusu olacaktır.

Buraya kadar söylenenler "malumun ilamı" gibi görünse de, bu tarz-ı harekete biraz yakından bakınca, üzerinde ciddi olarak durulması gereken bir problemi de bünyesinde barındırdığı görülecektir.

Problem şudur: Sünnet'in Kur'an'daki mücmel ifadeleri tafsil, mutlak ifadeleri takyid, âmm ifadeleri tahsis ettiği, hatta bir kısım ulemaya göre Sünnet'in Kur'an'ı (bilinen şartlar dahilinde) nesh ettiği, bizzat sözünü ettiğim yöntemi benimseyip uygulayanlar tarafından da kabul edildiği ve üzerinde önemle durulduğu halde, herhangi bir meselenin hükmünü tayin için önce Kur'an'a gidildiğinde, aranan şey orada mevcut ise Sünnet'e intikale gerek kalmayacak demektir.

İyi ama ya Kur'an'da bulduğumuz cevap, Sünnet tarafından takyid edilmiş mutlak veya tahsis edilmiş umumî bir hükümden ibaret ise, ya da Sünnet tarafından nesh edilmişse? O zaman az yukarıda ifade etmeye çalış-

---

[1] "Mu'âz (r.a) hadisi"ne, senedinde inkıta (kopukluk) bulunduğu gerekçesi ile itiraz edilmiş ise de, el-Kevserî merhumun da belirttiği gibi (*Makâlât*, 74 vd.), hadis sahihtir.

tığım, Kur'an-Sünnet ilişkisi konusunda söylenenlerin pratik bir anlamı yok demektir.

Şu halde ya Kur'an-Sünnet ilişkisi bağlamında söylenenlerin, ya da ahkâm istinbatında önce Kur'an'a gitmek gerektiğini söylemenin yanlış/geçersiz olması gerekir?!

Şu ana kadar herhangi bir eserde izahına rastlayamadığım bu "problem"in cevabının şöyle verilebileceğini düşünüyorum: Ulemanın, herhangi bir meselenin cevabını/hükmünü ararken önce Kur'an'a, orada bulunamazsa Sünnet'e başvurulacağını ifade eden söz ve tavırlarından şunu anlamamız gerekiyor:

Kur'an ve Sünnet'e müracaat edilerek açıklığa kavuşturulması gereken şey, konunun ilgilisi olan kişi veya kişilerin özel durumu ve bütün detaylarıyla olayın kendisidir. Bir başka ifadeyle, önce Kur'an'da, orada bulunamazsa Sünnet'te aranacak olan cevap, sadece ana hatlarına bakılmış olaya değil, bütün nitelikleri ve tafsilatıyla netleştirilmiş olaya ilişkindir.

Somut bir örnek üzerinden gidersek; diyelim ki, bir hırsızlık olayı hükme bağlanacaktır. Burada Kur'an'a, "hırsıza verilecek ceza nedir" sorusunu sorarsak, alacağımız cevap bellidir: 5/el-Mâide, 38. ayetin hükmü uygulanacaktır.

Ancak çalınan malın kıymeti, nereden ve kim tarafından çalındığı... gibi hususlar da dikkate alınarak Kur'an'a, söz gelimi "A şahsı, değeri çeyrek dinarı bulmayan bir malı B şahsından çalmıştır; bunun hükmü nedir?" sorusunu sorduğumuzda, bunun cevabını Kur'an'dan elde etmemiz mümkün olmayacak, dolayısıyla Sünnet'e intikal etmemiz gerekecektir.

Sünnet'in, Kur'an'ın mutlakını takyidi ile ilgili bu örneği, Kur'an-Sünnet ilişkisi bağlamında zikredilen diğer hususlara (mücmelini tafsil, umumunu tahsis...) da teşmil edebiliriz.

Öyleyse yukarıda "problem" nitelemesiyle gündeme getirilen hususun, aslında "herhangi bir konuda hüküm verilirken önce Kur'an'a, orada bulunmazsa Sünnet'e bakılır" şeklinde ifade edilen tavrın ne anlama geldiğini tam kavrayamamaktan, meseleye üstünkörü bir bakışla nazar etmekten ileri geldiğini söylemek durumundayız.

3. İcma Niçin Önemlidir?

Muhammed Zâhid el-Kevserî merhum *Makâlât*'ında, "Selef'in nasslardan anladığı neyse, anlaşılması gereken odur" der.

İlahî dinlerin tahrif ediliş süreci, peygamber terk-i dünya ettikten sonra insanların zaman içinde dinî nasslara kendi anlayışlarını söyletmeleri şeklinde yaşanmıştır genellikle. Yaşadıkları çağın hakim zihniyeti, dünya görüşü ve "moda" akım(lar)ı neyse, onu dine ve dinin nasslarına tasdik ettirme gayreti, "tahrif"in öbür adıdır.

Son ilahî dinin varlığını kıyamete kadar sürdürmesi, hükümlerinin ancak Efendimiz (s.a.v)'in tebliğ ve beyan buyurduğu aslî şekliyle muhafazası yoluyla olacaktır. İhbar-ı Nebevî ile hiçbir asrın kendilerinden hali kalmayacağını bildiğimiz Müceddîtler'in temel fonksiyonu da işbu "muhafaza"nın temininden başkası değildir.

Sorarım size, Sahabe döneminden itibaren İslam dünyasında pıtrak gibi biten bid'at fırkaların hangisinin bu dini aslî şekliyle temsil ettiği söylenebilir? Eğer hayatı tümüyle kucaklayan ve "yaşayan" bir dinden bahsediyorsak, işin sadece "Allah'a ve Peygamber'e iman"la bitmediğini/bitmeyeceğini de idrak etmek durumundayız. Cebriye'sinden Mu'tezile'sine kadar geniş bir yelpaze oluşturan söz konusu fırkalar eğer "yaşanabilir" bir dini temsil ediyor olsaydı, Sünnetullah ve va'd-i ilahî onların ilel ebet yaşamasını gerektirirdi.

"İcma" teknik bir terim olarak her ne kadar sadece Fıkıh sahası ile münhasır olarak kullanılıyor ise de, özellikle İslam'ın itikadiyattan amelî sahaya kadar "olmazsa olmazları"nı yansıtan bir tabir olarak Akaid kitaplarında kendisine sık rastlanıyor oluşu anlamsız değildir.

Bu dinin "olmazsa olmazları" ise –özellikle nakliyyat alanında– ancak Sahabe döneminden itibaren üzerinde birleşilmiş hususlardan oluşur. Sahabe'ye özel bir önem atfetmemizi gerektiren hususlardan birisi olması yanında, bu realite, İcma olgusunun altının kalın çizgilerle çizilmesini de icab ettirir.

Burada iki tire arasında verdiğim cümle, akliyyata müteallik hususların tarihsel bilgi ve tecrübe ile ilişkisini vurgulamak amacındadır. Ancak nakil merkezli icmalar, başka türlü anlaşılması mümkün olmayan hususlar hakkında olduğundan, onların tarihselliğinden söz etmek, Hz. Peygamber (s.a.v)'in tebliğ ve beyanının da tarihsel olduğunu iddia etmek olur ki, temel öğretileri bakımından kendisini tarihin ve sosyo-kültürel ortamın belirlemesine bırakmış dinler bizim ıstılahımızda "muharref"ler kategorisindedir...

İcma'ın naklî delilleri üzerinde durmak bu yazının amacı dışında olduğundan, burada işin bu yönünü geçiyorum. İslam'ın tahrif ve tahripten masun olduğunu söyleyebilmenin tek yolunun, meseleyi Kur'an'ın korunmuşluğu ile irtibatlandırarak ele almak olmadığını daha önce birçok kere vurgulamaya çalışmıştım. Zira birisi çıkıp da Kur'an'ın korunacağını bildiren ayetin Kur'an'a sonradan sokulduğunu iddia edecek olursa –nakliyyata burun kıvıranların "ister inan, ister inanma" demekten başka bir yolu yoktur.

Bu dinin sahih ve inkıtasız bir şekilde anlaşılıp yaşanması noktasında bir "ana damar"ın her zaman varlığını korumuş ve devam ettirmiş olduğu gerçeği üzerinde sarf-ı mesai edildiğinde Modernizm'in oluşturmaya çalıştığı son derece önemli bir boşluğun kendiliğinden dolacağını idrak etmemiz gerekiyor.

İşte İcma bu noktada kendisine bilincimizde bir yer açıyor. Peygamberi terk-i dünya etmiş bir dinin "olmazsa olmazları"nın, ilk kuşaktan itibaren kesintisiz biçimde nesilden nesile aktarılması vakıası karşısında iki şey söylenebilir: Ya İslam Hz. Peygamber (s.a.v)'den hemen sonra tahrif olmuştur, ya da Sahabe'nin üzerinde bulunduğu çizgi sahih İslamî anlayışın biricik ifadesidir.

Birinci şıkkı ilmî ve tarihsel olarak isbat etmek mümkün değildir. Zira o zaman bizzat Kur'an dahil olmak üzere "din" adına elde ne varsa hepsinden kuşku duymak bir "hak, hatta "görev" olur.

Temel kaynakları böyle bir kuşkunun muhatabı olmaktan kurtulamamış bir dinin bize gerçeği nasıl söyleyeceği sorusu, bu şıkkı benimseyenlerin cevaplaması gereken bir sorudur ve hala muallakta beklemektedir.

4. Maslahat

İslam'ın modernizasyonu –ya da "İslam ve değişim"– başlıklı hemen her çalışmada "merkezî" bir yer tutan bir kavram "maslahat". Öyle ki, Kur'an ve Sünnet'te yar alan somut hükümlerin "İslam adına" devre dışı bırakılması operasyonları dahi bu kavram üzerinden yürütülüyor.

Özellikle Malikî ve Hanbelîler tarafından kabul edildiğini bildiğimiz "maslahat"ın gerçekten böyle bir gücü var mıdır ve adı anılan mezheplerde ona böyle bir fonksiyon yüklenmiş midir?

Bilinenin tekrarı olsa da –muhterem Hilmi Yavuz'un yaklaşımı hakkında yazdıklarıma[1] da sıcağı sıcağına bir "tetimme" olsun diye– bu yazıda "maslahat" üzerinde durmanın faydadan hali olmayacağını düşünüyorum.

İslam Dini'nin insanların mashahatlarını korumak adına beş temel sahanın masuniyetini teminat altına aldığını biliyoruz. Bu gerçek, "zaruriyyat" tabir ettiğimiz dinin, canın, aklın, neslin ve malın korunmasının en temel maslahat olduğunun ifadesidir.

Fukaha ve Usulcüler, "nass-maslahat ilişkisi" konusunda üç farklı tavır benimsemiştir:

1. Nasslarda belirtilen hükümlerin zahiri dışında maslahat aranmayacağını ileri süren ve Kıyas'ı reddeden Zahirîler.

2. Maslahat'ı nasslarda arayan, bir illet veya maksada dayalı olarak vaz' edilen nassları asıl kabul edip, maslahata bağlı olayları bunlara kıyas edenler.

Hanefî ve Şâfiîler'in oluşturduğu bu gruba göre herhangi bir maslahatın muteber kabul edilebilmesi için özel bir nassın onayına ihtiyaç vardır. Zira gerçek maslahat ile

---

[1] Kastedilen yazı için bu kitabın "Modernizm" başlıklı bölümüne (8 numaralı yazı) bakılabilir.

maslahat gibi göründüğü halde aslında nefsî hevadan başka bir şey olmayan durumların birbirine karıştırılmaması, ancak Şer'î bir delil ile mümkündür.

Bu grupta bulunanlar, Kıyas'ın rüknü olan "illet"e, maslahatın tahakkuk ettiğini gösteren munzabıt bir vasıf olarak itibar eder.

3. Kıyas yapılmaya elverişli özel bir nassın bulunmadığı durumlarda bile, yukarıda zikredilen "zaruriyyat"ın kapsamına giren her hususu maslahat olarak kabul edenler. Mâlikî ve Hanbelîler'in oluşturduğu bu gruba göre özel bir nassın delaleti bulunmaksızın kabul edilen bu tür maslahata "maslahat-ı mürsele" veya "istıslah" denir.

Herhangi bir hususun, özellikle İmam Mâlik tarafından savunulmuş olan "maslahat-ı mürsele" kapsamında telakki edilebilmesi için şu özelliklere sahip olması gerekir:

A. Şari'in amaçlarına uygun olmalı ve herhangi bir Şer'î delile (delaleti ve sübutu kat'î bir nassa) aykırı düşmemelidir.

B. Selim aklın itiraz etmeyeceği özellikte bulunmalıdır.

C. Bu maslahat doğrultusunda verilen hüküm bir güçlüğü ortadan kaldırıcı özellikte bulunmalıdır.

Hanefî ve Şâfiîler tarafından müstakil bir delil olarak kabul edilmeyip, Kıyas'a dahil sayılan "maslahat-ı mürsele" hakkında ileri sürülen ve eş-Şâtıbî tarafından zikredilen bu şartlar yakından incelendiğinde, İslam'ın modernizasyonu projesinin savunucularının son derece önemli bazı gerçekleri ya görmezden geldiği veya atladığı görülmektedir.

"Maslahat-ı mürsele"nin, nasslara aykırı düşmemesi ve Şari'in amaçlarına uygunluk arz etmesi gerektiği tesbiti, bizi, nefsî heva ile hüküm verme tehlikesinden koruması bakımından son derece önemlidir.

O halde bu konuda şöyle bir temel tesbit yapmamız gerekecek: Herhangi bir hüküm, delalet ve sübutu kat'î olmayan bir (zannî) bir delile dayanıyorsa, maslahatın da İslam'ın tanıdığı maslahatlar cinsinden olduğu kesinlik kazanmışsa ancak bu durumda ona itibar edilir ve zannî delile dayalı hüküm yerine maslahat esas alınabilir.

Şimdi soru şu: İslam'ın modernizasyonu uğruna delaleti ve sübutu kat'î nassların onaylamadığı, Şari'in maksatlarına aykırılık teşkil eden seküler bir yapının benimsenmesi "maslahat" mıdır?

5. İstihsan

Marife dergisinin 3. yılının ilk sayısında Fıkıh Usulü'ndeki "istihsan" teriminin menşe ve mahiyeti üzerine Doç. Dr. Şükrü Özen'in kaleme aldığı oldukça doyurucu bir makale yer alıyor. İmam Ebû Hanîfe'den öncesinde, İmam Ebû Hanîfe, Ebû Yusuf, eş-Şeybânî, Mâlik ve eş-Şâfi'î'de bu terimin kullanılış biçimlerinin ayrı başlıklar halinde sunulduğu araştırmada müellifin, "istihsan" teriminin "kamu yararı, maslahat..." gibi hususların gözetilmesi anlamına ağırlık verdiği dikkat çekiyor.

Bu bağlamda "istihsan" teriminin Sahabe döneminde de mevcut olduğu tesbitinde bulunan yazar, örnek olarak bilhassa Hz. Ömer (r.a) döneminin gündemden düşmeyen o meşhur uygulamalarını gösteriyor. Ardından da eş-Şâtıbî'ye göre bu tür Sahabe uygulamalarının "mürsel maslahat" ve "istihsan" terimlerinin muhtevasına girdiğini söylediğini aktarıyor.

Ümmü'l-veled (sahibinden çocuk doğurmuş cariye)'lerin satılmasının, mut'a nikâhının ve Ehl-i Kitap kadınlarla evlenmenin yasaklanması, bir defada verilen üç talakın (nihai boşama olarak) geçerli sayılması, kıtlık durumlarında hırsızlık cezasının uygulanmaması ve evli zanilerin cezasında sertlik gösterilmesi gibi hususlar, yazarın zikrettiği örnekler arasında yer alıyor.

Oysa bu uygulamaların "kamu yararı ve maslahat"a riayet anlamındaki "istihsan"la açıklanması bana göre tartışmalıdır. Fazlur Rahman'ın "Yaşayan Sünnet" kavramını temellendirmek maksadıyla zikrettiği bu uygulamalar, onun müddeasına delil teşkil etmediği gibi, yukarıda belirtilen anlamda "istihsan"a kaynak olarak öne sürülmelerinin de doğru olmadığını düşünüyorum.

Her biri üzerinde müstakil olarak durmak gerektiği ve burada bunu yapamayacağım için meseleyi *Modern İslam Düşüncesinin Tenkidi* adlı seri çalışmamın II. cildine (7 numaralı yazı) havale etmekle yetineceğim.

Makalesinin, İmam Muhammed'in istihsan görüşüne ayırdığı kısmında yazarın, başka araştırmalardan nakiller yapmaktansa, meseleyi doğrudan İmam Muhammed'in *el-Mebsût*'undan refere itme imkânını kullanmamış olması –her ne kadar kullandığı kaynaklar isabetli tesbitlerde bulunmuş ise de– dikkat çekiyor.

Yine "istihsan" teriminin İmam Mâlik'teki kulanımını işlediği yerde, *el-Müdevvene*'de bu kavramı İmam Mâlik'in mi, yoksa İbnu'l-Kasım'ın mı onun adına açıklama yaparken kullandığı hususunun açık olmadığı belirtiliyor. Kanaatime göre "Diyât" bahsinde[1] geçen bir ifadenin, bu kavramı İmam Mâlik'in kullandığını gösterir tarzda anlaşılması daha doğrudur.

Ayrıca "istihsan" teriminin *el-Muvatta*'da bir kez olsun geçmediği söylenirken sadece Yahya el-Leysî versiyonuyla mı yetinildiği, yoksa en azından günümüzde neşredilmiş birçok *el-Muvatta* versiyonu taranarak mı bu sonuca varıldığı merak konusu...

Nihayet İmam eş-Şâfi'î'nin "istihsan"a karşı çıkarken, başka kavramlar kullanarak dahi olsa bizzat istihsan yaptığının örnekleriyle sergilenmesi ve bu suretle "istihsan"ın "keyfe göre hüküm verme" tarzında anlaşılamayacağının ortaya konması hem makalenin ana fikrini, hem de varılan sonucu gösteriyor.

Konunun ilgilileri için bigâne kalınamayacak bu makale de *Marife*'nin ihtiva ettiği, zevk ve ilgiyle okunacak yazılardan birisi.

---

[1] *el-Müdevvene*, IV, 639.

6. Nikâhta Denklik Meselesi

Fıkh'ın "zaaf noktaları"ndan biri olarak görüldüğü için modern zamanlarda üzerinde sıkça durulan konulardan birisidir "nikâhta denklik" meselesi. Gerekçe, temelde malum şablonun ürettiği yargıya, yani "insan haklarına, eşitlik prensibine aykırılık" söylemine yaslanmakla birlikte, onu ayet ve hadislerle desteklemek de ihmal edilmez.

Derler ki: Burada baskın bir "Arapçılık" etkisi vardır. Arap olmayanın Arab'a denk olamayacağı, hatta Arap kabileleri içinde Kureyşli olmayanın Kureyşli'ye denk tutulmaması bu zihniyetin sonucudur. İslam Fıkhı, teşekkül döneminde baskın Arapçılık zihniyetinin etkisi altında bulunduğu için böyle hükümler ihtiva etmesine şaşırmamalıdır. Ancak çağımızda artık dönemini kapatmış bu gibi hükümlerin ayıklanması gerekir...

Burada öncelikle belirtilmesi gerekir ki, ulema arasında ihtilaflı olan (zira denklik konusunda takvayı biricik ölçü kabul edenler de mevcuttur) bu meselenin, biri dinî ve diğeri sosyolojik olmak üzere iki temeli vardır.

Dinî temeli, birbirini takviye eden rivayetlerdir ki, burada onları tadad ederek ayrıntıya girmeyeceğim.[1]

Burada üzerinde durmak istediğim boyut, sosyolojik boyuttur. Erkeğin, nesebin kaynağı ve ailenin –kim ne derse desin fiilî olarak– yöneticisi konumunda olması sebebiyle, eşinden daha aşağı bir konumda bulunması, sağlam temeller üzerine kurulması gereken evlilik kurumu için önemli bir arıza sebebi olacaktır. (Bu noktada "geleneksel" aile yapısını eleştiren pek çok kimsenin dahi, eşler arasındaki dengede erkeğin konumunu "primus

---

[1] Bu konuda tafsilat için bkz. *İ'lâu's-Sünen*, XI, 74 vd.

inter pares" (eşitler arasında öncelikli) olarak tanımladığını hatırlayalım.)

Üyesi bulunduğu büyük aileyi oluşturan birimlerle (kayınpeder, kayınvalide ve diğerleri) ilişkilerinden, çocukların muhtaç bulunduğu sağlıklı ortama kadar çekirdek ailenin hal ve gidişini etkileyen/belirleyen pek çok faktör, eşler arası uyum ve dengede sosyal statü, ekonomik seviye, soysop... unsurlarının önemini izaha yeterlidir. Her zaman diliminde ve her toplumda görülebilecek – olumlu veya olumsuz anlamdaki– yaygın örnekler herkesin malumudur...

Denklik meselesi bağlamında üzerinde durulması gereken başka hususlar da var:

Fıkıh kitaplarının, "ilim" şerefinin diğer bütün denklik kriterlerinin üzerinde olduğunu vurguladığı gerçeğini burada atlamamalıyız. İbn Âbidîn'in konumuz bakımından son derece önemli bir tesbitini aktarmadan geçmek eksiklik olur:

"Ayet-i kerimenin delaleti ve ulemanın açık beyanları ile ilmin şerefi nesep şerefinden daha kuvvetli olunca, ulemanın burada mutlak bıraktıklarını kayıtlamak gerekir. Binaenaleyh ulemanın söyledikleri, zahir rivayete muhalif değildir. Bir kimsenin, "Ebû Hanîfe, Hasan-ı Basrî ve bunlardan başka Arap olmayan biri, cahil bir Kureyşlinin yahut topuklarına sîdiren (bevl eden) bir Arabın kızına küfü (denk) değildir" demesi nasıl doğru olabilir?"[2]

Hatta ondan önce Ebu'l-Hasan el-Kerhî ve öğrencisi Ebû Bekr el-Cassâs ile daha sonraki kimi Irak fukahasının, nikâhta denkliği nazar-ı itibara almadığını da belirtelim. Şunu da ekleyelim ki, bu sadece zikri geçen Hanefî ulemaya özgü bir tutum değildir. Diğer mezheplerde ve hatta Muhaddis Fukaha arasında da aynı tavırda olanlar mevcuttur.

Dikkatimizi çeken bir diğer husus da şudur: *İlâu's-Sünen* sahibi Zafer Ahmed et-Tehânevî (Tanevî) merhum,

---

[2] *Reddü'l-Muhtâr*, V, 439.

bu meseleyi işlediği yerde, denklikle ilgili rivayetler üzerinde dururken ("nikâhta denkliğe riayet etmek güzel/yerinde olur" anlamında) ısrarla "istihbab" tabirini kullanır ve rivayetlerde denkliğe riayet bağlamında emir kipiyle gelen ifadelerden kastın vücup olmadığını belirterek denk olmayanların nikâhının da caiz olduğunu vurgular.

Şu halde orta yerdeki rivayetlere ve onları destekleyen sosyolojik realiteye rağmen "nikâhta denklik" meselesini, Fıkıh'da Arapçılık zihniyetiyle belirlenmiş bir mesele olarak görmek kadar, "kestirilip atılmış" bir hüküm olarak takdim etmek de doğru değildir.

7. "Hüküm Vermek" ve "Ahkâm Kesmek"

Yakında inşallah tamamlamak üzere yoğun bir şekilde üzerinde çalıştığım Doktora tezimin yazımı esnasında Hz. Ömer (r.a)'in, kaza (yargı) işini yürüten bürokratlarına yönelik talimatnamelerinde, önlerine getirilen davaları "iyi anlamaları" yolundaki ısrarına dikkat çektim. Bugün bu vesileyle zihnimde çağrışım yapan bir anekdotu sizinle paylaşmak istiyorum.

Kur'an ve Sünnet'ten hüküm çıkarma işinin ne kadar büyük bir dirayet ve vukufiyet istediğini, ne kadar ciddi bir iş olduğunu, es-Saymerî'nin *Ahbâru Ebî Hanîfe*'sinde[1] geçen şu olay oldukça çarpıcı biçimde anlatıyor:

Kadılık görevini yürüten İbn Ebî Leylâ'ya iki davacı gelmişti. Adamlardan birisi şöyle dedi:

- Şu adam anneme zina iftirasında bulundu ve bana "zinâkar kadının oğlu" diyerek sövdü.

İbn Ebî Leylâ, diğer şahsa dönerek, bu iddia hakkındaki savunmasını sordu. Bunun üzerine İmam Ebû Hanîfe araya girerek şöyle dedi:

- Bu adama niçin davasını soruyorsun? Onun, davacı durumundaki kişiyle bir davası olmamalı. Davacı kişi, bu zatın, annesine zina iftirası attığını söylüyor. Peki bu adamın annesinin kendisine vekâlet verdiği sence sabit mi? İbn Ebî Leylâ,

- Hayır, dedi.

- Öyleyse davacı kişiye dön ve annesinin ölü mü, yoksa sağ mı olduğunu sor. Eğer annesi hayattaysa, elinde vekâlet olmadan annesinin hakkını aramak ona düş-

---

[1] *Ahbâru Ebî Hanîfe*, 21-2.

mez. Eğer ölmüşse, o zaman başka bir durum ortaya çıkar.

Bunun üzerine İbn Ebî Leylâ, davacıya dönerek annesinin hayatta olup olmadığını sordu. Adam, annesinin hayatta olmadığını söyleyince durumu bir beyyine ile isbatlamasını istedi. Adam beyyine getirince İbn Ebî Leylâ, davalı durumundaki kişiye iddia hakkında ne diyeceğini sordu.

İmam Ebû Hanîfe yine araya girerek şöyle dedi:

- Davacıya sor bakalım, annesinin ondan başka varisi var mıymış? Eğer kardeşleri varsa, annenin hakkını aramak onun olduğu kadar diğer kardeşlerinin de işidir. Eğer bu adam tek varis ise, durum değişir.

İbn Ebî Leylâ adama dönerek kendisinden başka varis olup olmadığını sordu. Adam olmadığını söyleyince yine durumu delillendirmesini istedi. Adam durumu delillendirince yine davalıya ne diyeceğini sordu. Ancak İmam Ebû Hanîfe bir kere daha araya girdi ve şöyle dedi:

- Davacıya, annesinin hür mü, yoksa köle (cariye) mi olduğunu sor. İbn Ebî Leylâ adama bu soruyu sordu ve "hür" cevabını alınca, durumu yine isbatlamasını istedi. Adam annesinin hür olduğunu isbatlayınca tekrar ne diyeceğini sormak üzere davacıya döndüğünde İmam Ebû Hanîfe

- Annesinin Müslüman mı, zimmî mi olduğunu sor, dedi. Adam annesinin Müslüman olduğunu isbatlayınca İmam Ebû Hanîfe, İbn Ebî Leylâ'ya dönerek,

- Şimdi davalı durumundaki kişiye, davacının iddiası hakkında ne diyeceğini sor, dedi. Adam, iddiayı inkâr edince davacıya dönerek, iddiasını isbatlayacak beyyinesi olup olmadığını sordu. Adam, şahitleri bulunduğunu söyleyince, onları getirmesini istedi. Şahitler geldiğinde İmam Ebû Hanîfe oradan ayrılmak üzere kalktı. İbn Ebî Leylâ, şahitleri dinleyene kadar beklemesini istedi ise de, gitmekte ısrar etti ve ayrıldı...

E-posta adresime gelen bir okuyucu sorusunda şöyle deniyor: "Yaşar Nuri Öztürk bir konuşmasında asr-ı saadette hutbelerin cuma namazını müteakip okunduğu, hutbenin, cumadan mukaddem okunmasını Emeviler'in

İslam'a yamadığı ve bunu farz gösterdiği, şeklindeki iddiası doğru mudur? Cuma suresinin son ayetinin *"ve ileyha terakûke"* (seni ayakta terk ettiler) tefsirinde sahabenin hutbeyi dinlemeden mescidi terk etmesi, cumanın hutbeden önce kılındığını gösteriyor. Yaşar Nuri haklı mıdır? Değilse bu ayet neyi anlatıyor?"

Yukarıda naklettiğim olay, "hakkıyla hüküm verme" işinin nasıl olması gerektiğini ortaya koyarken, Öztürk'ün yaptığı "ahkâm kesme"nin güzel bir örneği! Öztürk bu iddiayı daha önce de[2] dile getirmişti. *Modern Fetvalar Çağdaş Hurafeler*'in –tamamlanmayı bekleyen– ikinci cildinde de ele aldığım bu meseleyi bir sonraki yazıda tartışalım.

---

[2] *İslam Nasıl Yozlaştırıldı*, 155-6.

8. Hutbe ve Cuma

Bir önceki yazıda yer alan okuyucu sorusunda, Y.N. Öztürk'ün, Cuma hutbesinin namazdan öne alınmasının Emeviler'in uygulaması olduğu iddiasının cevabı isteniyor, eğer böyle değilse, Cuma suresinin sonundaki ayetin ne anlattığı soruluyordu.

Öncelikle Öztürk'ün iddiası üzerinde duralım: Bir önceki yazıda da belirttiğim gibi Öztürk, bu meseleyi daha önce de[1] gündeme getirmiştir. Orada müddeasını İmam es-Serahsî'nin *el-Mebsût*una dayandıran Öztürk, sıklıkla yaptığı gibi açık bir "tahrif/saptırma" yoluna gitmiştir. Önce onun söylediklerini görelim:

"Sünnete uygun olan, Cuma hutbesinin tıpkı bayram hutbeleri gibi, namazdan sonra okunmasıdır. Hutbenin namazdan önce okunması bir Emevi bid'atıdır. (...) Ünlü Hanefî fakîhı Serahsî'nin eseri el-Mebsût'tan izleyelim: "Resul ve dört halife döneminde hutbe namazdan sonra okunurdu. Emevîler bunu namazdan önceye aldılar. Çünkü onlar hutbelerinde helal olmayan şeyler söylerlerdi. Halk bunları dinlememek için namazdan sonra camiyi terk ederdi. Hutbeyi, farz olan namazdan önceye aldılar ki halk onları mecburen dinlesin..."

İmam es-Serahsî'nin adı geçen eserine baktığımızda ilk dikkat çeken husus, bu meselenin "Bâbu Salâti'l-Iydeyn" (İki Bayram [Ramazan ve Kurban Bayramları] Namazı babı) başlığı altında ele alınmış olması. İmam es-Serahsî'nin anlattığı meselenin Cuma namazıyla değil, Bayram namazlarıyla ilgili olduğunu, bu başlık altında söyledikleri, hiçbir tevile mecal bırakmayacak sarahatte gösteriyorken, Öztürk'ün, öküzün altından buzağı çıkar-

---

[1] *İslam Nasıl Yozlaştırıldı*, 155-6.

maktaki mahareti (aslında bu, "ilmî emanete hıyanet"ten başka bir şey değil) daha nice kişilere söylemedikleri şeyleri söyletmiştir!!

İşte İmam es-Serahsî'nin sözleri:

"... Hasılı, Cuma namazı için şart koşulan hususlar, Bayram namazı için de şart koşulur. Sadece Hutbe bunun istisnasıdır. Zira Hutbe Cuma namazının şartlarından iken, Bayram namazının şartlarından değildir. Bu sebeple Cuma'da hutbe namazdan önce iken, Bayram'da namazdan sonradır. Çünkü Bayram hutbesi, o vakitte ihtiyaç duyulan hususlar hakkında bir "tezkir ve ta'lim" hutbesidir. Bu itibarla bu hutbe, Arafat hutbesi gibi namazın (Bayram namazının) şartlarından değildir. Cuma günü hutbesi, daha önce zikrettiğimiz delil gereğince namazın yarısı menzilesindedir. Şu kadar ki, Bayram'da, hutbe namazdan sonradır. Rivayet edildiğine göre Mervan, Bayram günü namazdan önce hutbe okuyunca cemaatten biri kalkıp, "Ey Mervan! Sen (hutbe okumak için) minbere çıktın, Hz. Peygamber (s.a.v) ise minbere çıkmamıştı. Sen namazdan önce hutbe okudun. Hz. Peygamber (s.a.v) ise namazdan önce değil, sonra hutbe okurdu" dedi. Mervan, "bu söylediğin, terk edilmiş bir şeydir" karşılığını verdi. (...)

"Hutbe, Hz. Peygamber (s.a.v) ve Raşid Halifeler döneminde namazdan sonra idi. Daha sonra Benû Ümeyye hutbenin namazdan önce okunması uygulamasını ihdas etti. Zira onlar hutbelerinde helal olmayan sözler söylüyorlardı; insanlar da onları dinlemek için oturmuyor (mescidi terk ediyor)du. Onlar da cemaat hutbeyi dinlesinler diye hutbeyi namazdan önce okuma uygulamasını ihdas etti. Bayram namazlarındaki hutbe, tıpkı Cuma namazındaki hutbe gibi..."

Bu satırlar, İmam es-Serahsî'nin, Bayram hutbesini söz konusu ettiğini, hatta Cuma hutbesiyle karşılaştırmalar yaptığını ve ikisi arasındaki farklara değindiğini açık bir şekilde gösteriyorken, Cuma hutbesinin namazdan önce okunması uygulamasının Emeviler'in bid'ati olduğu görüşünü İmam es-Serahsî'ye dayandırmak, ne ilmî ciddiyetle, ne de Allah korkusuyla bağdaşır!..

62/el-Cumu'a suresinin, okuyucu sorusunda sözü edilen son ayetine gelince, (ayetten iktibas edilen kısım *"İnfeddû ileyhâ ve terakûke kaaimen"* (Ona yönelip dağıldılar; seni ayakta bıraktılar) şeklinde verilmelidir), el-Buhârî, Müslim ve daha başkalarının, mezkûr ayetin nüzul sebebi olarak zikrettikleri rivayetlerde bir Cuma günü Hz. Peygamber (s.a.v) hutbedeyken Medine'ye gelen bir ticaret kervanının haberini duyan cemaatin (10 küsür kişi dışında) mescidi terk ederek dışarı çıkmaları anlatılmaktadır.

Bu rivayeti, Tabiun'dan Mukâtil b. Hayyân şöyle nakletmiştir: "Hz. Peygamber (s.a.v), Cuma hutbesini namazdan sonra okurdu. Bir gün Cuma namazını kıldıktan sonra hutbe irad ederken bir adam mescide girdi ve "Dıhye b. Halîfe ticaret kervanıyla geldi" dedi. –Dıhye ticaret kervanıyla Medine'ye geldiği zaman yakınları onu deflerle karşılardı.– Bunun üzerine cemaat dışarı çıktı [Bazı rivayetlerde cemaatten 10 küsür kişi mescitte kalmıştır.] Hutbeyi terk etmenin herhangi bir sakıncası olmadığını düşünüyorlardı. Bunun üzerine Allah Teala, *"Bir ticaret yahut eğlence gördüklerinde ona yönelip dağıldılar..."* ayetini indirdi. Hz. Peygamber (s.a.v) de Cuma günü hutbeyi namazdan öne aldı..."[2]

el-Buhârî, Müslim ve diğerlerinin naklinde ise Hz. Peygamber (s.a.v)'in önceleri hutbeyi namazdan sonra okuduğu, bu olay üzerine hutbeyi namazın önüne aldığı detayı yoktur.

---

[2] Ebû Dâvûd, *el-Merâsîl*, 105; mürsel-sahih bir rivayettir.

9. İhtilaflı Meseleler Konusunda Doğru Tavır

Başlıktaki "ihtilaflı meseleler"den kastımızın, Akidevî alanın dışında kalan hususları anlattığını ifade ederek başlayalım. Burada ele alacağımız konu, Fıkhî çerçevedeki ihtilaflar da dahil olmak üzere, Müslümanlar arasındaki bakış açısı farklılığı ile ilgili olacaktır.

İslam Ümmeti arasında, Sahabe döneminden itibaren gerek Fıkhî konularda, gerekse "meşru" ihtilaflar dairesi içinde kalan diğer hususlarda görüş ayrılıkları olmuştur, olmaktadır ve olmaya da devam edecektir. Bu ihtilafların, bu Ümmet için birer rahmet ve genişlik vesilesi olduğu, öteden beri söylenen ve –küçük bir zümre dışında– kabul edilegelen bir doğrudur.

Tabiun döneminden bu yana, Ümmet arasındaki bu ihtilafların "İslamî" bir vakıa olarak kabul gördüğünü ve ihtilaflı görüşlerden birisini benimseyen bir kimsenin kesinlikle diğer bir görüşü kabul etmeye zorlanmaması gerektiği ifade edilmiştir. Müçtehit İmamlar'ın tutumu da böyledir.

İmam Mâlik'in, *el-Muvatta*'ı Kâbe'ye asarak Ümmet'i onunla amel etmeye yönlendirmek niyetinde olduğunu söyleyen Harun er-Reşîd'e verdiği cevap konumuz bakımından oldukça önemlidir. "Ey Mü'minlerin Emiri! Bunu bakın yapma" diyor İmam Mâlik, "Zira Sahabe İslam ülkesinin dört bir yanına dağılmış ve her biri kendi bildiği sünnetleri gittiği yerlerde öğretmiştir. Dolayısıyla insanları bir görüş etrafında toplanmaya zorlamak doğru olmaz."

Keza İmam Ebû Hanîfe de, Fıkhî ihtilaflar hadisesinin bir "vakıa" olarak kabul edilmesi gerektiğine işaret ederek şöyle demiştir: İnsanların en bilgilisi, alimler arasındaki ihtilaflı konuları en iyi bilendir."

Ulema, öteden beri bu Ümmet'in Müçtehid İmamları arasındaki ihtilaflı görüşleri belli kitaplarda toplamaya büyük özen göstermişlerdir. Böylece İmamlar'ın Fıkhî görüşlerini derleyen eserleri ihtiva eden zengin bir bibliyografya oluşmuştur.

Bu türlü eserler arasında ihtilaflı görüşleri delilleriyle birlikte zikredenler bulunduğu gibi, delil zikretmeksizin, sadece ihtilaflı görüşleri ve bu görüşlerin sahiplerini zikreden eserler de mevcuttur.

Yine bu türlü eserler arasında, ihtilaflı görüşlerden birisini tercih maksadıyla kaleme alınanlar yanında –ki bunlar genellikle bir mezhebin görüşlerini ve bu görüşlerin delillerini terviç etmek maksadıyla kaleme alınmışlardır–, herhangi bir görüşü tercih etmeksizin, bütün görüşleri objektif bir şekilde zikretmekle yetinenler de bulunmaktadır.

İbn Ebî Şeybe ve Abdürrezzâk'ın *el-Musannef* isimli eserleri, İbn Cerîr et-Taberî'nin *İhtilâfu'l-Fukahâ*'sı, Ebû Ca'fer et-Tahâvî'nin *İhtilâfu'l-Ulemâ*'sı ve Ebû Bekr el-Cassâs'ın bu eseri özetleyerek oluşturduğu *Muhtasaru İhtilâ-fi'l-Ulemâ*'sı, İbn Abdilberr'in *et-Temhîd* ve *el-İstizkâr*'ı, İbn Kudâme'nin *el-Muğnî*si, el-Beyhakî'nin *el-Medhal*, *es-Sünenu'l-Kübrâ* ve *es-Sünenu's-Suğrâ* isimli eserleri, bu meyanda ilk akla gelen çalışmalardandır. Bu eserlerden büyük bölümü matbu olarak elimizde bulunmaktadır.

Söz buraya gelmişken, alimlerimizin, İmamlar'ın sadece ihtilaf ettiği meseleleri bir araya toplamakla kalmayıp, aynı zamanda icma ettikleri hususları da belli eserlerde toplamayı ihmal etmediklerini belirtmemiz gerekir. Bu alanda bize kadar intikal etmiş ve basılmış bulunan çalışmalar arasında İbn Hazm'ın *Merâtibu'l-İcma*'ını ve İbnu'l-Münzir'in *Kitâbu'l-İcma*'ını zikredebiliriz...

Ulemanın, ihtilaflı görüşleri konusunda yapılan çalışmalar sadece yukarıda zikrettiğimiz tarzdaki teliflerle sınırlı değildir. İhtilaflı meseleleri, fetva-takva ve azimet-ruhsat bölümlemesi içinde değerlendirerek konuya farklı bir boyut getiren çalışmalar bulunduğunu da biliyoruz. H. 6. asır ilim adamlarından Ebu'l-Ala Said b. Ahmed b. Ebî Bekr er-Râzî'nin *el-Cem' Beyne't-Takvâ ve'l-Fetvâ fî Mühimmâti'd-Dîn ve'd-Dünyâ* isimli eseri –ki halen elyazması olarak durmakta ve gün ışığına çıkarılmayı beklemektedir–, Fıkhî ihtilafları fetva-takva alanlarında değerlendirmesi ile dikkat çekerken, İmam eş-Şa'rânî'nin *el-Mîzânu'l-Kübrâ*'sı, bahse konu ihtilafları azimet-ruhsat bölümlemesi içinde tasnif ederek sunmaktadır.

Mezhepler'i İslam için bir bölünme ve parçalanma vesilesi olarak görüp göstermeye çalışan çarpık anlayışın ısrarla görmezden geldiği bir husus şudur: Özellikle Batı'da Hristiyan mezhepleri arasında günümüzde bile süren kanlı mezhep çatışmalarının aksine, ihtilaf ve bakış açısı farklılıkları, taassubun baskın çıktığı istisnaî olaylar dışında İslam Dünyası'nda hiçbir zaman ayrılık vesilesi olarak algılanmamış ve kullanılmamıştır. Bu bakımdan İslam mezhepleri tarihinin sicili tertemizdir dersek mübalağa etmiş olmayız.

İmamlar ve ulemanın, ihtilaflı meseleler konusundaki tutumları, günümüzde çeşitli Müslüman grup ve kesimler arasındaki ilişkiler bakımından en üst seviyede örneklik teşkil etmelidir. Burada Selefimizin bu konudaki tutumlarına birkaç çarpıcı örnek zikredelim:

İmam ve Hadis hafızı Ebû Musa Yunus b. Abdi'l-A'lâ es-Sadefî der ki: "eş-Şâfi'î'den daha akıllı birisini görmedim. Birgün kendisiyle bir mesele hakkında münazara ettikten sonra ayrıldık. Bilahare bana rastladı. Elimi tuttu ve şöyle dedi: "Ey Ebûu Musa! Bir meselede aynı görüşte olmasak da, seninle kardeş olmamız doğru değil mi?"

İmam Ahmed b. Hanbel, İshak b. Râhûye hakkında şöyle demiştir: "Horasan'a giden yolun köprüsünden İshak gibisi geçmemiştir. Her ne kadar kendisiyle birçok konuda görüş ayrılıklarımız bulunsa da bu böyledir. Zira insanlar oldum olası birbirleriyle ihtilaf ederler."

Yine İmam Ahmed b. Hanbel ile ilgili bir anekdot: Birgün kendisi, Hadis imamlarından Ali b. el-Medînî ile bir mesele hakkında münazara etmişti. Münazara gittikçe şiddetlendi. Karşılıklı seslerini yükselttiler. İhtilaf, neredeyse aralarında dargınlık çıkaracak noktaya gelmişti. Ali b. el-Medînî at üzerinde idi. Derken münazarayı bitirdiler. Ali b. el-Medînî oradan ayrılmak üzereyken Ahmed b. Hanbel hemen atılarak onun atının üzengisini tuttu ve kendisini yolcu etti.

İmam Ebû Hanîfe, Hz. Peygamber (s.a.v)'in savaşlarından çıkarılan hükümleri ihtiva eden ve mütekaddimûn ulemanın literatüründe "Siyer" tabir edilen konuda bir kitap yazmıştı. Bu kitap, Şam imamı el-Evzâ'î'nin eline geçtiğinde, içindeki görüşlerden katılmadıkları oldu ve bu kitaba bir reddiye yazdı. Bu reddiyeye de İmam Ebû Yusuf, *er-Redd alâ Siyeri'l-Evzâ'î* adıyla bir reddiye kaleme aldı. (Bu eser matbudur ve elimizdedir.) Bilahare bu kitabı inceleyen İmam eş-Şâfi'î de, İmam Ebû Yusuf'a bir reddiye yazdı. (Bu reddiye de, bugün elimizde bulunan *el-Ümm*'ün içinde mevcuttur.)

Abdullah b. el-Mübârek, İmam Ebû Hanîfe'nin eserine reddiye yazan İmam el-Evzâ'î ile Beyrut'ta karşılaştı. el-Evzâ'î ona, "Kendisine Ebû Hanîfe denen şu bid'atçi kimdir?" diye sordu.

Olayın devamını Abdullah b. el-Mübârek'ten dinleyelim:

"el-Evzâ'î'nin bu sözü üzerine kaldığım eve döndüm ve Ebû Hanîfe'nin kitaplarından, güzel çözümler ihtiva eden meseleleri derleyerek üç gün sonra bir kitap halinde kendisine getirdim. el-Evzâ'î o sıralar oranın mescidinde müezzinlik ve imamlık yapıyordu. Elimdekinin ne olduğunu sordu. Kitabı kendisine verdim. Açtı ve kitaptaki meselelerden birisini inceledi. O mesele üzerine "Bu, en-Nu'mân'ın görüşüdür" diye yazmıştım. Ezan sonrasına kadar –ayakta olduğu halde– kitabın baş tarafından bir miktar okudu. Sonra kitabı cübbesinin cebine koydu;

ardından kamet getirerek namaz kıldırdı. Namazdan sonra kitabı tekrar çıkardı ve inceledi. Bir süre sonra bana dönerek, "Ey Horasanlı! Bu en-Nu'mân b. Sâbit kimdir" diye sordu. "Irak'ta karşılaştığım bir üstat" diye cevap verdim. "Bu zat, belli ki üstatlar arasında seçkin birisi. Git ve ondan daha fazla ilim almaya bak" dedi. Bunun üzerine kendisine, "Bu, kendisinden sakındırdığın Ebû Hanîfe'dir" dedim. Aradan bir süre geçtikten sonra el-Evzâ'î ile Mekke'de karşılaştık. O meselelerde Ebû Hanîfe'ye taraftarlık ettiğini gördüm. Ayrılacağımız zaman kendisine, "Ebû Hanîfe'yi nasıl buldun?" diye sordum; "İlminin çokluğu ve aklının mükemmeliyeti sebebiyle ona gıpta ettim. Onun hakkındaki eski görüşümden dolayı da Allah Teala'dan bağışlanma diledim. Zira ben eskiden onun hakkında açıkça hatalıydım. O adamdan ilim öğrenmeye devam et. Zira o, kendisi hakkında kulağıma gelen şeylerden uzaktır."

Geçmiş ulemamızın ve Selefimizin tutumu hakkında burada zikrettiklerim, konu hakkında yazılabileceklerin çok cüz'î bir kısmıdır. Ancak ibret almasını bilenler için bu kadarı da kâfidir.

DÖRDÜNCÜ BÖLÜM
AKAİD/KELAM TARTIŞMALARI

1. Nüzul-i İsa (a.s) İle İlgili Rivayetler

Geçtiğimiz Çarşamba gecesi TV 5'te, yazı işleri müdürümüz Ekrem Kızıltaş'ın haber programına Ankara'dan konuk oldum. "İsa'nın Çilesi" filmi üzerine kısa bir süre söyleştik. Programı izleyen birçok kişiden muhtelif mesajlar aldım. Ancak içlerinde birisi vardı ki, bu yazıyı kaleme almamın esas sebebi bu mesaj oldu.

Berlin'den yazan muhterem IGMG bölge başkanı Mahmut Gül, nüzul-i İsa (a.s) konusunda önemsenmesi gereken şüphe ve tereddütler bulunduğunu söylüyordu.

İmam el-Gazzâlî, "Bilmeyenler sussa ihtilaf azalır" demiş. Gerçekten de nüzul-i İsa (a.s) konusunda bilenbilmeyen herkesin fikir beyan etmesi, kafa karışıklığının önemli sebeplerinden birini oluşturuyor. Konu üzerinde daha önce –gerek bu köşede, gerekse *Modern Fetvalar Çağdaş Hurafeler*'de– ifade etmeye çalıştığım hususların tekrarını zait görüyorum...[1]

Sünnet'in hücciyyetini (bağlayıcı bir delil olduğunu) kabul etmeyenlerle bu mesele üzerinde anlaşmak mümkün görünmüyor. Zira ilgili Kur'an ayetlerinin, farklı anlamalara müsait bir yapıda olduğu iddiasındalar. İşin bu yönünü anlarım da, Sünnet'in hücciyyeti konusunda çekincesi olmayanların nüzul-i İsa (a.s) meselesinde şüphe izhar etmesini anlamam mümkün değil.

Zira bir yandan Sünnet'in Kur'an'ı beyan edici özelliğini kabul ederken, diğer yandan pek çok alim tarafından "mütevatir" olduğu ifade edilen rivayetleri görmezden gelmek veya itibara şayan bulmamak tam anlamıyla "çelişki"dir.

---

[1] Bu konuyla ilgili olarak bkz. *İslam ve Modern Çağ*, I, 88 vd., 99 vd.; *Modern Fetvalar Çağdaş Hurafeler*, I, 71 vd.

Madem ilgili Kur'an ayetlerinin nasıl anlaşılması gerektiği konusunda bir anlaşmazlık var ve madem Sünnet Kur'an'ın beyanıdır; öyleyse anlaşmazlık konusu oluşturan ayetlerin ne ifade ettiğini niçin Sünnet'e müracaat ederek öğrenmeye çalışmıyoruz? Sünnet'in Kur'an'ı beyan fonksiyonu nerede kaldı?..

Eğer 29 sahabînin naklettiği 72 merfu (senedi Hz. Peygamber (s.a.v)'e dayanan, O'nun sözü olarak nakledilen) hadis yanında 20 mevkuf (senedi Sahabe'den biten, sahabî sözü olarak nakledilen) ve 26 maktu (Tabiun sözü olarak nakledilen) rivayet bizim için tevatür ifade etmeyecekse "tevatür" nedir?[2]

Bazılarının iddia ettiği gibi tevatürde "sayıları rakamla ifade edilemeyecek fertlerden oluşan büyük kitlelerin birbirine nakli" şart ise, bu iddianın sahipleri "Tabakâtu'l-Kurrâ" türü kitaplarda Kur'an'ı baştan sona ezberlemiş kaç sahabî ismi gösterebilirler?

Daha önce de kimi vesilelerle ifade etmiştim; tevatür unsurunun bu şekilde zedelenmeye çalışılmasının, ucu Kur'an metninin mevsukiyetine kadar uzanan bir "ölümcül şüphe"yi tevlid etmesi kaçınılmazdır! Bunun hesabını kim verebilir?

Nüzul-i İsa (a.s) inancının İslam'a sonradan girdiği iddiası Diyanet Vakfı'nın hazırladığı *İslam Ansiklopedisi*'ne kadar girmişse "öküzün bacadan çıkması" işten değildir!

Şu satırlar mezkûr ansiklopediden: "Tedvin döneminde hıristiyan kültürüyle karşılaşmanın bir sonucu olarak nüzul-i İsa inancının İslam akaidine girmiş olması kuvvetle muhtemeldir. Zira Hz. İsa'nın insanların aslî günahını affettirmek için kendini feda ettiği ve Tanrı hükümranlığını kurmak üzere dünyaya yeniden döneceği inancının hıristiyanlara ait bir akide olduğu bilinmektedir."[3]

Böyle bir iddiayı dillendirebilmek için –ilgili hadislerin Hadis Usulü kriterlerince tek tek değerlendirilmesi gerektiği gerçeği bir yana–, tedvin dönemine hakim olan

---

[2] Bu rivayetlerin dökümü için bkz. *İslam ve Modern Çağ*, I, 96 vd.
[3] DİA, XXII, 473.

tarihsel-kültürel durum yeterince göz önünde bulundurulmuş mudur?

Nüzul-i İsa (a.s) olgusunu bir "inanç ilkesi" olarak benimsemekte dinî bir sakınca görmeyenler ve hadis rivayetleri kanalıyla bu inancın İslam itikadiyatına yerleşmesini temin edenler diyelim ki bizden çok daha az takvalı, Allah'tan korkmaz, Peygamber'den utanmaz kimselerdi!!! İyi ama, acaba kendilerinin hakim, Hristiyanlar'ın "tebaa" durumunda olduğu bir dönemde Müslümanlar hangi ihtiyaçların tazyikiyle Hristiyanlık'tan "inanç devşirme" peşinde olmuştur?

Bir an için durumun onların dediği gibi olduğunu düşünelim ve ilgili rivayetlerin Hristiyan inancının hadis formuna sokulmasından ibaret olduğunu kabul edelim; peki çok küçük bir azınlık dışında kalan bütün bir Hristiyan dünyasının benimsediği gibi Hz. İsa (a.s)'ın çarmıha gerilmediği ve fakat –bu hadiseden daha önce veya sonra– tabii bir ölümle vefat ettiği konusunda bir tek hadis göremeyişimizi nasıl açıklayacağız?

2. Yine Nüzul-i İsa (a.s)

TV 5'teki kısa programın yankıları devam ediyor. Akaid, Tefsir, Hadis gibi sahalara aynı anda taalluku bulunan bu mesele tam anlamıyla "tornusol kâğıdı" işlevi görüyor. Bu yazıda, daha önce yazdıklarımı tekmilen, "nüzul-i İsa (a.s)" meselesinde cumhur-u ümmet'in karşısında saf tutanların ileri sürdüğü itirazların bir kısmına değineceğim:

1. (3/Âl-i İmrân, 55 ve 4/en-Nisâ, 158. ayetlerinde geçen) "ref'" (yükseltme, kaldırma) kelimesi cansız varlıklar hakkında kullanıldığı zaman maddî, insanlar hakkında kullanıldığı zaman ise manevi yükseltme (makam ve mevki yükselmesini) ifade eder. Dolayısıyla Hz. İsa (a.s)'ın "ref' edilmesi", makam ve mevkiinin yükseltilmesi anlamındadır.

Bu itiraz şu yönlerden sakıttır:

A. Tıpkı diğer peygamberler gibi Hz. İsa (a.s) da mertebe ve derecesi zaten yüksek bir peygamberdir. Herhangi bir peygamberin, hayattayken elde edemediği bir dereceyi, sıradan bir ölümle ölmek suretiyle elde ettiğini ileri sürmenin hiçbir temeli yoktur.

B. Eğer sıradan bir ölümle ölmek herhangi bir peygambere müstesna bir derece sağlıyorsa, Hz. İsa (a.s)'ın bu noktada diğer peygamberlerden farkı nedir ki, O'nun sıradan ölümü Kur'an'da vurgulu bir şekilde zikredilmeyi hak etsin?

C. Hz. İsa (a.s)'ın makam ve mevkiinin yükseltilmesinin, kendisini öldürmek isteyenlerin elinden kurtarılmasıyla nasıl bir ilgisi olabilir? Bir başka ifadeyle Yahudiler ve Romalılar Hz. İsa (a.s)'ı çarmıha germek suretiyle öldürmüş olsaydı, bu durumda o, kadri yüce birisi olma vasfına ulaşamayacak mıydı?

D. "Ref'" kelimesinin insan hakkında ancak "manevi yükseltme" ifade ettiğini söylemenin de herhangi bir temeli yoktur. Zira burada "ref'" kelimesinin hakiki anlamından mecaz anlamına intikal ettiği iddiasının doğru kabul edilebilmesi için bu kelimenin insan hakkında kullanıldığı her yerde istisnasız biçimde mecaz ifade ettiğinin isbatı gerekir. Herhangi bir lugatte bu iddiayı doğrulayacak bir ifade var mıdır?

Kur'an'da da bu kelimenin insan hakkında ve hakiki anlamda kullanıldığını görüyoruz:

Söz gelimi Hz. Yusuf (a.s) kıssasında[1], yanına gelen ebeveynini tahta oturttuğu anlatılırken "*ve refe'a ebeveyhi ale'l-arş*" (ebeveynini tahtın üstüne çıkarıp oturttu) ifadesi kullanılmıştır. (Bilindiği gibi taht, adeten, yerden yüksek bir zeminde bulunur. Arapça'da herhangi bir meseleyi yöneticiye arz etme işinin "ref'u'l-emr ile's-sultân" (konuyu hükümdara çıkarmak/arz etmek) tarzında ifade edilmesi bundandır. Dilimizde de "bakanın yanına çıkmak", "hakimin yanına çıkmak" ifadelerinin kullanıldığı malumdur. Dolayısıyla burada Hz. Yusuf (a.s)'ın, ebeveynini, yüksek bir yerde duran tahta buyur ettiği, yani aşağıdaki bir mekândan yukarıdaki bir mekâna çıkardığı anlatılmış olmaktadır.)

2. Kur'an'da Hz. İsa (a.s)'ın akıbeti ile ilgili ayetlerde geçen "teveffî" kelimesinin kullanıldığı bağlamlar, bu kelimenin O'nun öldüğünü anlatmak üzere kullanıldığını gösterir.

Bu itiraz da sakıttır. Zira,

A. O'nun akıbeti ile ilgili ayetlerde, öldüğünü açık bir şekilde gösteren herhangi bir ifade yoktur. "Teveffî" kelimesinin Kur'an'da ve Arap dilinde ancak mecaz anlamda "öldürmek" yerine kullanıldığı, uzun uzun izah edilmeye ihtiyaç göstermeyecek kadar müsellem bir husustur. Burada da bu kelimenin mecaz anlamında kullanıldığını söyleyebilmek için ayrı bir delile ihtiyaç vardır.

---

[1] 12/Yûsuf, 100.

B. Bağlamlardan çıkarılan sonuca gelince, mesela *"Tuzak kurdular; Allah da tuzaklarına mukabelede bulundu. Allah, tuzak kuranların en hayırlısıdır. O vakit, "Ey İsa! Muhakkak ki ben seni vefat ettirecek, nezdime yükseltecek ve küfredenlerden temizleyeceğim" buyurmuştu..."*[2] ayetlerinin bağlamından, Yahudiler'in tuzağına Allah Teala'nın mukabelesinin Hz. İsa (a.s)'ı öldürmek şeklinde olduğu sonucunu çıkarmak nasıl mümkün olabilir?

Buradaki "ilahî tuzak"ın, başka birisinin Hz. İsa (a.s)'a benzetilmesinden ibaret olduğunu söylemenin bir dayanağı var mıdır? Hz. İsa (a.s)'ın öldüğünü söylemekle, burada peşpeşe zikredilen "teveffî, ref ve tathîr" kelimelerinin hakkı tam anlamıyla verilmiş olacak mıdır?

Hz. İsa (a.s)'ın, canına kast edenlerin kendisine ulaşmasının engellenmesi anlamında "temizlenmesi", O'nun canını almakla mı gerçekleştirilmiş olur? Yahudiler'in ve Romalılar'ın maksadı O'nu öldürmektir; Yüce Allah'ın, bu maksatlarına dolaylı da olsa ulaşmaları anlamına gelecek şekilde O'nu öldürmesi "temizlemek" olarak anlaşılabilir mi?

5/el-Mâide, 70. ayette İsrailoğulları'nın, bir kısım peygamberleri öldürdükleri zikredilmektedir. Yukarıdaki bakış açısına göre bu peygamberler "temizlenmemiş" mi olmaktadır?

Önemine binaen fırsat buldukça bu konuya değinmeye devam edeceğim.

---

[2] 3/Âl-i İmrân, 54-5.

3. Nüzul-i İsa (a.s) Meselesinde İtiraz Noktaları

Geçtiğimiz Cuma gecesi Kanal 7'deki bir program vasıtasıyla Ehl-i Sünnet'in (hatta Ehl-i Sünnet dışındaki fırkaların ekseriyetinin) üzerinde birleştiği bir itikat ilkesi daha kitleler nezdinde "tartışılabilirler" arasına sokuldu. "Nereye gidiyoruz" demeyeceğim; zira İslam dünyasının son ikiyüz yıldır maruz bırakıldığı dönüşümün istikametinin neresi olduğu kimsenin meçhulü değil.

Burada üzerinde durmayı tercih edeceğim husus, "nüzul-i İsa (a.s)" meselesine itiraz edenlerin ileri sürdüğü argümanların, bu inancı reddetmek için gerçek birer "delil" teşkil edip etmediği sorusunun cevabı olacak. Bunun için tartışmanın taraflarının elinde neler bulunduğuna kısaca bir bakalım:

Hz. İsa (a.s)'ın kıyamete yakın yeryüzüne ineceğini söyleyenler, ilgili Kur'an ayetlerindeki iki noktanın altını çiziyor:

Kur'an, Hz. İsa (a.s)'ın öldüğünden bahsetmiyor. O'nun akıbetinden söz eden ayetlerden kiminde Yüce Allah'ın O'nu kendisine yükselttiği[1], kiminde de "vefat ettirdiği"[2] zikredilmiştir. Bu ifadelerin gerçek anlamda "ölüm"e (mevt) delalet ettiğini söyleyebilmek için –eğer meseleyi Kur'an ayetleriyle sınırlı ele alacaksak– Kur'an'ın Hz. İsa (a.s)'ın öldüğüne tartışmasız biçimde delalet ettiğinin ortaya konması gerekir. Oysa şu ana kadar bu yapılabilmiş değildir.

Burada –daha önce birçok veçhesi üzerinde durduğum bu mesele ile ilgili olarak– bir başka noktayı mercek altına alacağım:

---

[1] 4/en-Nisâ, 157-9.
[2] 3/Âl-i İmrân, 55; 5/el-Mâide, 117.

5/en-Nisâ, 157-9 ayetlerinde Hz. İsa (a.s)'ın Yahudiler tarafından asılmadığı, öldürülmediği, çarmıha astıkları kişinin Yahudiler'e Hz. İsa (a.s) olarak benzetildiği ve ölümünden önce Ehl-i Kitab'a mensup herkesin O'na iman edeceği belirtildikten sonra, ayetin sonunda şöyle buyurulmaktadır: *"Ve kıyamet günü (İsa) onlar üzerine şahit olacak."* Bu cümlenin öncesinde "Ehl-i Kitap"tan bahsedildiğine göre, buradaki *"onlar"*dan kastın yahudisiyle hristiyanıyla bütün Ehl-i Kitap olduğu açıktır.

"Ehl-i Kitap" tabirinin anlattığı iki zümreden birisi olan Yahudiler'in Hz. İsa (a.s) konusundaki inanç ve tutumu bellidir. Onlar, daha Hz. İsa (a.s) aralarındayken tebligatını tanımamış ve kendisini öldürmeye kasdetmişlerdi. Dolayısıyla onlar üzerindeki şahitlik yakinî bilgiye dayanmaktadır.

Peki Hz. İsa (a.s)'ın, Hristiyanlar üzerine şahitliği nasıl olacak?

5/el-Mâide, 117. ayette Hz. İsa (a.s)'ın dilinden şöyle buyurulmaktadır: *"İçlerinde olduğum sürece üzerlerine şahit idim. Sen beni vefat ettirince üzerlerine yalnız sen gözetleyici oldun."*

Demek ki Hz. İsa (a.s)'ın, Hristiyanlar üzerine şahitliği bu ayete göre vefat ettirilinceye kadardır ve kaynaklar bize, Hz. İsa (a.s) vefat ettirilmeden önce kendisine ilahlık atfedildiği konusunda herhangi bir bilgi vermemektedir. Yani Hz. İsa (a.s) vefat ettirilmeden önce kendisine sahih bir imanla bağlanan sınırlı sayıdaki insan arasında "şirk"e düşen bir kitlenin varlığından haberdar değiliz. Öyleyse Hz. İsa (a.s)'ın, "şirk" esaslı Hristiyanlığa inananlar üzerine şahitliğini nasıl açıklayabiliriz?

Hasılı Hz. İsa (a.s)'ın Ehl-i Kitap üzerine şahitliğinin, *"Ehl-i Kitap'tan hiç kimse yoktur ki, ölümünden önce O'na* (Hz. İsa'ya) *iman etmiş olmasın"* ayetinin hemen arkasından zikredilmiş olmasının bir anlamı olmalıdır ve bu da ancak Ehl-i Kitab'ın (özellikle Hristiyanlar'ın), Hz. İsa (a.s) vefat ettirildikten sonra benimsediği inançla tatminkâr biçimde izah edilebilir.

Hz. İsa (a.s)'ın ruh ve bedeniyle göğe kaldırıldığı ve kıyamete yakın yeryüzüne ineceği inancına itiraz edenlerin ileri sürdüğü bir diğer gerekçe, "beklenen kurtarıcı" inancının diğer din ve inanç sistemlerinde de bulunmasıdır. İddiaya göre "nüzul-i İsa (a.s)" inancı, özellikle Yahudilik ve Hristiyanlık'ta bulunan "kurtarıcı Mesih" inancının İslam'a intikal etmiş bir versiyonu olmalıdır.

Buna "delil" denemeyeceği açıktır; zira müddeayı tek başına isbatlayıcı özellikte değildir. İlk olarak herhangi bir inanç unsurunun başka din ve inanç sistemlerinde de bulunması, tek başına onun "batıl/asılsız" olduğunu göstermeye yetmez. İkinci olarak da bu inanç unsurunun İslam'a hangi sebeplerle, nasıl ve ne zaman geçtiğinin ortaya konması gerekir. İtiraz sahiplerinin bu noktaya tatminkâr herhangi bir açıklama getiremediği dikkatten kaçmıyor.

Bir diğer gerekçe, konuyla ilgili rivayetlerin "tevatür" seviyesine ulaşamayıp, "haber-i vahid" (yahut "birkaç rivayet"!) seviyesinde kaldığı, bu tür haberlerin ise "kesin ilim" değil, "zann" ifade ettiği şeklinde ortaya konmaktadır.

Burada hemen belirtelim ki "nüzul-i İsa (a.s)" konusundaki hadislerin "mütevatir" olduğunu söyleyenler, Prof. Dr. M. Hayri Kırbaşoğlu'nun iddia ettiği gibi[3] bu hadislerin önce "lafzî mütevatir" kategorisinde olduğunu ileri sürüp, bilahare "geri adım atarak" "manevi mütevatir" kategorisinde olduğunu söylemek durumunda kalmış değildir.

Bu hadislerin "mütevatir" olduğunu söyleyenler, bu konuda "lafzi tevatür" bulunmadığının pekala farkındadır; zira hadislerin metinleri ortadadır. Onların başından beri kasdettiği "manevi tevatür"dür ve bir çoğu da bunu açık bir şekilde belirtmişlerdir.[4]

---

3 *İslâmiyât* dergisi, III/4, Ekim-2000, 156.
4 Konuyla ilgilenenler için Kırbaşoğlu'nun, "nüzul-i İsa (a.s)" rivayetlerine "hiç rastlanmaz" dediği eserler arasında Abdürrezzâk'ın *el-Musannef*inde, başka vesilelerle sevk edilmiş tek tek rivayetler dışında "Bâbu Nüzûli İsâ b. Meryem Aleyhimesselâm" başlığını taşıyan müstakil bir bölüm bulunduğunu (XI, 399 vd.) hatırlatmış olalım bu vesileyle.

"Manevi tevatür"ün özelliği, bahse konu edilen rivayetlerin lafızları veya ana temaları farklı olmakla birlikte, hepsinde ortak bir noktanın bulunmasıdır. Hatta bu rivayetlerde dile getirilen başka hususlar arasında zahiren çelişki bulunsa bile bu durum, tevatüre esas teşkil eden "ortak nokta"ya bir halel getirmez. Kaldı ki –ileride değineceğim gibi– "nüzul-i İsa (a.s)" konusundaki hadisler arasında "çelişki" bulunduğunu söylemek de mümkün değildir.

Bir diğer gerekçe de ("Mehdi inancı"yla birlikte) "nüzul-i İsa (a.s)" inancının kitleleri tembelliğe ve "kutrarıcı bekleme"ye ittiği tesbitidir.

Bu tesbitin de itiraza "delil" teşkil etmeyeceği açıktır. Zira herhangi bir doğrunun bazı toplum kesimleri veya bir kısım insanlar tarafından yanlış bir tavra gerekçe yapılmış olması bizatihi o doğrunun doğruluğuna halel getirmez. Aynı durum, tarih içinde ortaya çıkmış "sahte Mesihler" vakıası için de geçerlidir.

Kaldı ki rivayetler, Hz. İsa (a.s)'ın, Müslümanlar'ın zaten fiili bir hareket içinde bulunduğu bir zaman diliminde ineceğini açık bir şekilde anlatmaktadır.

Bu hadisler, mezkûr eserin sonundaki "Kitâbu'l-Câmi'" kısmında yer almaktadır. Bu kısmın, Ma'mer b. Râşid'in *el-Câmi*'i olduğu iddiasına katılmadığım için (bu konu elinizdeki kitabın 2. Bölüm'ünün 5 numaralı yazısında ela alınmıştır) burada ilgili rivayetlerin *el-Musannef*e nisbetinin yanlış olmadığı görüşündeyim.

4. "Nüzul-i İsa (a.s)'a Dair Üç Kitap

Bu mesele niçin önemli?
Bunun birkaç cevabı var.

1. Vahyî hakikatlerin "çağdaş" bakış açıları istikametinde ilmîlik kisvesine büründürülmüş "bana göre"lerle sulandırılmaya çalışıldığı bir dönemde itikadın bir bütün olarak muhafazası için.

Batı'dan ithal edilmiş "okuma" ve yorumlama yöntemlerinin etkisiyle İslam'ın temel kaynakları hakkında en "uçuk" fikirlerin ortalıkta serbestçe dolaştığı böyle bir ortamda hangi gerekçelere dayandırılırsa dayandırılsın, "sem'iyyat" üzerine kurulu itikad sistemi bir bütündür ve bu sahada ancak sem'î delillerle konuşulabilir. "Nüzul-i İsa (a.s)" hakkında delalet ve sübut bakımından "kesinlik arz eden sem'î delil"e dayanmayan her türlü aykırı yorum ve kanaat merduttur ve ortada böyle bir sem'î delil de yoktur.

2. Medyatik tartışma platformlarının, manipülasyona dönük bir yüzü olduğu ve özellikle son yıllarda İslamî kabullerin toplum bilincindeki yerinin sarsılmasına hizmet ettiği gerçeğinden hareketle rahatça söyleyebiliriz ki, "Nüzul-i İsa (a.s)" meselesinin sık sık gündeme getirilmesinden ve tartışılmasından elde edilen netice, "tevatür" olgusunun da "tartışılabilirler" kategorisine sokulmasıdır. İslamî bilgi kaynaklarının vazgeçilmezlerinden olan "tevatür"ün böylesi bir fluluğa büründürülmesi operasyonu sonucunda Sünnet ve hatta Kur'an bilincinin yara almaması düşünülemez.

3. Günümüzde özellikle bir kısım akademik çevrelerde yaygınlaştığı görülen modernist yaklaşımın temel karakteri, herhangi bir hususun "İslamî" olup olmadığını belirleyen ölçütlerin tartışılmasına yönelmiş olmasıdır. Her kadar bu yapılırken ortaya konmuş özgün bir bilgi

felsefesinden ve sistemden bahsetmek mümkün değilse de, yapılanların, bütün eksiklik ve yetersizliklerine rağmen sokaktaki insanın kafasını karıştırmak için yeterli olduğu da gözden uzak tutulmamalıdır.

Söz gelimi "eğer Hz. İsa (a.s) yaşıyorsa nerededir, ne yer, nasıl barınır?" gibi –İslamî bilgi ve inanç sistemi bakımından– hiçbir değeri olmayan absürt bir soru bile halkın bazı kesimlerinin "acaba" demesine yetmektedir.

"Nüzul-i İsa (a.s)" hakkında Arapça'da birçok müstakil çalışma bulunduğunu biliyoruz. Ancak meselenin, Arapça bilmeyenlere yönelik olarak da doyurucu bir şekilde işlenmesine ihtiyaç bulunduğunu fark edenler oldu çok şükür.

Beyan dergisinin Haziran 2003 sayısında okuyucusuna hediye ettiği *Hz. İsa'nın (a.s) Gelişi* adlı kitapçık sanıyorum bu alanda yapılan müstakil çalışmaların ilklerinden.

Harun Yahya'nın kaleminden çıkan *Hazreti İsa'nın Geliş Alametleri* ise[1] çok daha geniş kapsamlı bir çalışma. Ekim 2003'te neşrettiği *Hazreti İsa Gelecek* isimli kitabın birkaç katı hacminde genişletilmiş versiyonu olarak nitelendirebileceğimiz bu çalışma, Temmuz 2003'te yayımladığı *Mesih Müjdesi*'nin ardından konuyu adeta taçlandırmış. Hz. İsa (a.s)'ın ref' ve nüzulüyle ilgili ayet ve hadisler yanında pek çok alimin eserinden hatta *Kitab-ı Mukaddes*'ten istifade edilerek hazırlandığı görülen bu kitaplar, Harun Yahya'nın diğer eserlerinde olduğu gibi görsel bakımından da oldukça ilgi çekici.

Bu mesele açılmışken, Harun Yahya'nın çalışmalarında da kendisine atıf yapıldığı görülen Kelde b. Zeyd ve *Esme'l-Mesâlik* adlı kitap hakkında şu ana kadar tatmin edici bir açıklamaya ulaşamadığımı belirtmeden geçemeyeceğim. Konuyla ilgilenen ve bazı dokümanlara ulaşmamı sağlayan kardeşlerime buradan teşekkür ediyorum.

Ancak elde edebildiğim hiçbir çalışma bu şahıs ve bu eser hakkında doğrudan malumat vermiyor. Muhte-

---

[1] Birinci baskı, Aralık-2003.

rem Harun Yahya'nın eserlerini bana ulaştıran kaynak, Süleymaniye kütüphanesinde aylar süren geniş çaplı bir araştırma yapıldığını ve fakat bu konuda herhangi bir veriye ulaşılamadığını söylemişti.

Bu köşede bu mesele üzerine yazdıklarım, bazı okuyucularda "hadisi inkâr ettiğim" gibi bir kanaat uyanmasına yol açmış gibi görünüyor.

Oysa beklerdim ki beni –dolaylı olarak da olsa– "hadis inkârcılığı" ile itham edenler ortaya Kelde b. Zeyd ve *Esme'l-Mesâlik* hakkında elle tutulur bir şeyler koysun. Hadis ve Sünnet'e yaptığım onca vurgunun görmezden gelinmesi çok önemli değil; Efendimiz (s.a.v)'e söylemediği bir şeyin isnat edilmesine sessiz kalmış durumuna düşmeye tahammül edemem.

Bu hassasiyetin anlaşılmayacak bir yanı bulunduğunu düşünmüyor, aynı tavrı o kardeşlerimden beklediğimi de vurgulamak istiyorum.

5. "Sapıklık"

Prof. Dr. Ramazan Ayvallı'nın İstanbul'da Emniyet görevlilerine verdiği konferansta, bazı itikadî mezhepler hakkında kullandığı, başlıktaki niteleme üzerine konu değişik boyutlarıyla medyanın gündemine geldi. Nihayet bir Tv. kanalındaki bir programa telefonla katılan Prof. Dr. Ayvallı, bugünkü Şii, Alevi vd. kitleleri kasdetmediğini, maksadını aşan ifadeler kullandığını vs. söyleyerek muhataplarından özür diledi.

Bu köşede daha önce Hamidullah'ın vefatının ardından kendisine rahmet dileyen bir cümleme aynı camiadan bir yazarın giderek iftiraya varan boyutlara ulaşan yazılarını konu edinmiştim. Irak'ın işgali dolayısıyla yarıda kesilen o seri yazılardan birinde, işbu "sapık" nitelemesi üzerinde de durmuştum.

Muhatabım, gönderdiği "cevap"lardan birisinde, yazdıklarının, camianın "hocaefendileri"nin kontrolünden geçtiğini söyleyerek bana, "Sadece benim şahsımı değil, bütün camiayı karşınıza alıyorsunuz" türünden bir şeyler söylemişti. Şimdi bakıyorum, "camia" bu konuda pürsükût. Ne de olsa bu sefer karşılarındaki, kılıcından kan damlayan "beyaz cam" değil mi!..

İşin bu boyutu bir yana, tarih boyunca itikadî sahada farklı bir söylemle ortaya çıkmış olan her fırkanın, kendisinin hakkı savunduğunu, diğerlerinin ise haktan saptığını söylediğini biliyoruz. Bu anlamda her fırka, kendisinin "Ehl-i hak", diğerlerinin de "Ehl-i dalalet" olduğunu söylemiş oluyor dolayısıyla.

Bir başka şekilde ifade edersek, itikadî fırkalar arasındaki ayrılıklar, fıkhî mezhepler arasındaki ihtilaflar gibi değildir. Fıkhî mezhep müntesiplerinin her biri (istisnaları olmakla birlikte) "Benim mezhebim doğrudur, hatalı olma ihtimali de vardır; diğerleri hatalıdır, doğru olma ihtimali de vardır" tavrındadır. Çünkü fıkhî ihtilaflar, delillerin "zannî" oluşundan kaynaklanan içtihadî farklılaşmalar üzerinde vücut bulur. Bu sebeple bu sahada karşıtlıklar için "isabetli" ve "hatalı" tabirleri kullanılır.

Ancak itikadî ihtilaflar böyle değildir. Özellikle temel inanç meselelerinde "zannî delil" bağlayıcı olmadığı ve delilde "kat'îlik" gerektiği için hiçbir fırka mensubu, "Benim inanç ilkelerim doğrudur, yanlış olma ihtimali de vardır; diğerlerinin inanç ilkeleri yanlıştır, doğru olma ihtimali de vardır" demez, diyemez. Zira aksi durumda inancını "zann" üzerine kurduğunu söylemiş olur. İnanç (itikad) ise "zann"a bina edilmez. Böyle olduğu için de bu sahadaki karşıtlıklar genellikle "hak" ve "dalalet/zeyğ" tabirleriyle anlatılır.

Buradaki "dalalet/zeyğ" kavramları, "hak yoldan sapmış, doğru inançtan ayrılmış" anlamındadır ve kesinlikle doğrudan "küfür ithamı" içermez. Elbette her fırka için inkârı küfür olan inanç ilkeleri vardır ve bunlara muhalif düşünenler tekfir edilir. Ancak burada artık "dalalet/zeyğ" değil, doğrudan "küfür" ve benzeri kavramlar kullanımdadır.

Ehl-i Sünnet ulemanın, tarihte "Ehl-i kıble" içinde boy göstermiş itikadî fırkaları "Ehl-i bid'at" olarak nitelendirmesindeki incelik de burada aranmalıdır. İmam el-Eş'arî, dikkat çekici biçimde *Makâlâtu'l-İslâmiyyîn ve'htilâfu'l-Musallîn* adını verdiği eserinin girişinde şöyle der: "İnsanlar (Ümmet), Hz. Peygamber (s.a.v)'in vefatından sonra birçok konuda ihtilaf etmiş, bu konularda birbirlerini dalalete düşmüş olmakla suçlamış, birbirlerinden teberi etmiştir. (...) Oysa İslam onların hepsini bir araya toplayan ve hepsine şamil olan vasıftır..."

6. Abalılar ve Sopalılar

Marife'nin 3. yıl 2. sayısında yer alan bir yazı üzerinde duracağım bugün. Dr. Ahmet Erkol imzalı bu yazı *"Eş'arî Dönemi Arap Düşünce Biçimi ve Eş'arî Düşüncesinde Şâfiî'nin Etkisi"* başlığını taşıyor. "Tek kanallı beslenme"ye iyi bir örnek oluşturan makalesinde yazar, İmam eş-Şâfi'î, İmam el-Eş'arî ve daha birçok isim etrafında –yer yer birbiriyle çeliştiği de gözlenen– öyle enteresan genellemeler yapıyor ki, okuduğunuz metnin "ilmî bir makale" mi, yoksa "ideolojik bir manifesto" mu olduğu konusunda karar vermekte zorlanıyorsunuz.

Yazısının başlarında Dr. Erkol, İmam el-Eş'ar'î'nin Mu'tezile saflarında 40 yıl beklemesinin tesadüfi olmadığını, ayrılışını h. IV. asrın başına (h. 300 yılına) denk getirmesinin(!), "müceddit hadisi"nde anılan *"yüzyılın başı"* ifadesiyle ilişkili olduğunu, kısacası "müceddit" olarak anılmak için bu tarihi beklediğini söylemeye çalışıyor. Yani demek istiyor ki İmam el-Eş'arî, bazı görüşlerinden dolayı "müşriklerle kardeş" olarak vasıflandırdığı Mu'tezile saflarını terk etmeyi, sırf "müceddit" olarak anılmak için h. 300 yılına kadar bilinçli olarak ertelemiş...

"Eş'arî'deki Şâfi'î etkisi"nin izini süren yazarın yolu ister istemez "Sünnî paradigmanın oluşumunda Şâfi'î'nin rolü"ne çıkıyor. Yazara göre "fer'i asl'a dayandırma" prensibiyle "İslam düşüncesine en büyük etki"yi yapmış olan Şâfi'î, sürekli nassları temel aldığı için nasslar İslam düşüncesinin temel otoritesini oluşturmaya başlamış.(!)

Acaba diğer Fıkıh ekollerinde nassa nasıl bir mevki tanınmış? Asıl-fer' ilişkisinde atı arabanın arkasına koşan kimse olmuş mu? Sünnet/Hadis-Fıkıh ilişkisi konusu diğer ekollerde nasıl bir durum arz etmiş? ...

"Şâfi'î'nin ikinci önemli etkisi ise metodoloji alanındadır. Buna göre akıl yürütmenin sadece belli şekilleri kabule şayandır. Bunlar Kitap, sünnet, icmâ ve kıyas yöntemi kullanılarak ulaşılan sonuçlardır. Metodoloji alanındaki Şâfi'înin bu belirlemesi, İslam düşüncesinin bütün bir geleceğini etkilemiştir."

"İmam Şâfi'î'ye gelinceye kadar sorunların çözümü için Kur'an, sünnet, icmâ ve kıyas esasları çerçevesinde bir yöntem takip edilmişse de, İmam Şâfi'î ile birlikte belirlenen bu dört esas mutlaka uyulması gereken temel asıllar haline getirilmiştir."

Yukarıdaki iki paragrafta yer alan tesbitlerden hangisine inanmalıyız? İmam eş-Şâfi'î öncesinde, bilinen yaygın ekollerden hangisinde bu dört esas "uyulmayabilecekler" kategorisinde görülmüştür?

Bir başka "inci": "Doğrudan ya da dolaylı olarak gelecekten haber veren bir hadisin, tarihî bakımdan sahih bir şekilde Hz. Peygamber'den gelmiş olabileceğinin kabul edilemezliği, hadis usulcüleri tarafından benimsenen bir prensiptir."

Acaba yazar bize, böyle bir prensip vaz eden bir Hadis Usulü kitabının ismini verebilir miydi? Yazarın, bu mutlak genellemeci tesbitten sonra "Bir başka ifadeyle, gelecekle ilgili yer ve zamanı açıkça bildiren hadislerin uydurma olabileceği konusunda önemli bir anlayış birliği mevcuttur" demiş olması garabete garabet eklemekten başka bir şeye yaramamış.

"Ebû Hanîfe ve re'y ehli yaşamın her alanında akla daha fazla yer verirken, Şâfi'î ile birlikte bu misyonun yerini rivayet almıştır" tarzındaki moda söylemin ne idüğü hakkında benim gibi iler tutar bir delile rastlayamamış olanları aydınlatacak bir "himmet ehli" çıkar mı?

"Gerek Şâfi'î ve gerekse Eş'arî'nin kalkış noktaları aynıdır. Her ikisi de kitap, sünnet, sahabe, tabiun ve onları takip edenlerin görüşleri doğrultusunda yapılan rivayetleri, yani icma'ı esas almışlar, bununla birlikte içtihada da yer vermişlerdir." Ya diğerleri?...

"Eş'arî ile Ahmed b. Hanbel arasındaki münasebet neyse, İmam Şâfi'î ile İmam Mâlik arasında da aynıdır. Şâfi'î konum bakımından İmam Mâlik'e daha meyyaldi. O da hadise destek çıkıyor ve hadisleri kabulünde Ehl-i

Hadis'in birçoğundan daha kolaylaştırıcı davranıyordu. Ancak yöntem bakımından Ebû Hanîfe'ye daha yakındı. Çünkü kıyası yasama usulünden bir asıl olarak görüyordu..."

Yaklaşık 20 sayfa hacmindeki bu makaleyi okuduktan sonra içimde garip bir şekilde keçiboynuzu yeme arzusu hissettim. Neden ola ki?!

7. Allah'ın Varlığına İnanmak Yeterli mi?

Fethullah Gülen hocayla yapılan röportajın yankıları devam ediyor. Üsame b. Ladin'in "dünyada en sevmediği insanlardan bir tanesi" olduğunu söylerken onu ortaya çıkaran şartların hazırlayıcıları hakkında susmayı tercih eden, bir arkadaşına İsrailliler tarafından teklif edilen "barış komisyonu" yönetim kurulu üyeliği teklifine Filistinli bir silah tüccarının mani olduğunu söyleyerek barışı Filistinliler'in baltaladığını dolaylı yoldan ifade eden Hocaefendi daha başka şeyler de söylüyor. Ancak bugün onun söyledikleri üzerinde değil, onun söyledikleri üzerine yapılan bir yorum üzerinde durmayı tercih edeceğim.

Marmara Üniversitesi İlahiyat Fakültesi öğretim üyesi Prof. Dr. Bekir Karlığa, Hürriyet'e verdiği mülakatta aynen şöyle demiş:

"İslam'ın temel anlayışı, Allah'ın varlığı ve birliğine dayanır. Birliği konusunda değişik spekülasyonlar olsa da, varlığını kabul ettikten sonra, gerisi üzerinde fazla durmaz İslam. Hatta, Allah'ın varlığından da öte, Hz. Peygamber'i kabul etmeyenlere bile hoşgörülü davranır. Nitekim bir hadiste, 'Allah'tan başka ilah yoktur diyenler cennete girecektir' denilir. Bu hadisten dolayı İslam bilginleri Hıristiyanların, Yahudilerin, Zerdüştilerin, hatta Budist gibi herhangi bir şekilde bir tanrıya inananların cennete gireceklerini kabul ederler. Halbuki, Kuran tanrıtanımazlığa karşı derin bir hassasiyet göstermektedir. (...). Her çağ, dini metinleri kendisine göre yorumlama yetkisine ve imkânına sahiptir..."

Prof. Dr. Karlığa'nın sözlerinden anlaşılan şu:

1. Allah'ın varlığını kabul etmekle birlikte, O'nun yanında başka ilahların varlığına da inanarak "şirk"e düşmüş olmak İslam'ın ehemmiyet verdiği bir husus değildir.

Hoca bunu söylerken *"Muhakkak ki Allah, kendisine şirk koşulmasını bağışlamaz. Bunun dununda olanları dilediği kimse için bağışlar"* ayetinin varlığından ve dahi "müşrik"te de "Allah inancı" bulunmakla birlikte, bu inancın "şirk"e bulandığı için muteber olmayacağından elbette habersiz değildir.

Öyleyse Kur'an'ın ve Hz. Peygamber (s.a.v)'in ilk ve en önemli mücadelesinin müşriklere karşı verilmiş olmasını, yukarıdaki paragrafın devamında yer alan, "Her çağ, dini metinleri kendisine göre yorumlama yetkisine ve imkânına sahiptir" yargısında aramak durumundayız. Yani demek ki Kur'an'ın temel hedefi olan "şirkle mücadele" ile ilgili ayetler bu çağın "kendisine göre" yorumuna tabi tutulduğunda tersyüz edilebilecektir!!!

2. İslam'ın, Hz. Peygamber (s.a.v)'in peygamberliğini tanımayanlara hoşgörülü davranması, onların da cennete buyur edileceği anlamına geliyor Hoca'ya göre. İşte burada işler birbirine iyice karışıyor. Benim Hoca'nın yukarıdaki paragrafından anladığım şu: Allah'a şirk koşanlar cennete gideceği gibi, Hz. Peygamber (s.a.v)'e inanmayanlar da cennete gidecektir.

Meseleyi böyle "cımbızlama" yöntemiyle ele alacak olursak Hoca'nın fena halde yanıldığını söylemek durumunda kalacağız. Zira Kur'an, ebedî kurtuluş için ne Allah, ne de Peygamber inancı arar ve şöyle der: *"O gün ne mal fayda verir, ne de evlatlar. Ancak Allah'a selim bir kalp ile gelen müstesna."*[2]

Öyleyse Karlığa hoca'nın "İslam'ın temel anlayışı, Allah'ın varlığı ve birliğine dayanır" demesinin herhangi bir kıymet-i harbiyesi yoktur. Bu durumda birisi kalkıp da, bu ayete dayanarak "Din taassubuna gerek yok; İslam'a göre de her kim kalbi temiz olarak Allah'a kavuşursa paçayı kurtarmış demektir" iddiasını dillendirecek olursa kim ne diyebilir?

İşin bu kısmı bir yana, yukarıdaki paragrafta benim anlamadığım bir nokta var: Hristiyanlar'ın, Yahudiler'in, Zerdüştîler'in, hatta Budistler gibi herhangi bir şekilde bir tanrıya inananların cennete gireceklerini kabul eden, aklını peynir ekmekle yemiş bu "İslam bilginleri" kim ola ki?!

---

[1] 4/en-Nisâ, 48.
[2] 26/eş-Şu'arâ, 87.

8. İtikadda Çoğulculuk

Günümüzde İslam'ı sonradan öğrenen/benimseyen insanları diğerlerine kıyasla belki de en fazla zorlayan husus, hangi itikadî sistemi benimseyeceği sorusunun cevabıdır. İtikadî fırkaların birbiri peşisıra zuhur ettiği ve Amip gibi bölünerek çoğaldığı ilk dönemleri dışarıda tutarsak, Modern döneme kadar Ehl-i Sünnet'in kendisini ispat etmiş hakimiyeti dolayısıyla böyle bir sorun yaşanmadığını söylemek yanlış olmaz.

Ancak Modern dönemde, gerek Ehl-i Sünnet akidesini güçlü bir şekilde savunacak yetkin alimlerin azalmış olması, gerekse İslam dünyasını iç muhasebeye iten siyasal, ekonomik, askerî vd. alanlarda yaşanan olumsuzlukları "akide sorgulaması"na gerekçe yapmak gibi "ölümcül" bir hata yapan Modernistler'in önüne açılan geniş alan dolayısıyla günümüzde "hangi itikadî sistemi benimsemeli?" sorusu (daha basit seviyede ve fakat daha yaygın olarak "kimi okumalı?" tarzında karşımıza çıkan soru da bu problemin bir tezahürüdür) yukarıda işaret ettiğim kesimler nezdindeki ağırlığını gittikçe daha fazla hissettiriyor.

Bu soruyu iki şekilde cevaplandırmak mümkün:

1. İtikadda çoğulculuğu kabul ederek. Ancak modern zamanlara özgü bu tavrın pratikte bir "cevap" değil, bir "kaçış" olduğunu söylemek zorundayız. Bir diğer söyleyişle bu tavır bir "çözüm" değil, bizatihi bir "problem"dir.

Zira herhangi bir itikadî meselenin hem red, hem de kabul edilebileceğini ileri sürmek, ona hem inanılması, hem de inanılmaması gerektiğini iddia etmek demektir. Söz gelimi "nüzul-i İsa (a.s)" inancının hak olduğuna ya inanırsınız ya da bunu inkâr edersiniz. Bu iki tavrın dışına çıkarak "ikisi de doğru olabilir" demek, karın beyaz olduğunu söyleyenler de, siyah olduğunu söyleyenler de haklıdır demeye gelir ki, bu, teknik anlamıyla "safsata"dır ve itikadî konularda "nötr kalmak"la "inkâr" aynı şeydir.

Bağlam farklı olsa da, bugünlerde özellikle siyasî çevrelerde sıkça kullanılan "çözümsüzlüğü çözüm olarak görmek" formülünün konumuza uyarlanmış versiyonu olarak ifade edebileceğimiz bu tavır, hem "İtikad" alanının "kesinlik" ve "kesin tercih" isteyen yapısı, hem de kişinin uhrevî durumunu doğrudan tayin edici rolü dolayısıyla kesin biçimde reddedilmelidir.

2. Mevcut herhangi bir itikadî sistemin doğruluğuna karar vererek. Bu da iki şekilde mümkündür: Tahkik ederek ve taklit ederek.

Eğer itikadın bütüncül bir "sistem" olması gerektiğini söylemek zorundaysak –ki öyledir–, mevcut itikadî sistemlerin tamamını tahkik ederek bir sonuca varmanın öyle kolay bir mesele olmadığını anlama yolunda ilk adımı atmış oluruz. İkinci adımda Usul-i Fıkh'ın, Akaid/Kelam dahil bütün disiplinlerin temeli olduğu gerçeğini fark ettiğimizde, nasıl bir işe soyunduğumuzu fark etmiş olmanın dehşetini üzerimizden atabilirsek ve hala mecalimiz kalmışsa, bütün birikimimizi sıfırlayıp Usul-i Fıkıh tahsiline koyulabiliriz...

Geçmişte –istisna kabilinden de olsa– rastladığımız, İtikad'da Mu'tezile, Fıkıh'ta Hanefî, hatta Usul'de Hanefî, füruda Şâfiî ekolünü tercih etmiş isimler, meselenin "tahkik" seviyesinde değil, "taklit" seviyesinde ele alındığında karşılaşılabilecek ilgi çekici örnekleri oluşturur. Ancak itiraf etmeliyiz ki burada asıl ilgi çekici olarak görülmesi gereken, bu parçalanmış zihin yapısını "problem üretici" bir mekanizmaya dönüşmeden absorbe etmeyi başarmış bulunan hakim yapıdır.

Malezya'da doktora yapmakta olan Serdar Demirel kardeşimin nefis tesbitini ödünç alıp uyarlayarak ifade edersek, Ehl-i Sünnet tavrın doğasında mevcut olan "sindirme ve ifraz" mekanizması, Tâcuddîn es-Sübkî'nin çerçevelemesiyle Hadis, Kelam ve Tasavvuf karakterli yönelimleri, yani Ehl-i Hadis'i, Eş'arî-Maturîdî Kelamî çizgiyi ve Tasavvuf'u –yer yer belli rezervler koyarak– kucaklayan bir yapı olarak temayüz eder.

Günümüzde ise yukarıdaki örneklerde görüldüğü gibi parçalanmış bir zihnî yapının mevcudiyeti, hakim yapının bütünleştirici olmaktan uzak, ayrıştırıcı karakteri sebebiyle temel bir problem olarak kendisini göstermektedir.

Eğer günümüzde "itikadî tercih sorunu"nu sorun olmaktan çıkarmak gibi bir meselemiz varsa, Ehl-i Sünnet tavrın bu özelliğini göz ardı etmek gibi bir lüksümüz yok demektir. Bütün mesele itikat kitaplarının muhtevasını oluşturan hususları belli bir "öncelik sıralaması" algısı içinde değerlendirme becerisinin gösterilmesidir. "Hangi Ehl-i Sünnet?" sorusu da ancak bu şekilde gündemden düşürülebilir.

9. İmam El-Gazzâlî'den Emile Boutroux'ya

Tıpkı İmam el-Eş'arî'nin kulun iradesini inkâr ettiği iddiasında olduğu gibi, İmam el-Gazzâlî'den önceki Eş'arî kelamcıların, "sebep-sonuç ilişkisi"ni reddettiği tarzındaki genel kabulün de, üzerinde ciddiyetle çalışıldığında aksi ortaya konabilecek hususlardan olduğunu belirterek "zorunsuzluk" meselesi üzerine kaleme alınmış iki çalışmadan bahsedeceğim bugün.

Ancak önce kavramı biraz açalım: "Zorunsuzluk", sebep-sonuç ilişkisinin her zaman ve her hal-u kârda aynı şekilde cereyan etmeyebileceğini anlatıyor. Tıpkı İmam el-Gazzâlî gibi E. Boutroux da (1845-1921) "sebep-sonuç ilişkisi"nin "aşkın kudret"in müdahalesine açık bir zemin olduğunu söylüyor ve el-Gazzâlî'den farklı olarak "zorunsuzluk ilkesi"ni, Mantık, Matematik, Mekanik, Fizik, Kimya, Biyoloji, Psikoloji gibi bilimlerin kanunlarına yönelttiği tenkitlerle temellendiriyor.

Elbette İmam el-Gazzâlî ile Boutroux'nun amaçları arasındaki farkın da burada altı çizilmelidir. İlki, "mucize"nin imkânını ortaya koymak ve böylece bir itikadî çizginin müdafaasını yapmak gibi bir amacın peşindeyken, ikincisi ahlakın, insanın özgürlüğünün ve Allah'ın varlığının altını çiziyor.

E. Boutroux'nun Milli Eğitim Bakanlığı yayınları arasında *Tabiat Kanunlarının Zorunsuzluğu Hakkında* adıyla neşredilen kitabının (çeviri: H.Z. Ülken) başında, doçentlik tezini "zorunsuzluk ilkesi" üzerine hazırlamış olan Prof. Dr. Süleyman Hayri Bolay ile yapılmış son derece faydalı ve zevkle okunan bir söyleşi yer alıyor.

İşte size oradan hayat kadar önemli bir tesbit: "Ateşin aslı yakmaktır; başka türlü olamaz. Vasfının peşinden gitmeye mahkûmdur. Bu bir zorunluluktur. Eğer ateş yakmazsa veya yakmadığı bir hal olursa, bu istisnai bir haldir. Orada zorunsuzluktan bahsetmek icap eder. (...) Maddî alemle zorunsuzluk değil, sebep-netice münasebetine dayanan determinizm vardır. Ama bu determinizm satıhtadır. Yani hadiselerin derinliğine inildiği zaman orada da determinizm yoktur.."

Bizim "cansız" dediğimiz varlıkların temel yapıtaşlarını da hücreler oluşturuyor ve hücrenin yapısındaki protoplazmada "irkilme" tesbit ediliyorsa, "Eş'arî atomculuğu"nu tel'in etmeyi "çağdaşlaşmanın vazgeçilmez şartı" sayanların, at gözlüklerini artık terk etmeleri gerekmiyor mu?..

Prof. Dr. Süleyman Hayri Bolay'ın *Emile Boutroux'da Zorunsuzluk Doktrini* adlı doçentlik tezi ise daha hacimli ve konuyu detaylarına inerek mütalaa etmek isteyenler için gerçekten vazgeçilmez bir kaynak niteliğinde.

İslamî ilimlerin metodolojilerini Sosyal Bilimler'in verilerini dikkate alarak yeniden tesis edilmesi gerektiğini söyleyen ilahiyatçılarımızın, "matematik bir kesinlik" gibi algıladıkları Sosyal Bilimler'in kanunlarının böyle bir çabaya ne ölçüde kaynaklık edebileceğini test etmeleri için bulunmaz bir fırsat...

Felsefe'yi "inkârcılık" olarak anlayanlar Boutroux'yu ve açtığı çığırda yürüyenleri yok saymaya, "bizimkiler" de Pozitivizm'e vahiy gibi bağlanarak perestişe devam ededursun, şartlanmamış zihinler için "gerçek" olanca görkemiyle bizi kendine çekmeye devam ediyor...

BEŞİNCİ BÖLÜM
MODERNİZM TARTIŞMALARI

1. Değişim

"Çağa ayak uydurma"nın varoluşsal bir zorunluluk olduğuna inananlar nezdinde "değişim"in mutlaklığı tartışma kabul etmez bir hakikattir!. Değil mi ki Mecelle de "Ezmânın tegayyürü ile ahkâmın tebeddülü inkâr olunamaz" diyor?! Acaba "değişim"e bu ölçüde iman edenler "aleme rezil olmayalım" psikolojisi dışında bu imanı dayandırabilecek "hakiki" bir gerekçe bulabilmişler midir?

Peygamberlerin, ilahî hakikatleri tebliğ için gönderildikleri toplumların en bariz vasfını "değişime iman etmiş olmak" olarak tesbit etmek sanırım yanlış olmaz. Elbette herkesin (ya da çoğunluğun) "hakikat"i dışlayan kabulleri ile çatışma halinde olmak ve bunu "iman" seviyesinde sürdürmek en mükemmel şekliyle ancak peygamberlerde mevcut olan bir hususiyettir; ancak *"Kim kendisini bir kavme benzetirse, onlardandır"* buyuran Son Peygamber'in (salat ve selam O'na) bağlıları olarak bizlerde de bu tavırdan kırıntılar bulunması gerekmez mi?

Rahmetli Cemil Meriç'in *Robinson Crusoe*'nun yazarı Daniel de Foe'den (1731) alıntıladığı şu tesbit, söylemek istediklerimi oldukça çarpıcı bir şekilde ifadelendiriyor: "Hakikati bulan, başkaları farklı düşünüyor diye onu haykırmaktan çekiniyorsa, hem budala, hem de alçaktır. Bir adamın, "benden başka herkes aldanıyor" demesi güç şüphesiz; ama sahiden herkes aldanıyorsa o ne yapsın?"

"Hakikat"e dokunmak tek başına insana asalet kazandıran bir ayrıcalıktır ve bu sebeple onu ivazsız garazsız müdafaa etmek, davranışların en soylusudur. Ateşini faydaperestliğin körüklediği nefsî heva gayyasında debelenişini, şeytanın "Hakikat karın doyurmuyor" iğvasıyla izah edenler için elbette bugünden yarına elde edecekleri menfaatler ön plandadır.

Kur'an, mü'min tavrını *"Rabbimiz! Bizi inanmayanlara fitne kılma"*¹ şeklinde verirken, inkârcıların inkârını artıracak bu zilleti imanla telif edebilir miyiz? Bizden öncekiler "hakikat"in ulaşmadığı köşe kalmasın düşüncesiyle "fetih" yolunda ömür tüketmişken bizler "diyalog süreci"nde bir gayrimüslime İslam'ın tebliğ edilmesini lanetliyoruz!...

"Değişim"in istikametinin Batı'ya doğru olması, mutlaklaştırılan şeyin aslında "Batılılaşmak" olduğunu gösteriyorken, yapılan işe "çağdaşlaşmak" demek neyi değiştirir? Üstelik olan, sadece "hakikatin zir-u zeber edilmesi" değil; hayatımızın biraz daha konforize edilmesi uğruna bu toplumu ayakta tutan manevî ve moral değerlerin tüketilmesine gönüllü olarak "evet" diyoruz. Arkasından "bize özgü" az gelişmişlik göstergeleri devreye giriyor.

"Gelişme" adına rıza gösterdiğimiz "değişim", hayatımıza sadece kimlik değişimi olarak yansısa, bunu tutarlı bir izaha kavuşturmanın imkânından söz edebiliriz belki: Daha rahat bir hayata kavuşacaksak başka bir değerler sistemini benimsemekte bir sakınca yoktur diyebiliriz söz gelimi.

Haydi şimdilik bunu –yukarıda zikrettiğim hadis ve benzeri nasslar muktezasınca– "iman"la irtibatlandırmayalım ve –son derece tartışmalı bir tavır olsa da– diyelim ki bu bir kültür değişimi olarak Din'i ilgilendirmez. Peki bu "macera"nın birey, aile ve toplum olarak bizi hangi noktalara getireceği konusunda herhangi bir muhasebe yapılıyor mu?

En canlı örnek Batı toplumlarının yaşamakta olduğu durumdur. Bilmem kaç dakikada bir meydana gelen intihar, soygun, tecavüz olayları, sapkın ilişkiler vs. vs. Batılı hayat tarzının diğer/gerçek yüzünü yansıtmıyor mu? Geçtiğimiz haftalarda Fransa'da çıkarılan bir kanunla ilgili haberler medyaya yansıdı. Buna göre, yaşlı ana-babalarını sadece maddî olarak desteklemekle yeti-

---

¹ 60/el-Mümtehine, 5.

nip, onlara ilgi ve yakınlık göstermeyen aile bireylerinin bu davranışı cezaî müeyyide konusu olacakmış.

Bir hukukçu dostumun söylediğine göre yakın bir geçmişte bizim Yargıtay'ımız, yaşlı aile bireylerine şefkat, merhamet, ilgi ve yakınlık göstermemenin suç olmadığı doğrultusunda bir karar almış. (Bu sadece bir duyum. Doğruluğundan emin değilim.)

"Büyük aile"nin parçalanması ve "çekirdek aile" tipinin şu veya bu şekilde teşviki, yaşamakta olduğumuz "değişim"in tabii bir yansıması. "Bunun neresi kötü?" diye düşünebilecekler için çarpıcı bir tesbit aktararak yazıyı bitireyim:

Kore savaşı sırasında bir kısım Batılı devletlerin askerleri yanında bir miktar Türk askeri de Kuzey Kore'nin eline esir düşer. Bir süre sonra bu esirler serbest kalır ve ülkelerine döner. Batılı askerler ülkelerine döndüklerinde psikolojik problemler yaşadıkları gözlenir. Bu ülkeler, konunun Türkiye boyutunu öğrenmek için uzmanlardan oluşan bir ekip kurarak ülkemize gönderirler. Esir kalmış askerlerimiz üzerinde yapılan araştırmalar sonucunda, hayata hemen adapte olduklarını ve herhangi bir psikolojik problem yaşamadıklarını hayretle müşahede ederler. Elbette sebebi teşhiste de geç kalmazlar: Büyük aile modelinin sağladığı dayanışma.

Yorumu siz yapın.

2. Değişimi Kabullenmek, "Nesneleşme"yi Kabul Etmektir

Bizim için bugün, aidiyetlerinden, mensubiyetlerinden, kimliğinden ve "kendisi olmak"tan vaz geçmenin adıdır "değişim". Bu gönüllü kabulleniş, "bir evden öbürüne taşınmak" kadar basit bir metaforla izah edilemez. Herhangi bir değerler sisteminin bağlıları için bir başka değerler sistemini benimsemek sıradan bir faaliyet olarak görülebilir. Zira netice itibariyle yapılan, aynı doğru parçası üzerinde "yatay" bir hareketten ibarettir. Profan/maddeci değer yargılarının ağıyla örülü bir dünyanın sakinleri için böyle bir devinim asla terakki/"kemal"e doğru seyir içermez.

Mutlak hakikat ile varoluşsal bir ilişki kurmak anlamına gelen "vahye iman" söz konusu olduğunda ise bambaşka bir durum çıkar karşımıza. Burada "terakki"ye ayarlı bir devinim gündeme gelir ve bu da "yatay" değil, "dikey" bir hareketliliği ifade eder. Bu zemin, varlığın, hayatın ve eşyanın biricik doğru izahına ulaşılabilecek biricik vasattır. (Bir süre önce ed-Debûsî'den naklettiğim "bilgi kategorileri"ni hatırlayın.)[1]

İslam dünyasının modernleşme macerası, Müslümanlar'ın, hangi vasıta ve yöntemle olursa olsun insanları bu zemine çağırmaktan vaz geçmesiyle başladı. Hz. Ali (r.a)'den naklediler ve bilahare birçok İslam büyüğü tarafından tekrarlanan "İnsanlar uykudadır. Ölünce uyanacaklar" tesbitinin işaret ettiği hakikati "kesada uğramış" ilan ettikten, yani yüzümüzü ahiret istikametinden "dünya"ya çevirdikten sonra, Oryantalistler'e hak vererek "hakikat karın doyurmalıdır" demeye başladık.

---

[1] Bkz. *Sana Din'den Sorarlar*, IV. Bölüm, 6 numaralı yazı.

Karnımızın doyması da ancak iddialarımızdan, geçmişimizden, kimliğimizden ve "kendimiz olmak"tan vaz geçmemizle mümkün olacaktı.

Artık "çağıran" değil, "çağırılan", "belirleyen" değil, "belirlenen" olmuştuk. "Özne"likten "nesne"liğe doğru alçaldıkça değer yargılarımız, kavramlarımız ve dünyamız değişti. O gün bugündür saplandığımız batakta debelenip duruyoruz...

Biz davayı, kavramlarımızı terk ettiğimiz zaman kaybettik. Uğradığımız herhangi bir haksızlık karşısında "insan hakları" konseptine başvurduğumuzda, kendisine benzememizi dayatanlara karşı "özgürlükler"den dem vurarak savunmaya geçtiğimizde, "Sizin gibi olmak istiyoruz; ama siz istediğiniz için değil..." yalanına inandıkça aslında nesneleştiğimizi kabul etmekle, kazandığımızı düşündüğümüzde de kaybediyoruz..

Rahmetli Cemil Meriç'i anmanın tam sırasıdır:

"Çağdaşlaşmayla batılılaşma arasındaki fark" ne demek? Batılılaşma miti eskiyince, yeni bir yalan çıktı sahneye, daha doğrusu aynı nâzenin taze bir makyajla arz-ı endâm etti: çağdaşlaşma. İntelijansiyamızın uğrunda şampanya şişeleri patlattığı bu ihtiyar kahpe, Tanzimat'tan beri tanıdığımız Batı'nın son tecellisi. Çağdaşlaşma, karanlık, kaypak, rezil bir kavram. Rezil, çünkü tehlikesiz, masum, tarafsız bir görünüşü var. Çağdaşlaşmanın kıstası ne? Hippilik mi, bürokrasi mi, atom bombası imal etme gücü mü... Çağdaşlaşmak, elbette ki Avrupalılaşmaktır. Avrupalılaşmak, yani yok olmak. Avrupa bizi çağdaş ilan etti, Avrupa, daha doğrusu onun yerli simsarları. Zira apayrı bir medeniyetin çocuklarıyız, düşman bir medeniyetin, bambaşka ölçüleri olan, çok daha eski, çok daha asil, çok daha insanca bir medeniyetin. İki yüzyıldır bir anakronizm'in utancı içindeyiz, sözüm ona bir anakronizm. Bu 'çağdışı' ithamı, ithamların en alçakçası ve en abesi. Haykıramadık ki, aynı çağda muhtelif çağlar vardır. Çağdaşlık, neden Hıristiyan ve kapitalist Batı'nın abeslerine perestiş olsun? Fani ve mahalli abesler. Bu, kendi derisinden çıkmak, kendi tarihine ihanet etmek ve köleliğe peşin peşin razı olmak değil midir? Çağdaşlık masalı, bir ihraç metaı Batı için, kokain gibi, LSD gibi, frengi gibi. Şuuru felce uğratan bir zehir. Çağdaşlaşmanın halk vicdanında adı da asrîleşmektir, asrîleşmek yani maskaralaşmak, gâvurlaşmak..."

Şunu fark edemiyoruz: Değişim, kendi gerçeklerimizden hareketle ve kendi ölçülerimizle, kendi dinamiklerimizle var ettiğimiz bir olguyu/gerekliliği ifade etmiyor. Dışımızdaki dünyanın kalıplarını mutlaklaştırmak suretiyle hayata geçirmeye çabalamanın ifadesi olan bir "başkalaşım" yaşıyoruz ve rahmetli Meriç'in de ifade ettiği gibi "Zafer sabahlarını kovalayan bozgun akşamları. İhtiyar dev, mazideki ihtişamından utanır oldu. Sonra utanç, unutkanlığa bıraktı yerini, "Ben Avrupalıyım" demeğe başladı, "Asya bir cüzzamlılar diyarıdır. Avrupalı dostları, acıyarak baktılar ihtiyara, ve kulağına: "Hayır delikanlı", diye fısıldadılar, "sen bir az–gelişmişsin." Ve Hıristiyan Batı'nın göğsümüze iliştirdiği bu idam yaftasını, bir "nisân-i zîşân" gibi gururla benimsedi aydınlarımız."

3. Akıntıya Yürek Çekmek

Kur'an'ın birçok ayetinde –başka ayetlerde zikredilen diğer temel inanç umdeleri zikredilmeksizin– söz gelimi sadece Allah'a veya Allah'a ve ahiret gününe imandan söz edilmesinin birçok çağdaş "müfessir" için "mezillet" (ayakların kaydığı yer) oluşturduğunu ibretle görüyoruz. Oysa bu gibi yerlerde "zikru'l-cüz' iradetu'l-küll" (parça zikredilerek bütünün kast edilmesi) söz konusudur. Kur'an'ın tümü üzerinde gerçekleştirilecek bir istikra (tümevarım) faaliyeti bunun böyle olduğunu başka delile ihtiyaç bırakmayacak tarzda ortaya koyar...

Modern İslam anlayışının "amentü"sünde en merkezî yeri tutan "değişime iman" ilkesi bir kez kabul edildi mi, yokuş aşağı inmekte olan kamyonun freni boşalmış demektir. Bu itibarla "Değişim ilkesi kabul edilirse bu faaliyet hiçbir şeyle sınırlandırılamaz..." demek suretiyle son derece büyük bir dürüstlük örneği veren Fazlur Rahman'ın hakkını teslim etmek durumundayız...

Sarığın önemli olmadığının veya mayonun tesettür yerini tutabileceğinin söylenmesi tek başına önemli olmayabilir; ama değişimle yatıp değişimle kalkan bir toplum söz konusu ise, asıl görülmesi gereken, bu jargonu besleyen arka plandır. Yani bu "parça" konuların arkasında bulunan ve asıl muradı oluşturan "bütün"ü fark etmek durumundayız.

Vizontele'yi görmüşsünüzdür. Ücra Anadolu kasabasına ilk kez televizyon alıcısı gelmiştir. Belediye başkanı, hayranlıkla seyrettiği bu "harika"ya durmadan itiraz eden eşini ikna için "dünyayı ayağımıza getirecek" der. Kadın, karşılık olarak tek kelimelik bir soru sorar: "Sebep?"

"Reis bey"in cevabı, toplumun bilinçaltına çöreklenmiş mankurtluğun yansıması olduğu için kadının o çarpıcı cevap-sorusu izleyicinin kulağına bile gir-e-meden anlamsız bir şekilde boşlukta kalır...

Aynı cevap-soruyu "değişim"e iman etmiş olanlara yönelttiğinizde alacağınız cevap "Reis bey"in verdiğinin aynısı olacaktır. Aşağı yukarı şöyle bir şey: Çünkü bütün dünya değişiyor!

"Sahici din"e iman etmiş hiçbir birey, tarihin hiçbir safhasında hakkı (hakikati) batıla, gerçeği sahteye ve doğruyu yalana böylesine aymaz bir şekilde satmamıştır.

Bu son kelimeyi, argoya doğru tarz değiştirerek kullandığımı sanmayın. Burada gerçek anlamda bir "satmak"tan söz ediyorum. "Değişim" temelli retoriği benimseyenler açıkça dile getirme dürüstlüğünü ve cesaretini gösteremeseler de, ülkemizde –ve genelde İslam dünyasında– görülen kitlesel değişim taleplerinin temelinde dinî, felsefî, ahlakî, yani "ciddi" bir kaygı ve çaba bulamazsınız. Bütün şamata, konforu ve etiketi yükseltmek içindir; yani "ekonomi" için. Ha, bir de "adam yerine konma kaygısı" var ki, zilletin katmerlisi...

Bir taraftan inkârcıların çoğunun iman etmeyeceğini bildiren bir Kitab'ın mü'mini olduğunu söylerken, diğer taraftan bu çoğunluk arasında –eşik önünde de olsa– bir yer bulabilmek için mutlak hakikati "kurtulunması gereken bir "ar" telakkisiyle fırlatıp atmanın yollarını arayan bu tavır tam da peygamber gönderilesi kavimlerin durumunu andırıyor. Dejenerasyon süreci binyıllardır aynı tarzda işliyor...

"Değişim" sloganıyla esen Batılılaşma rüzgârının önünde Cebriye'nin "kuru yaprağı" gibi savrulmanın adı "çağdaşlık" olsa da, sosyolojide Darwinci, ekonomide Marxist bir "çok doğrulu kırılma"yla karşı karşıya olduğumuz açık. Kimileri bu savrulmaya "Neo İ'tizal" demeyi tercih etse de, en azından Tabiiyyun, Dehriyyun, Zenadıka, Ehl-i Kitap... gibi gruplara karşı Tevhid'i savunmak için verdikleri fikrî mücadele hatırına ben burada Mu'tezile'yi tenzih etmek gerektiğini düşünüyorum...

"Büyük Ortadoğu Projesi"nin dört koldan servise konduğu şu günlerde dünyayı önüne katmış sürükleyen bu "seyl-i huruşan" karşısında akıntıya kürek çekmek beyhude bir çabadan başka bir anlam ifade etmeyecektir. Hakikatin temsilcileri, bu akıntıya karşı "yürek" çekmek zorundadır.

4. Kavramların Terki Kimliğin Terkidir

Herhangi bir fikir, ideoloji veya sistemi diğerlerinden ayıran en temel özelliğin, kendine mahsus bir "kavram dünyası"na sahip bulunması olduğunda şüphe yoktur. Zira "kavram", kendisini üreten bakış açısının eşya ve olayları "kavrama/algılama/okuma" noktasındaki farklılığının vaz geçilmez unsurudur.

Modern döneme kadar Müslümanlar eşya ve olaylara kendi kavramlarıyla atf-ı nazar ederken, bu dönemde yabancı kavramları hiçbir sorgulamaya tabi tutmadan kullanıma sokmayı kabul ederken aslında kimliklerinden uzaklaşmayı onaylamış oldular.

İki, bilemediniz iki buçuk asır öncesine kadar İslam dünyasının tamamen yabancısı olduğu öyle kavramlar var ki, bugün herhangi bir Müslüman kalem erbabı neredeyse onlara yaslanmadan İslamî bir olguyu ifadeye dökemiyor, meramını anlatamıyor...

Hatta o kadar eskiye gitmeye de gerek yok; bizden bir önceki kuşağın bile duymadığı –dolayısıyla– anlamadığı ne kadar kavram cirit atıyor bugünün "İslamî" metinlerinde! "Ilımlı"sından "siyasal"ına, "modern"ine, "muhafazakâr"ına kadar pek çok "İslam versiyonu", kökten dincilik, tarihsellik, gelenek/sel/cilik, tutuculuk, İslam düşüncesi/dinî düşünce, İbrahimî dinler, dinlerin aşkın birliği, dinlerarası diyalog, İslam mistisizmi, vs. vs.

Acilen fark edilmesi gerekir ki, bu ve benzeri kavramları böylesine aymaz bir biçimde kullanmak –görünüşte sağladığı iletişim/ifade kolaylığı karşılığında– bilinç ve algı sistemimizi dönüştürüyor, yeni baştan inşa ediyor.

İmam Ahmed, Müslim, İbn Hibbân, el-Hâkim ve daha başkalarının Ebû Hureyre (r.a)'den rivayet ettiği – değişik lafızlarla gelen– bir hadiste tam da bu duruma işaret edilerek şöyle buyuruluyor: *"Ahir zamanda ne sizin, ne de babalarınızın duyduğu sözler söyleyen insanlar olacak. Onlardan uzak durun!"*

Her ne kadar bu hadisi Müslim, "Zayıf Ravilerden Rivayette Bulunmaktan Sakındırma Ve Böyle Rivayetleri İhtiyatla Karşılama" babında ("Mukaddime", 6) ve İbn Hibbân "Ahir Zamanda Rivayet ve Haberlerde Yalanın Ortaya Çıkacağının Haber Verilmesi" başlığı atında (XV, 168) vermişler ise de, hadisin metninde geçen "yuhaddisûne" kelimesinin, ıstılahî anlamıyla "hadis rivayet etmek" dışında, sözlük anlamıyla "söz söylemek" şeklinde anlaşılması da mümkündür.

Nitekim derin vukufiyetleriyle İbn Receb ve el-Münâvî de hadisi, kavramların muhafazası anlamını da ihtiva eden geniş bir yelpaze içinde ele almışlardır.

İbn Receb şöyle der: "Yani onlar, mü'min kalplerin yatışmadığı ve tanımadığı şeyler söyleyecek. Hadisteki "ne sizin, ne de babalarınızın..." ifadesi, aradan çok uzun zaman geçmiş olmasına rağmen bilgisi mü'minler nezdinde yerleşik hale gelmiş olan şeyin "hak" olduğuna, bundan sonra ihdas edilen ve kalplerin yatışmadığı şeyde ise hayır bulunmadığına işarettir."[1]

el-Münâvî de hadisi, adeti olduğu üzere "memzûc" bir şekilde şöyle şerh eder: "Ahir zamanda ümmetimden alim olduklarını iddia eden (ve) ne sizin, ne de babalarınızın duyduğu yalan hadisler, bid'at hükümler ve bozuk akideler türünden sözler söyleyen insanlar olacak..."[2]

Sahîhu Müslim şerhleri arasında gerçekten müstesna bir yeri olan *Fethu'l-Mülhim* sahibi Şebbîr Ahmed el-Osmânî de, hadise dair yaptığı kısa açıklama meyanında, "Yani Müslümanlar'ın seleften halefe tanıyageldikleri arasında bulunmayan şeyler söyler ve rivayet ederler..." der.[3]

İmam Ahmed'in bu hadisi zikrettiği iki yerden birindeki[4] varyant da esasen benim tercih ettiğim anlama tar-

---

[1] *Câmi'u'l-Ulûm*, 239-40.
[2] *Feydu'l-Kadîr*, IV, 132.
[3] *Fethu'l-Mülhim*, I, 356.
[4] *el-Müsned*, II, 349.

zını destekler ifadelerle gelmiştir: *"Ümmetim arasında ne sizin, ne de babalarınızın duyduğu, sonradan ihdas edilmiş sözler söyleyen* (yuhaddisûnekum/ye'tûnekum bi bid'in mine'l-hadîs) *deccallar ve yalancılar olacak. Onlardan uzak durun ki sizi fitneye düşürmesinler."*

Hadiste ifade edilen kimselerin insanları fitneye düşürme tarzı, söyledikleri sözler marifetiyle gerçekleşeceğine göre, seleften halefe tevarüs edilegelen kavramların dünyamızdan çekilmesine sessiz kalmak, fitneyi onaylamakla aynı anlama gelecektir. İslamî konularda konuşup yazanların, bize yabancı kavramların zihinleri istila etmesine –istemeden de olsa– katkıda bulunmamaya azami dikkat göstermesinin elzemiyeti ortadadır.

5. İdil-Ural Ceditçiliği

Bizdeki Mecelle tecrübesinin ardından Rusya Müslüman Türkleri'nin de benzeri bir girişim başlattığına, ancak Sovyet Devrimi ile birlikte bu teşebbüsün başlamadan bittiğine daha önceki bir yazımda değindiğimi hatırlıyorum.

Modern dönem "İslamî yenileşme" hareketleri genellikle Osmanlı, Mısır ve Hint/Pakistan alt-kıtasındaki oluşumlarla sınırlı bir çerçevede bahse konu yapılır. Bu oluşumlardan büyük ölçüde istifade etmiş olmakla birlikte, "kendine özgü" yanlarıyla da dikkat çeken İdil-Ural bölgesi yenilikçiliği hakkında ise yeterli ölçüde bilgi sahibi olduğumuzu söyleyemeyiz.

Günümüzde Tataristan, Başkırdistan ve Çuvaşistan Özerk Cumhuriyetleri ile bazı bağlı yöreleri içine alan bu bölgenin ilmî, kültürel ve siyasal tarihi (ve hatta bugünkü durumu) hakkında asgari seviyede bile bilgi sahibi olmadığımız, bölgenin yetiştirdiği önemli şahsiyetlerin –birkaçı dışında– isimlerini dahi bilmediğimizden belli. Musa Carullah dışında belki Şihâbuddin Mercânî, İsmail Gaspıralı, Rızaeddin b. Fahreddin, Zakir Kadiri Ugan... gibi isimler bize tanıdık gelecek; ama hafızamızın kuytu köşelerinde silik, belirsiz birer şahsiyet olarak bize çok fazla şey ifade etmedikleri belli...

19. yüzyılda Abdurrahim b. Osman Otuz İmenî, Abdunnasîr b. İbrahim el-Kursavî... gibi isimlerle temeli atılan İdil-Ural yenilikçi hareketi, daha sonraki kuşaktan Şihabuddin Mercânî, Şemseddin Muhammed Kültesî, Alimcan Bârûdî, Muhammed Necib Tünterî, Ziyauddîn Kemâlî, Musa Carullah, Rızaeddin b. Fahreddin ve Abdullah Bûbî ile zirvesine ulaşıyor.

Modern dönem yenilikçilik hareketlerinin karakteristik vasfı olan "Batı eksenli muhasebe" tavrı, bu bölgede de Din anlayışının yenilenmesi, İslamî ilimlerin yeni metodolojilerle yeniden tesisi, sosyal ve siyasal planda uyanış... gibi söylemlerle kendini gösteren "ceditçilik" hareketinin temel hareket noktası.

Ancak bu hareketi diğerlerinden ayıran belki de en önemli özellik, baskın "eklektik" tavır. İbn Teymiyye ile İbn Arabî'nin, İbn Sina ile İmam Rabbânî ve Şah Veliyyullah'ın buluştuğu belki de tek vadi burası.

Dr. İbrahim Maraş ve Dr. İsmail Türkoğlu'nun Ötüken tarafından neşredilen çalışmaları, bu bölgede uç veren ve Ekim Devrimi ile hemen tamamıyla akamete uğramış bulunan "ceditçilik" hareketi hakkında doyurucu bilgiler veriyor. Konuyla ilgili az sayıdaki çalışmanın bu sahadaki boşluğu kısmen doldurduğunu söyleyebiliriz. Ancak bu coğrafyada "kadimci" cenahta neler olup bittiği hala büyük ölçüde meçhulümüz.

Bu vesileyle Dr. İbrahim Maraş'ın bir zühulüne değinerek yazıyı bitirelim: Maraş, İmam el-Gazzâlî'nin *Mi'yâru'l-İlm* adlı eserinde "kıdem"i, "zâtî" ve "zamanî" olmak üzere ikiye ayırdığını, böylelikle filozofları tekfir ettiği üç meseleden biri olan "alemin kıdemi" konusunda kendisiyle çelişkiye düştüğünü söylüyor. Oysa mezkûr eser *Tehâfüt*'e giriş mahiyetinde kaleme alınmıştır ve el-Gazzâlî orada tamamen felsefecilerin kullandığı kavramların tanıtımını yapmaktadır. Kıdem meselesinde zikrettiği ayrımın da felsefecileri ait olduğunu da açık bir şekilde belirtmiştir...

6. Musa Carullah'ın Bazı Görüşleri

Ülkemizde Musa Carullah Bigiyef hakkında çok fazla çalışma mevcut değil. Doç. Dr. Mehmet Görmez'in Diyanet Vakfı tarafından neşredilen *Musa Carullah Bigiyef*'i, derli-toplu malumat ihtiva etmesi bakımından ayrı bir yere sahip.

Bigiyef'in görüşlerini, Görmez'in bu çalışmasından sonra –yine onun önayaklığında– yayımlanmaya başlayan eserlerinde izleme imkânı bulabiliyoruz. Oldukça geniş bir yelpazede fikir üretmiş ve eser vermiş olan Bigiyef, İdil-Ural bölgesi "yenileşme" hareketinin temsilcileri arasında farklı bir yerde duruyor.

Batı taklitçisi reformist/modernist çizgiye tam anlamıyla oturan İsmail Gaspıralı, Alimcan Bârûdî, Ziyâeddîn Kemâlî... gibi isimler yanında, merkeze nisbeten daha yakın duran Abdünnasîr Kursavî, Şihabuddin Mercânî, Rızâeddîn b. Fahreddîn gibi isimlerle hemen hemen aynı çizgiyi paylaşır Bigiyef.

Kur'an ve Sünnet'e dönülerek içtihad yapılması gerektiği temel fikrinden hareketle taklidi şiddetle reddeden Bigiyef'in fikrî yapısı, "yenilikçi" yaklaşımın temel karakterine uygun olarak "eklektik" bir yapı arz eder çoğu zaman. Mustafa Sabri Efendi'nin Yeni *İslam Müçtehidlerinin Kıymet-i İlmiyesi* adlı meşhur reddiyesindeki sert tenkitlere maruz kalan *Rahmet-i İlahiye Bürhanları* adlı kitabında cehennem hayatının son bulacağını iddia ederken birbirine zıt iki kutbun, Muhyiddîn İbn Arabî ile İbn Teymiyye'nin görüşlerine yaslanması bunun en tipik örneğidir.

Kimi meselelerde Müçtehid İmamlar'ın içtihadlarına, hatta İcma'a muhalefet ettiğini açıkça ifade etmekle birlikte, Fıkıh ve fukahaya, hatta taklid ehline hürmet gösterilmesi gerektiğini savunmaktan da geri durmaz. Ancak ne hikmetse Kelam alimleri, İslam dışındaki sair dinlere bile hoşgörüyle yaklaşan Bigiyef'in bu "engin" hoşgörüsüne ve hüsn-ü kabulüne bir türlü mazhariyet kesb edememiştir!

Söz gelimi Hz. Peygamber (s.a.v)'in ebeveyninin itikadî durumunu tartışırken, sanki konu hakkında olumsuz görüş beyan edenler sadece Kelam alimleriymiş gibi, var gücüyle onlara yüklenir ve kendilerini "edepsizlik"le suçlar.

Ona göre Kelamcılar, dinî delilleri kendi hevalarına tabi kılmış, önce ortaya bir iddia atmış, sonra da onu desteklemek için gerektiğinde nassları tahrif etme pahasına tevil yoluna gitmişlerdir! Yine bu cümleden olarak Bigiyef'e göre Hz. İsa (a.s)'ın nüzulü, deccalın zuhuru... gibi meseleleri itikad sahasına sokmak isabetli değildir. Zira bu gibi hususlar kat'î değildir ve kat'î delille sabit olmayan hususları itikadın bir parçası olarak kabul etmek büyük bir cinayettir!

"Alem-i insaniyette her bir insanla güzel surette muamele etmek için de elbette rahmet-i ilahiye'nin umumiyetine, umum insanların da kıyamet gününde necatına itikat bağlamak lazımdır. (...) Bir milleti ibadeti veya itikadı için tekfir yahut tadlil etmekten (dalalette olduğunu söylemekten) elbette bütün kuvvetimizle içtinab ederiz. Bütün dinlere bir dinin silsile-i terakkiyetine nazar gibi nazar edersek, o vakit dini için bir milleti tekfir etmek yahut dini için bir millete adavet saklamak zarureti bizde elbette hiçbir surette kalmaz."

Bu sözleriyle Allah Teala nazarında din farkının herhangi bir ehemmiyeti haiz bulunmadığı, hatta dinsizliğin bile netice itibariyle uhrevi bir azabı müstelzim olmadığını savunan birisinin, "dinin yenilenmesi" için gayret sarf etmesini anlamak kolan görünmüyor.

"Yenilikçi" akımda görmeye alışık olmadığımız şekilde Tasavvuf ehline karşı daha müsamahakâr davranan, hatta çetrefilli meselelerde onların izah tarzına sığınan Bigiyef'in "şaşırtıcı" tavrı bundan ibaret değildir.

Hilafetin Kureyşîliğinden, Hz. Peygamber (s.a.v)'in mucizelerine kadar bir dizi meseleyi Ehl-i Sünnet ulemanın benimsediği çizgiye oldukça yakın bir şekilde kabullenir, hatta müdafaa eder. Bu noktada onun, Ziyâeddîn Kemâlî'ye reddiye olarak kaleme aldığı *Büyük Mevzularda Ufak Fikirler* adlı eseri oldukça calib-i dikkattir.

Hasılı kelam, hayatı çalkantılarla ve zorluklarla geçmiş olan Musa Carullah Bigiyef, "yenilik" taraftarlarının ortak kaderini paylaşmış, eklektisizmden paçasını kurtulamamış, böyle olduğu için de dengeyi bir türlü tutturamamış bir şahsiyet olarak tebarüz etmektedir.

7. İslam Modernistleri ve Yahudilik

Evliliğe giden süreçten nikâh akdine ve kadının hamileliğine, çocuğun dünyaya gelmesinden sünnet edilişine, ergenlik çağına ilk adım atışından evliliğine, hayatının çeşitli dönemlerinden ölümüne, hatta ölüm sonrasına kadar bir Yahudi'nin bütün hayatı dinî/kültürel ritüellerle donatılmıştır. Mevsimlerin bile dinî içeriğe büründürülerek simgesel anlamlar kazandığı Yahudi kültüründe gelenek ile dinî inanç o denli iç içedir ki, bu iki alanı birbirinden ayırmak adeta imkânsızdır.

Yaygın kanaatin aksine Yahudi Kutsal Kitap Külliyatını oluşturan kitaplar Tevrat'ın bölümlerinden ibaret değildir. Tevrat hakkında Yahudi din adamlarınca ortaya konan yorum ve görüşlerden oluşan Mişna, Mişna'nın yorumundan oluşan Gemara (ki bu ikisi Talmud'u oluşturur) ve bunlar dışında küçüklü büyüklü pek çok kitaptan oluşan bu külliyatın tümü Yahudilerce kutsaldır.

Tevrat yorumları ve uygulamalardaki farklılıklar bir yana, eldeki Tevrat metinleri (Yahudi Tevratı ve Samiri Tevratı) arasındaki farklılıklar bile (ki 6 bine yakındır) onların Yahudiler nezdindeki kutsallık vasfını zedeleyememiştir. Babil Talmudu'na (Mişna ve Babil Gemarası'nın oluşturduğu Babil Talmudu yanında bir de Yeruşalayim (Kudüs) Gemarası ile yine Mişna'dan oluşan Yeruşalayim Gemarası vardır) göre M.Ö. 587'deki Babil sürgünü sonrasında Tevrat Filistin bölgesinde tamamen unutulmuştur. Nihayet M.Ö. 538'de Yahudiler Kudüs'e geri gelme imkânı bulmuş ve Ezra'nın oluşturduğu Büyük Meclis, Tevrat metnini yeniden inşa etmiştir. Peygamber olmamakla birlikte Yahudi din adamları (Rabbiler) tarafından peygamberden bile öte bir konumda olduğu kabul edilen Ezra'nın, Tevrat'ta ve Yahudi geleneğinde birtakım değişiklikler yaptığı da bizzat Yahudiler tarafından itiraf edilmektedir.

Yahudiler tarafından 4 bin yıl öncesinden başlatılan Yahudi tarihi boyunca zaman içinde dünyanın çeşitli bölgelerindeki Yahudilerce ortaya konmuş farklı gelenek ve uygulamalar bile, dinamik bir anlayışla dinî bir veçheye büründürülerek bağlayıcı kabul edilmiş ve sonuçta ortaya din-kültür karışımı bir gelenek çıkmıştır.

Yahudiler'in binlerce yıl içinde yaşadıkları pek çok badireye ve uzun sürgün (diaspora) yıllarına rağmen kimliklerini muhafaza edebilmiş olmalarında bu gelenekleri ısrarlı biçimde yaşatmalarının tek faktör olduğunun söylenmesi abartı olarak görülmemelidir.

Bütün bunları niye anlattığımı soracaklar için hemen söyleyeyim: "Geleneğin kutsallaştırılması" söylemi, bilindiği gibi İslam Modernistleri'nin sıkça başvurduğu bir iddiayı yansıtmaktadır. Oldukça kapalı ve elastiki olan bu ifadenin, sadece Kur'an tefsiri sadedinde ileri sürülmüş görüşleri ve Fıkhî içtihadları anlatmadığı, aynı zamanda Efendimiz (s.a.v)'in hadislerini de kapsadığı bilinen bir başka husus. "Geleneğin sorgulanması", yenileşme/reform yanlılarının öne sürdüğü ilk ve en önemli talep olmakla aslında bütünüyle "kimliğin" sorgulanması gibi bir garabetin ifadesi.

Evet bizde "vahye dayanan" ile "beşerî olan" arasında, Yahudi kültüründe görüldüğü şekliyle bir "iç içe geçmişlik" yoktur. Ancak bu, ilmî mirasımızın bütünüyle "gözden çıkarılabilir" olduğunu da ifade etmez. Kültürel kimliğin ve "aidiyet"i temsil ve teşkil eden unsurların muhafazasının ne kadar önemli olduğunu anlamak için bu zevata, gözlerini biraz da Yahudilik tarihine çevirmelerini tavsiye ederiz. Gözlerinin içine sokulan gerçeği görmelerini "Tallit"lerin ucundan sallanan püsküller sağlar mı acaba?! Ne dersiniz...

8. Terakki, Örfî Hukuk, Sekülarite

Muhterem Hilmi Yavuz'un, geçtiğimiz haftalarda Zaman'da yazdığı üç yazı, "Müslüman kalarak modernleşme" projesine teorik arka plan sunma iddiası dolayısıyla son derece önemliydi.

Yazısına, Renan'ın meşhur "İslam mani-i terakkidir" formülüne değinerek başlayan Yavuz, bilahare maksada gelerek şöyle diyor: "... eğer mesele İslam'ın temelkoyucu Fıkıh kaynakları ile 'ilim düşüncesi'nin bağdaştırılması ve modernliğin (dolayısıyla, 'terakki'nin) yolunun açılması ise, bunun nasıl gerçekleştirileceği üzerinde bir konsensüs mevcud değildir. Zira asıl mesele, Kur'an-ı Kerim ve Sünnet üzerinde içtihada yer olmamasıdır (Mecelle. Madde:14: 'Mevrid–i nass'ta içtihada mesağ yoktur.') Dolayısıyla, Fıkhın dört temel kaynağından ('Edille–i Erbaa') ilk ikisi için (Kur'an ve Sünnet) İçtihad Kapısı, açık değildir;– olamaz da! Bununla birlikte, gerek Hz. Peygamber zamanında Nesih kurumunun işletilmesi ile, gerekse Hulefa–yı Raşidin döneminde 'İllet' ('sebep') ve Maslahat ('Kamu yararı') ile iş görme ilkesinin yürürlüğe konulmasıyla, Kur'an ve Sünnet'te de içtihadi değişikliklere gidildiği biliniyor..."

Burada üzerinde durulması gereken birkaç "problem" var:

1. "Kur'an ve Sünnet için içtihad kapısı kapalıdır" önermesinin, Mecelle'deki "Mevrid-i nassda içtihada mesağ yoktur" kaidesiyle temellendirilmesi doğru değildir. Zira "muhkem" ve "müfesser" kategorisindekiler dışında kalan Kur'an ayetlerinin delalet, Sünnet verilerinin ise hem sübut hem delalet yönünden arz ettiği durum üzerinde içtihad edildiği, delille desteklenmeye ihtiyaç göstermeyecek kadar açık ve müsellem bir hususdur. Mezkûr

Mecelle kaidesi ise, muhkem ve müfesser nassların "rağmına" içtihad edilemeyeceğini anlatmaktadır.[1]

2. "Dolayısıyla, Fıkhın dört temel kaynağından ('Edille-i Erbaa') ilk ikisi için (Kur'an ve Sünnet) İçtihad Kapısı, açık değildir;–olamaz da! Bununla birlikte, gerek Hz. Peygamber zamanında Nesih kurumunun işletilmesi ile, gerekse Hulefa-yı Raşidin döneminde 'İllet' ('sebep') ve Maslahat ('Kamu yararı') ile iş görme ilkesinin yürürlüğe konulmasıyla, Kur'an ve Sünnet'te de içtihadi değişikliklere gidildiği biliniyor..."

Bu paragrafta yer alan iki yargı arasındaki bariz çelişki görmezden gelinebilecek gibi değil. Şöyle ki; eğer Kur'an ve Sünnet için içtihad kapısı gerçekten kapalı ise, "nesh" kurumu vasıtasıyla olsun, başka bir yöntemle olsun bu iki kaynak üzerinde içtihad yapıldığını söylemek mümkün değildir. Eğer gerçekten böyle bir içtihad yapıldığından söz etmek doğruysa, bu iki kaynak üzerinde içtihad kapısının kapalı olduğunu ileri sürmek tutarlı olamaz. (Bu noktaya Yavuz'un zikrettiği örnekler bağlamında ileride tekrar döneceğim.)

3. Hz. Peygamber (s.a.v) zamanında "nesh" kurumu işletilerek Kur'an nassları üzerinde içtihad edildiğini söylemenin ise hiçbir temeli yok. İçtihad edip etmediği tartışmalı bir konu olmakla birlikte, Hz. Peygamber (s.a.v)'in, sırf kendi içtihadına istinaden herhangi bir Kur'an ayetini mensuh ilan ettiğini söyleyen kimse gösterilebilir mi?

4. "Hulefa-yı Raşidin döneminde 'İllet' ('sebep') ve Maslahat ('Kamu yararı') ile iş görme ilkesinin yürürlüğe konulmasıyla, Kur'an ve Sünnet'te de içtihadi değişikliklere gidildiği biliniyor..."

"İllet" ve "maslahat" ilkelerine sadece Hulefa-i Raşidun döneminde değil, bütün dönemlerde riayet edilmiştir. Nassların illetinin tesbiti ve bu suretle i'malleri içtihadî bir faaliyet olmakla birlikte, burada "nassların rağmına" içtihad edildiğinden değil, mansus hükmün, illet

---

[1] Örnek olarak bkz. Ali Haydar Efendi, *Düreru'l-Hükkâm*, 66; Ahmed b. Muhammed ez-Zerkâ, *Şerhu'l-Kavâidi'l-Fıkhiyye*, 147 vd.

birliği dolayısıyla gayr-i mansus durumlara teşmilinden, dolayısıyla ihmalinden değil, i'malinden söz etmek gerekir.

"Maslahat"a gelince, bu gerekçeyle bağlayıcı nasslara aykırı hüküm verilebileceğini, Hanbelî mezhebine mensup Süleyman b. Abdilkavî et-Tûfî dışında ileri süren birini bilmiyorum. Gerek dönemindeki, gerekse daha sonra gelen ulema tarafından kıyasıya eleştirilen bu görüşün Fıkhı'a mal edilemeyeceği açıktır.

Özellikle Hz. Ömer (r.a)'in bir takım uygulamalarının bu bağlamda sık sık örnek gösterilmesi ise, bana göre tam bir "istismar" örneğidir. Şu anda üzerinde çalışmakta olduğum (ve dualarınızla yakında bitirmeyi umduğum) Doktora tezimin konusu bu uygulamalar olduğu için rahatlıkla söyleyebilirim ki, bahse konu uygulamaları, maslahat gerekçesiyle nassların ihmal edilebileceği görüşüne temel yapmaya çalışanlar, tamamen üstünkörü bir yaklaşımla hareket etmektedir. Hz. Ömer (r.a)'in bu uygulamalarının her biri hakkında, ilgili ayet ve Sünnet/hadislerin tek tek ele alınması ve delalet vecihlerinin ortaya konması, ilaveten Hz. Ömer (r.a)'in uygulama tarzının ve gerekçelerinin titizlikle incelenmesi gerekli olduğundan ve bunu burada yapamayacağımızdan, yazının bu bölümünü hakkında detaylı bilgi edinmek isteyenleri Doktora tezime havale etmeyi tercih edeceğim.

Hilmi Yavuz, "İslam Hukuku'nun değişime açık karakteri" diyebileceğimiz tesbite dayanak olabileceğini düşündüğü iki enteresan örnek öne sürüyor ve şöyle diyor:

"Aslında, İslam Hukukunda yapılan değişiklikleri, (i) Şeriat içinde kalınarak gerçekleştirilen değişiklikler [ben buna 'içtihadi değişiklikler' diyorum] ve (ii) Şeriat dışında yeni bir hukuk kodifiye ederek getirilen yenilikler [bunlara da 'içtihadi olmayan değişiklikler' demeyi tercih ediyorum] olarak iki düzlemde ele almak gerekir.

"İşe ikinciden başlayalım: İslam Hukuku söz konusu olduğunda siyasal toplum ya da Devletin, Şer'i Hukuk'un yanı sıra bir Örfi Hukuk vaz'etmiş olduğu da biliniyor, -İlk Müslüman- Türk devletlerinin kuruluşu ile birlikte, Örf'ün de yürürlüğe girdiği de! Dolayısıyla, Hıristiyanlıkta geçerli olduğu söylenen 'Sezar'ın hakkı Sezar'a,

Allah'ın (ya da Papa'nın) hakkı Allah'a (ya da Papa'ya)!' ilkesinin, İslam'da da yürürlükte olduğunu öne sürmek, birçoklarına şaşırtıcı gelebilir. Barthold'ün, Ravendi'nin 13. yy'ın başında yazılmış olan 'Rahat'üs-Sudur'undan alıntıladığı, 'İmamın vazifesi hutbe ve dua ile meşgul olmak, padişahlığı (hakimiyeti) sultanlara havale etmek ve dünyevi saltanatı onların eline bırakmak' biçimindeki ifadesi, hem tastamam bu durumu, hem de böyle bir meşruiyet zemini üzerine inşa edilmiş bir Örf'ün bulunduğunu gösterir. Fatih Kanunnamesi, 'nizam-ı alem için' koyduğu Örfi hukuk kurallarıyla Şer'i Hukukla bağdaşması mümkün olmayan bir hukuk düzenini kodifiye etmiş! tir;- 'karındaşların katletme' hakkının tanınması, Şeriat'ın öldürme yasağı ile çelişiyor olmasına rağmen, 'ekser ulemanın tecviz[i]' ile yürürlüğe girmiştir. Dahası, Fatih'in, şer'an 'dokunulmaz' olan vakıf arazisine el koyarak (ve elbette, yine 'nizam-ı alem için') timara dönüştürdüğü de biliniyor. Anlaşılan o ki, Osmanlı, 'Fatih Kanunnamesi' ile Şer'i Hukuk ve Örfi Hukuk'un öznelerini birbirinden ayırmış, ve Şeriat, Prof. Halil İnalcık'ın deyişiyle, 'hususi hukukta hakim kalmıştır.' Bu durum, Osmanlı'da 'ekser ulemanın tecviz ettiği' Şeriat dışı bir hukuk alanından söz etmenin mümkün olduğunu gösterir..."

Yavuz'un zikrettiği ilk örnekten başlayalım: Barthold ile refere edilen ve *Râhâtu's-Sudûr* isimli kitabını XIII. yüzyılın başında kaleme aldığı belirtilen Ravendî, Ali b. Fadlullah olmalıdır. Zira tarayabildiğimi kaynaklarda XIII. yüzyılda yaşamış "Râvendî" nisbeli başka bir isim tesbit edemedim. Başkası olsa bile bunun fazla bir önemi yok. Zira Abbasiler döneminden itibaren Hilafet ile Saltanat'ın birbirinden fiilen ayrıldığı bilinen bir husus ve alıntıda "İmam" diye zikredilen merci, Halife'dir. Tamamen sembolik bir yetki ve makamı elinde bulunduran Halife, bu dönemlerde zaten dünyevi iktidarı Sultanlara bırakmış durumdaydı. Dolayısıyla Râvendî'nin ifadesinin, "Sezar'ın hakkı Sezar'a, Allah'ın (ya da Papa'nın) hakkı Allah'a (ya da Papa'ya) ilkesinin, İslam'da da yürürlükte olduğunu öne sürmek" için asla yeterli olmayacağı açıktır. Burada müddeayı temellendirecek ya da temelsiz kılacak olan, yetkiyi fiilen elinde bulunduran Sultanların ne ile hükmettiğinin ve İslam Hukuku'nun tecviz etmediği kurallar koymuşlar ise ulemanın buna ne dediğinin tesbitidir.

İkinci örneğe gelince, Prof. Dr. Ahmet Akgündüz'ün tesbitine göre Fatih Sultan Mehmed döneminde 75 Kanunname hazırlanmıştır. Bunlardan birisinde (*Osmanlı Kanunnameleri*, I, 328) "kardeş katli" meselesi mevcuttur. İlgili maddenin metni şöyledir: "Ve her kimesneye evladımdan saltanat müyesser ola; karındaşların nizam-ı alem içün katletmek münasibdir. Ekseri ulema dahi tecviz etmiştir. Anınla amil olalar."

Fatih'e ait olup olmadığı araştırmacılar ve ilim adamları arasında hayli tartışma konusu olmuş bu Kanunname gerçek olsa bile, burada "ekser ulema"nın tecviz ettiği şeyin ne olduğunun tesbiti ve Prof. Dr. Akgündüz'ün de vurguladığı gibi somut olaylarda teori ile pratiğin tam olarak örtüşüp örtüşmediğinin tesbiti son derece önemlidir. Kardeşlerin veya evlatların "nizam-ı alem" için katli, ancak "nizam-ı alem" için tehlike teşkil etmeleri halinde söz konusu olacaktır ki, bu durumda İslam Hukuku'nun "bağy" ahkâmı veya "ta'zir" cezaları devreye girer. Ekser ulemanın tecvizine konu olan da budur. Bu durumda teoriyi pratikle anlamlandırmaktansa, pratiğin teori ile çeliştiğini söylemek daha doğrudur.

Fatih döneminde "şer'an dokunulmaz olan vakıf arazisine el konarak "tımar"a dönüştürülmesi" konusuna gelince;

İslam Hukuku açısından dokunulmaz olan vakıfların Fatih Sultan Mehmed Han tarafından el konularak "tımar"a dönüştürülmesi Hilmi Yavuz tarafından Osmanlı'da biri Şer'î, diğeri laik/seküler hukuktan oluşan ikili bir hukuk sisteminin yürürlükte olduğu şeklinde yorumlanmaktadır: "Anlaşılan o ki, Osmanlı, "Fatih Kanunnamesi" ile Şer'i Hukuk ile Örfi Hukuk'un öznelerini birbirinden ayırmış ve Şeriat, Prof. Dr. Halil İnalcık'ın deyişiyle "hususi hukukta hakim kalmıştır." Bu durum, Osmanlı'da "ekser ulemanın tecviz ettiği" Şeriat dışı bir hukuk alanından söz etmenini mümkün olduğunu gösterir.

Sadece Fatih Kanunnamesi'nde yer alan iki uygulamanın (ki biri "evlat katli" meselesi idi ve yukarıda üzerinde durulmuştu), Osmanlı hukuk sisteminde böyle ikili bir yapıdan söz edilmesi içini yeterli olup olmadığı ayrı bir mesele. Benim burada üzerinde duracağım asıl nokta, Fatih'in, Şer'an dokunulmaz olan vakıf müessesesine el koyduğu iddiasının kıymet-i harbiyesi olacak.

Bilindiği gibi Osmanlı'da devlet gelirlerini oluşturan kalemlerden birisi de haraç, cizye vb. vergileridir. Devlet bu gelirleri önceleri "ikta" adı altında bazı hayır cihetlerine –süreli olarak– sarf etmiş, bilahare bu tahsisat "vakıf" adı altında süresiz hale dönüştürülmüştür.. Literatürde "irsadî vakıf" denen bu uygulama, özellikle mirî araziden elde edilen vergi gelirlerinin tahsisine dayanmaktadır.

İrsadî vakıflar kendi aralarında ikiye ayrılır:

1. İrsad-ı sahih: Beytülmal'e ait bir mülkün menfaatini veliyyül emr veya onun izniyle başka biri tarafından Beytülmal'den istifadeye istihkakı olan kimselere tayin ve tahsis edilmiş olmasıdır.

2. İrsad-ı gayri sahih: Beytülmal'e ait bir mülkün menfaatini veliyyül emr veya onun izniyle başka biri tarafından Beytülmal'den istifadeye istihkakı olmayan bir kimseye tahsis edilmesidir. Araziyi milliyeden bir parçanın vergisini şuna buna vakıf ve tahsis gibi ki, iptali caizdir.[2]

Konunun özü şudur: Devlet başkanı veya yetkili kıldığı bir şahıs, devlete ait bir arazinin gelirlerini Beytülmal (hazine)'den istihkakı bulunan bir hayır cihetine devamlı olarak tahsis eder; bu tahsise manevi bir dokunulmazlık sağlamak için de adına "vakıf" der.

Bu uygulama maksadına uygun yürütüldüğünde problem yoktur. Ancak zaman içinde görevlilerin amaca uymayan kötü tasarrufları söz konusu olduğunda Devlet başkanı olaya el koyar ve Beytülmal'e (yani kamuya) ait olan bu gelirleri asıl müstehak olanlara yönlendirir.

---

[2] Ö.N.Bilmen, *Istılâhât-ı Fıkhiyye Kamusu*, IV, 285.

Bir diğer şekilde söyleyelim: İrsadî vakıflar, her ne kadar adı "vakıf" olsa da gerçek anlamda vakıf değildir; dolayısıyla amacı dışında kullanıldığı zaman iptali caizdir. Zira gelirlerinin aslı Beytülmal'e aittir.

İşte Fatih'in yaptığı da budur. Beytülmal'e ait bir gelirin, zaman içinde hayır cihetlerinden olmayan yerlere keyfi bir şekilde tahsisi gerek Beytülmal'in idaresini belirleyen ilkelere, gerekse vakıf mantığına uymadığı için bu uygulamayı durdurmuş ve meseleyi aslına irca etmiştir.

Bilahare II. Bayezid döneminde, Fatih tarafından iptal edilen bu uygulama eski haline iade edilmiştir.

Bu "gayri sahih" (irsadî) vakıfların (daha doğrusu "tahsisler"in) gerek tarihî ve fıkhî geçmişi, gerekse Beytülmal gelirlerinden istihkakı olmayan cihetlere sarfını durdurma uygulamasının izahı Prof. Dr. Ahmed Akgündüz tarafından kaynaklara inilerek geniş bir şekilde yapılmıştır.[3] Konu hakkında fazla malumat edinmek isteyenler dipnotta zikredilen çalışmaya bakabilir.

Netice olarak son derece tartışmalı bir-iki çıkarsamadan hareketle meseleyi alabildiğine genelleştirip "Anlaşılan o ki, Osmanlı, "Fatih Kanunnamesi" ile Şer'i Hukuk ile Örfi Hukuk'un öznelerini birbirinden ayırmış..." sonucuna ulaşmak gerçekle bağdaşmayan gayri ilmî bir tutumdur. Zira bahse konu uygulama İslam Hukuku'nun onayı ile sadece irsadî vakıflar hakkında ve belli bir dönemle sınırlı olarak yapılmıştır. Bunu tüm vakıf çeşitlerine teşmil etmek ve Osmanlı tarihi boyunca sürmüş bir uygulama olarak göstermek doğru değildir.

Hilmi Yavuz, sözlerini şöyle sürdürüyor:

"Dahası, Hıristiyanlıkta olduğu gibi İslam'da da Örfi ve Şer'i hukuk'un birbirinden ayrılmasının felsefi bir arkaplanı da vardır. İbn Rüşd, 'Fasl'ül Makal' ve Kitabü'l-Keşf'de, Şeriat ile Felsefenin birbiriyle çelişmediğini, çelişki gibi görünen farklılıkların te'vilden kaynaklandığını bildirir.(...) Özetle şu: İslam'da Şeriat dışında bir Örfi Hukuk'un tedvini, kamu hukuku alanında seküler bir söy-

---

3 *Belgeler Gerçekleri Konuşuyor*, II, 104 vd.

lemi imkanlı hale getirmiştir. Bu seküler imkan, kamusal alanda Moderniteyi hayata geçirebilmeye ilişkin meşru bir zeminin mevcud olduğu anlamına gelir."

İbn Rüşd'ün adı geçen eserlerinin tamamen "teoloji" problemlerine hasredildiğini biliyoruz. Bu eserlerdeki yaklaşımın Hristiyanlık'takine benzer bir pratiğe, yani "Şer'î hukuk-Örfî hukuk ayrımı"na zemin teşkil ettiğinin söylenebilmesi için İbn Rüşd'ün, teolojik yaklaşımını amelî hayata da teşmil ettiğinin ortaya konmuş olması gerekir. Mesela *Bidâyetu'l-Müctehid*'de bahse konu ayrım ile ilgili herhangi bir veri var mıdır?

Teoloji alanıyla sınırlı konuştuğumuzda da problem çözülmüş olmuyor. Şeriat ile Felsefe'nin birbiriyle çelişmediği görüşünün İbn Rüşd'den önceki hukemanın çoğunluğu tarafından da ileri sürüldüğü malum. Yavuz'un tezi doğru kabul edildiğinde, arka plan temin etmeye çalıştığı "seküler şeriat" için hukemanın ihtilaflı yaklaşımlarından hangisinin hangi gerekçeyle öne çıkarılması "münasip" görülecektir? Şu halde burada "çifte hakikat" tabirini kullanmak yeterli değildir. Belki S.H.Nasr'ın terviç ettiği "izafî mutlaklık" tabiri gibi bir "yeni keşif" gerekli!

Yavuz'un "özet" ifadesi, sözünü ettiği "seküler imkân"ın kamusal alanda Modernite'yi hayata geçirebilmeye ilişkin "meşru" bir zemin mi, yoksa "felsefî" bir zemin mi teşkil ettiği noktasında son derece tartışmalıdır. Zira

1. Yavuz'dan yukarıda alıntıladığım deliller, İslam'da Şeriat dışında bir Örfî hukuk tedvin edildiğini göstermeye asla yeterli değildir.

2. Bu deliller yanlış okunduğu için kamu hukuku alanında seküler bir söylemi imkânlı hale getirdiklerinin söylenmesi hatalıdır.

Yavuz devam ediyor:

"... Hulafa-yı Raşidin döneminde ise halifelerin, Sünnet'e ilişkin içtihad ettikleri biliniyor. Mesela, 'müellefet'ül-kuluba' ilişkin muamelata dair Sünnetin, Hz. Ömer tarafından reddedilmesi, gibi... Rey ile içtihad edilen hukuki konularda ittifak manasına gelen İcma ve Kıyas'ın yanı sıra, tali Fıkıh kaynakları da (örf ve adet; istihsan;

istıslah; istishab; sedd–i zerayi) İslam hukukunun değişmeye ve yenileşmeye açık olduğunu gösterir."

Hulefa-i Raşidun döneminde (tıpkı daha sonraki dönemlerde olduğu gibi) Sünnet'e ilişkin içtihadlarda bulunulduğu doğrudur. Hatta sadece Sünnet'e ilişkin olarak değil, Kur'an'a ilişkin içtihadlar da söz konusudur. Ancak bu vakıanın Hz. Ömer (r.a)'in, "müellefe-i kulub" meselesinde "Sünnet'i reddettiği" davasına dayanak yapılması doğru değildir. Detaylarını Doktora tezimde işlediğim bu mesele hakkında burada şu kadarını söylemekle yetineceğim:

Müellefe-i kulub'a zekâttan pay verilmesi Kur'an'la sabit bir uygulamadır. Problem şurada: Zekât, *"Sadakalar (zekâtlar) Allah tarafından farz olarak ancak fakirlere, miskinlere, zekât memurlarına, kalpleri İslam'a ısındırılmak istenenlere, kölelere, borçlulara, Allah yolundaki gazilere ve yolda kalmışlara mahsustur..."*[4] ayetinde zikredilen 8 sınıftan biri veya birkaçı mevcut değilse ne olacaktır? Söz gelimi şu anda kölelik uygulaması mevcut değildir. Bu durumda ya kölelik kurumunu geri getireceğiz, ya da zekâtların yerine ulaşmadığını söyleyeceğiz.

Müellefe-i kulub hakkındaki uygulama da böyledir. Ortada kalbinin İslam'a ısındırılmasında maslahat bulunan ve kalbinin İslam'a ısınacağı umulan bir şahıs yoksa Müslümanlar'ın kaynaklarını şuna buna peşkeş çekmenin makul bir açıklaması olabilir mi?

Meselenin bir de şöyle bir boyutu var: Usul-i Fıkıh'ta "illet" bahsinde genişçe ele alındığı gibi, bir hükmün türemiş bir kelime üzerine bina edilmesi, türetilmiş kelimenin kökünün illet olma özelliğini ifade eder. Mesela hırsıza verilecek cezanın tayin edildiği ayette[5] hüküm, *"es-Sâriku ve's-sârikatu"* kelimeleri üzerine bina edilmiştir. Bu kelimeler "sirkat" kökünden türemiştir; dolayısıyla zikredilen hükmün illetinin "sirkat" (hırsızlık) fiili olduğunu ifade eder.

---

4   9/et-Tevbe, 60.
5   5/el-Mâide, 38.

Koumuzda da hüküm "müellefe" kelimesi üzerine bina edilmiştir; bu da hükmün illetinin "te'lîf" (kalbin ısındırılması) olduğunu gösterir. Kimin kalbinin İslam'a ısındırılabileceği içtihadî bir keyfiyettir. Şu halde yıllardır zekâttan pay aldıkları halde İslam'a girme yönünde kendilerinden herhangi bir niyet görülmeyen, ya da İslam'a zarar verme güçlerini kaybetmiş olan "beleşçiler"e kaynak aktarma uygulamasına son vermenin sadece içtihadî değil, Kur'an nassıyla sabit bir davranış olduğunu söylemek durumundayız. Zira hüküm, illetle kaimdir. İllet mevcut olduğunda hüküm de mevcuttur; illet kalktığında hüküm de kalkacaktır.

"Rey ile içtihad edilen hukuki konularda ittifak manasına gelen İcma ve Kıyas'ın yanı sıra, tali Fıkıh kaynakları da (örf ve adet; istihsan; istıslah; istishab; sedd-i zerayi) İslam hukukunun değişmeye ve yenileşmeye açık olduğunu gösterir."

Fıkh'ın değişime açık bıraktığı alan konusunda örf, adet, istihsan... vb. tali delillerin elverişli zemin teşkil ettiği yaklaşımı yabancı değil, ama itiraf edeyim ki bu sahada İcma ve Kıyas delillerinin ileri sürülmesine ilk defa sayın Yavuz aracılığıyla tanıklık ediyoruz. İslam'ın modernizasyonu projelerine Usul-i Fıkıh'tan payanda bulma gayreti içinde olanların, "değişim"in önündeki engeller listesinin başına yerleştirmeyi adet edindiği İcma ve Kıyas delillerine Yavuz tarafından nasıl bir "algı tarzı" ile tam tersi bir fonksiyon yüklendiğini anlamak doğrusu mümkün değil. Usul-i Fıkıh sahasının ilgilileri, İcma ve Kıyas delilleri ile "değişim" arasında böylesi bir ilişkinin nasıl kurulabileceği konusunda Yavuz'dan "aydınlatıcı" açıklamalar bekleyedursun, biz diğer delillerle ilgili söylenenlere geçelim:

Mezkûr tali delillerin, Fıkh'ın "değişmeye ve yenileşmeye" açık olduğunu ne suretle gösterdiği, bir başka deyişle bu delillerin İslam ahkâmının neresinde ne ölçüde değişikliğe yol açabileceği konusu böyle bir cümleyle geçiştirilebilecek kadar basit değildir. Şu kadarını söylemiş olalım: Zikredilen tali delillerin hiç birisi, delaleti ve sübutu kat'î nasslarla sabit olmuş herhangi bir hükmü ilga edecek şekilde kullanılamaz. Başta Usul-i Fıkıh ilminin mantalitesi buna izin vermez. Zira eğer "tali" bir delilin "aslî" bir delille sabit olmuş bir hükmü ilga edebileceğini genel geçer bir kaide olarak söylemek mümkün olsaydı, her şeyden önce bu tali delilleri kullanan Fukaha'nın Fıkh'ı sekülerleştirdiğini, dolayısıyla Fıkh'ın kendi kendisini nakzettiğini söylemek kaçınılmaz olurdu.

Alıntıya devam edelim:

"Şer'i hukukun dışında 'nizam–ı âlem için' bir örfi hukukun tedvin edilmiş olması Müslüman toplumlarda özellikle de Fatih Kanunnamesi'nden sonra Osmanlı toplumunda yaygın bir uygulama alanı buldu ve buna şer'an cevaz verildi ise, günümüzde buna benzer bir pratiğin hayata geçirilmemesi için hiçbir sebep yoktur;– tam tersine, 'illet' ve 'maslahat', bir Örfi hukukun tedvinini zorunlu kılmaktadır."

Fatih Kanunnamesi'nin durumunu daha önce kısa da olsa görmüştük. "Örfî Hukuk"un doğrudan "seküler" bir alana tekabül ettiğinin ileri sürülmesine gelince, bunun son derece yanlış bir genelleme olduğunu söylemek durumundayız. Bu sahayı teşkil eden hükümlerin, Ululemr'e tanınmış "ta'zir" yetkisinin ifadesi olduğunu görmezden gelen bu yaklaşım da gözden geçirilmeye muhtaç.

Öte yandan "illet ve maslahat"ın seküler bir "Örfî hukuk" kodifikasyonu için nasıl bir "zorunluluk" durumu hasıl ettiğini anlamak gerçekten mümkün değil. Acaba Yavuz bu iki kavrama yeni bir içerik kazandırdı da biz mi bundan habersiz kaldık? Hadi "maslahat" merkezli tartışmaların, bu terimin sündürülmesi sonucunu doğurması dolayısıyla Yavuz'un yaklaşımına "sanal" bir zemin teşkil ettiğini itiraf edelim. Ama "illet" için ne diyeceğiz? Acaba nasslarda mevcut olan ve Kıyas'ın rüknünü teşkil eden illet hakkında da maslahat konusunda yapıldığı gibi bir "sündürme" operasyonu mu söz konusudur? Yoksa Yavuz bu kavram konusunda bir "kafa karışıklığı" mı yaşamaktadır?

Ve son alıntı:

"Fıkhın İbadat'a dair olan Kitab ve Sünnet hükümleri dışında kalan Muamelat (Özel Hukuk), Münakehat (Aile Hukuku) ve Ukubat (Ceza Hukuku) alanlarında tedvin edilmiş olan seküler kanunların, Bu Dünya'ya ilişkin hükümler getiriyor oldukları göz önüne alınarak 'maslahat' cihetinden ('kamu yararı' açısından) meşrulaştırılmaları, Modernliğe açılmanın imkanlarını içinde taşıyor değil midir?"

Elhak öyledir de, "bahse konu "seküler kanunlar"ın "ben yaptım oldu" mantığı dışında "meşru" kabul edilmesi ne suretle olacaktır?" sorusu hala ortadadır. 1400 küsür yıllık koca bir geçmişten cımbızlanmış bir-iki argümanın çarpıtılması –ya da yanlış okunması– ile "meşruiyet" sorunu aşılmış olacaksa, Yavuz'a bir tavsiyede bulunayım: Dilimizde mevcut Usul-i Fıkıh kitaplarından birisi üzerinde şöyle ciddi bir okuma faaliyeti gerçekleştirsin. Yahut bu kitaplardaki "âmm/hâss" bahislerini bir gözden geçirsin. Belki Renan'a hak vermek için bu kadar dolambaçlı yollarda yorulmasına gerek kalmadan daha "tumturaklı" bir zemin elde edebilir; böylece bize de bu meseleleri hak ettiği seviyede konuşma imkânı bahş etmiş olur.

* * *

"Terakki, Örfi Hukuk, Sekülarite" başlığı altında bu köşede okuduğunuz yazı, Zaman'dan muhterem Hilmi Yavuz'un, "İslam Terakkiye Mani midir?" başlığıyla yazdığı yazılara cevaben kaleme alınmıştı.

29 Şubat tarihli, "İslam Terakkiye Mani midir?: Eleştiriler ve Cevaplar (1)" başlıklı yazısında Yavuz, "Hemen belirtmeliyim ki, genellikle bu konularda yazdığım yazılara karşı, muhatap olmak durumunda kaldığım alışılagelmiş seviyesizlik örneklerine rastlamadım bu tepkilerde. Tam tersine, son derece seviyeli bir tartışmaya yol açtıkları için teşekkürü borç bilirim kendilerine" diyerek kendisinden beklenen tepkiyi ortaya koymuş. Ben de kendisine teşekkür ediyor ve eleştirilmeye karşı gösterdiği açık yürekliliği kutluyorum.

Tartışma konusu olan meselelerin ciddiyetiyle mütenasip bir seviyenin karşılıklı muhafazası, sayın Yavuz'un da ifade ettiği gibi alışılmış bir durum olmadığı için doğrusu vereceği cevapları, örnek bir tartışma ortaya konmuş olması bakımından önemsiyordum.

Ancak 29 Şubat tarihli ilk cevabî yazısının sonunda "Eleştirilere yanıt vermeye önümüzdeki hafta da devam edeceğim" dediği halde, bu hafta konuyla ilgili bir şey yazmamış olmasına bir anlam veremediğimi söylemeliyim...

Aslında sayın Yavuz'un yaptığı gibi eleştiri yazıları bitmeden cevap yazma aceleciliği göstermeyip, cevabî yazılar tamamlandıktan sonra karşılık vermek niyetindeydim. Ancak –dediğim gibi– ilk yazının arkası gelmeyince bu yazıyı kaleme almak zorunda hissettim...

Cevabi yazısında şöyle diyor Yavuz:

"Ona göre bu hüküm ("Mevrid-i nassda içtihada mesağ yoktur" diyen Mecelle maddesi, E.S.) muhkem ve müfesser nass'ların rağmına içtihad edileceğini anlatmaktadır. (Sanıyorum burada bir yazım hatası söz konusu. Doğrusu "içtihad edilemeyeceğini..." olacak, E.S.) İlkin, değerli dostuma şunu hatırlatayım: Kur'an-ı Kerim'in müteşabih ayetlerinin te'vile açık olması hiç şüphe yok, te'vile ilişkin içtihad imkanlarını da birlikte getirir. Bunun böyle olduğunu bilmek için ilahiyat doktoru olmak gerekmiyor. Dolayısıyla Mecelle hükmünde içtihada mesağ verilmeyen nassl'lar, elbette ve tabiatıyla, 'muhkem' ve 'müfesser' nass'lardır. Sifil dostum, anlaşılan benden, 'malumu ilam' etmemi mi istiyor?"

"Malumun ilamı"na talip olduğum sanılmasın diye "müteşabih" kavramının neyi anlattığı, buna bağlı olarak bu kategoriye giren ayetler üzerinde içtihad imkânının bulunup bulunmadığı... gibi konulardaki tartışmaların detayına girmekten sarf-ı nazar edeceğim.

Ancak şu kadarını da belirtmeme Yavuz izin versin:

1. Kur'an ayetlerinin biri "muhkem/müfesser" ve diğeri "müteşabih" olmak üzere iki ana kategoriye ayrıldığı izlenimini veren ifadelerinin tafsilata ihtiyaç hissettirdiği açık. Kur'an ayetlerinin "müçtehedun fih" olanları üzerinde konuşurken sadece konu açısından tartışmalı bir kategori olan "müteşabihat"ın zikredilmesinde böyle bir ihsas tasavvur olunabilir...

2. "Müteşabihat" kategorisinin tevile açık olduğunun mutlak olarak söylenmesi de doğru değildir. Özellikle –istisnaları bulunmakla birlikte– müteahhirun ulemanın, Allah Teala'nın bazı sıfatlarının zikredildiği ayetleri teşbih/tecsime yol açacak tarzda anlaşılmaması için tevil etme tavrını benimsediğini biliyoruz. Şu var ki, hem bu gibi ayetlerin "müteşabihat" kategorisine sokulması müttefekun aleyh bir husus değildir, hem de itikadî sahaya müteallik olduklarından bunların konumuzla doğrudan ilgisi yoktur.

"Müteşabih" dendiğinde teknik olarak akla gelen, anlamı kapalı olan ve anlaşılması için aklî herhangi bir imkân da bulunmayan ayetlerdir. Bunlardan muradın ne olduğu Kur'an ve Sünnet tarafından da belirtilmediği için, anlamları Allah Teala'ya havale edilir. Huruf-u mukattaa ile kasem (yemin) ifadeli ayetler böyledir.

Kur'an'ın tevile açık olan ayetleri ise, teknik tabiriyle "zâhir" ve "nass" kategorisine girenlerdir.

* * *

Bir önceki yazıda muhterem Hilmi Yavuz'un, eleştirilere cevap vermeye devam edeceğini söylediği halde hafta içi farklı bir konu işlediğini belirtmiş, Cumartesi günü de, artık cevap vermeyi sürdürmeyeceği düşüncesiyle "cevaba cevap" sadedinde birinci yazıyı yazmıştım.

Ancak geçtiğimiz Pazar günü Yavuz konuya tekrar döndü ve eleştirilerle ilgili ikinci yazıyı yazdı. Anlaşılan Yavuz, bize hafta sonları randevu vermeyi tercih edecek. Öyleyse cevabî yazıları bitene kadar bir süre bekleyeceğiz.

Ama izninizle Cumartesi günü ele aldığım konuyu bitirmek istiyorum.

Cumartesi günkü yazıyı, "Kur'an'ın tevile açık olan ayetleri ise, teknik tabiriyle "zâhir" ve "nass" kategorisine girenlerdir" diyerek bitirmiştim. Kaldığımız yerden devam edelim:

Ayet ve hadislerin "tevil"e konu olması ile lafızlarının açıklık-kapalılık durumları arasında dolaysız bir ilişki vardır. Muhkem ve müfesser lafızlar ile kendi başına mücmel iken icmali (kapalılık durumu) başka bir delil tarafından ortadan kaldırılmış ibareler tevil kabul etmez. Zira bunlardan muradın ne olduğu bellidir.

Ancak "zâhir" ve "nass" (bu ayrım Hanefiler'e göredir. Diğer üç mezhep ulemasının ekseriyetine göre ise bu ikisi birdir) kategorisine giren lafızlar böyle değildir. Tafsilatı Usul kitaplarında verilen gerekçelerle bu iki kısma giren lafızlar tevile açıktır.

Bu kısa teknik açıklama gösteriyor ki, Yavuz'un, "Kur'an-ı Kerim'in müteşabih ayetlerinin te'vile açık olması, hiç şüphe yok, te'vile ilişkin içtihad imkanlarını da birlikte getirir" tarzındaki tesbiti, hiç şüphe yok, dayanaktan yoksundur. Ve bu sebeple "bunun böyle olduğunu bilmek için ilahiyat doktoru olmak gerekmiyor" ise de, Usul-i Fıkıh bilmek gerektiği ortada!

Demek ki benim talebim Yavuz'un "malumu ilam" etmesi değil, böyle teknik bir konuda kalem oynatırken meseleye hakkını vermesi...

Yavuz'un kabule yanaşmadığı bir diğer husus da, "Hz. Peygamber (s.a.v) zamanında "nesh" kurumu işletilerek Kur'an nassları üzerinde içtihad edildiğini söylemenin ise hiçbir temeli yok. İçtihad edip etmediği tartışmalı bir konu olmakla birlikte, Hz. Peygamber (s.a.v)'in, sırf kendi içtihadına istinaden herhangi bir Kur'an ayetini mensuh ilan ettiğini söyleyen kimse gösterilebilir mi?" tarzındaki ifadelerim.

Buna cevaben şöyle demiş: "Sifil, 'Hz. Peygamber zamanında 'nesh' kurumu işletilerek Kur'an nassları üzerinde içtihad edildiğini söylemenin hiçbir temeli' olmadığını ileri sürüyor. Dostum Sifil'in affına mağruren söyleyeyim: Tam tersine, nesh kurumu işletilerek Kur'an nassları üzerinde içtihad etmenin bir temeli vardır. Bu temel, Sünnet'in Kitap'la birlikte Vahiy oluşudur."

Burada, "İbare, Kur'an'ın Sünnet tarafından nesh edilebileceğini ifade için sevk edilmiştir; lafzın zahiri ise, Hz. Peygamber (s.a.v)'in bunu içtihad ederek yaptığını ifade ediyor" diyerek Yavuz'a tevil imkânı bırakmak isterdim. Ne var ki Yavuz, Sünnet'in Kitap gibi Vahiy olduğunu söyleyerek tevil kapısını kendi yüzüne kapatıyor; dolayısıyla kendisini çıkmaza sokuyor.

Nasıl mı? Şöyle:

Sünnet'in de tıpkı Kur'an gibi vahiy mahsulü olduğunu söylemek doğruysa –ki doğrudur; "ahkâmın tebliği" bağlamındaki Sünnet böyledir ve fakat bunun *"O kendi hevasından konuşmaz..."* mealindeki en-Necm ayetiyle izahı tartışmalıdır– öyleyse Hz. Peygamber (s.a.v)'in, Kur'an'ın hangi ayet(ler)inin mensuh olduğunu ancak vahiy kanalıyla ahz ve beyan edebileceğini, burada içtihada mesağ bulunmadığını söylememiz gerekiyor.

Bu noktada Yavuz, Hz. Peygamber (s.a.v)'in içtihadının vahye dayandığını ya da içtihadında yanılması halinde bu yanılgının vahiy tarafından izale edileceğini, dolayısıyla Kur'an'ın Sünnet'le neshinde de böyle "vahye dayalı bir içtihad"ın varlığından söz etmenin yanlış olmayacağını söyleyebilir.

Ancak burada teknik bir problem bulunduğunu görmezden gelemeyiz: Hz. Peygamber (s.a.v) herhangi bir ayetin mensuh olduğunu vahiy kanalıyla öğrenmişse burada "içtihad"dan söz edemeyiz. Eğer "önce içtihad etmiş, sonra da vahiy bu içtihadı takrir etmiştir" diyeceksek, şu sorunun cevabını bulmak zorundayız: Hz. Peygamber (s.a.v) burada "neye dayanarak" içtihad etmiştir?

Bu sorununu cevabı verilmedikçe Yavuz'un nesh bağlamında Kur'an-Sünnet ilişkisi üzerine yaptığı uzun izahatın hiçbir değeri olmayacaktır...

Yavuz, (7 Mart tarihli) cevabî 2. yazısında şöyle diyor:

"Sifil, benim Hulefa-yı Raşidin döneminde 'illet' ve 'maslahat' gerekçesiyle içtihada gidildiğini söylememden, sanki sadece o dönemde içtihada gidilmiş olduğunu söylediğim sonucunu nasıl çıkarmış; doğrusu anlamak mümkün değil."

Her ne kadar Yavuz'un, burada gündeme getirdiği meseleden önce Kur'an ve Sünnet üzerinde içtihad edilip edilmediği konusunda daha önce ortaya koyduğu çelişkili yaklaşım hakkında –21 Şubat tarihli yazıda– söylediklerimi "es geçmiş" olması önemli ise de, yazıyı uzatmamak için bu noktayı okuyucunun dikkatine havale ederek yukarıdaki paragrafa dönelim:

Yavuz'un "mümkinat" harici gördüğü nokta, bizzat kendi ifadesinden çıkıyor:

"Dolayısıyla, Fıkhın dört temel kaynağından ('Edille–i Erbaa') ilk ikisi için (Kur'an ve Sünnet) İçtihad Kapısı, açık değildir; olamaz da! Bununla birlikte, gerek Hz. Peygamber zamanında Nesih kurumunun işletilmesi ile, gerekse Hulefa–yı Raşidin döneminde 'İllet' ('sebep') ve Maslahat ('Kamu yararı') ile iş görme ilkesinin yürürlüğe konulmasıyla, Kur'an ve Sünnet'te de içtihadi değişikliklere gidildiği biliniyor..."

Burada, "Bununla birlikte..." diye başlayan cümleler, Kur'an ve Sünnet'te içtihadî değişikliklere gidilmesi ameliyesini Hz. Peygamber (s.a.v) ve Sahabe dönemleri ile "takyid" etmesi dolayısıyla "İllet" ve "Maslahat" ilkelerine sadece Hulefa-i Raşidun döneminde değil, bütün dönemlerde riayet edilmiştir" demeyi sadece imkân dahiline sokmuyor, zorunlu hale getiriyor.

Ancak Yavuz'un "çeldirme" manevrası karşısında bu noktanın çok fazla bir ehemmiyeti yok. Zira asıl mesele "nassların rağmına" içtihad edilip edilmeyeceği meselesidir ve bu noktada Yavuz'un suskun kalmayı tercih etmesi, tartışmanın mihverini değiştirmeyecektir.

Yavuz devam ediyor:

"Geçen haftaki yazımda da belirtmiştim: Sifil'in 'bağlayıcı nasslar' diye adlandırdığı nass'lar (-ki, bundan, muhkem ayetler kastedilmiş olmalıdır) hakkında içtihada mesağ olmadığı ortadadır. Sifil, ikide birde bunu, yani muhkem ayetler üzerinde içtihad edilmediğini niçin hatırlatmak gereğini duyuyor; doğrusu bunu da anladığımı söyleyemem. Zira, bunun aksine bir iddiada bulunmuş değilim. İslam Fıkhı'na, Hz. Peygamber'den sonra muhkem ayetlere ilişkin içtihad atfını mal etmeye kalkıştığımı Sifil nereden çıkarıyor; bunu da anlamak mümkün değil!"

Yavuz'un, zihninde kurguladığı ve Usul-i Fıkıh'tan takviyeler aradığı teori üzerinde gereği gibi sarf-ı mesai etmediği görülüyor. Zira;

"Fıkhın İbadat'a dair olan Kitab ve Sünnet hükümleri dışında kalan Muamelat (Özel Hukuk), Münakehat (Aile Hukuku) ve Ukubat (Ceza Hukuku) alanlarında tedvin edilmiş olan seküler kanunların, Bu Dünya'ya ilişkin hükümler getiriyor oldukları göz önüne alınarak 'maslahat' cihetinden ('kamu yararı' açısından) meşrulaştırılmaları, Modernliğe açılmanın imkanlarını içinde taşıyor değil midir?" sorusu, bağlamı içinde Yavuz tarafından Kur'an ve Sünnet nasslarının "yapısı" konusunda değil, "muhtevası" konusunda bir ayrıma gidildiğini ortaya koyuyor. Başka bir deyişle, bir taraftan Muamelat, Münakehat ve Ukubat alanında mevcut ahkâm üzerinde değişikliğe gidilebileceğini ileri sürerken, diğer taraftan "muhkem" nasslar üzerinde içtihada mesağ olmadığını söylemek –eğer Yavuz "muhkem" ayetlerin sadece İbadat alanına münhasır olduğu inancında değilse– mükemmel bir çelişki örneğidir. Yavuz'a "ikide birde" muhkem ayetler üzerinde içtihada gidilemeyeceğini söylememin sebebi budur. Zira görüldüğü gibi Yavuz, "bunun aksine bir iddiada bulunmuş değilim" dese de, ne söylediğini bilen birisi için mezkûr üç alandaki ahkâmın değiştirilebilecekler kategorisinde olduğunu söylemekle, bu alanlara ilişkin muhkem nassların değiştirilmesini teklif etmek arasında fark bulunmadığını fark etmek zor değildir.

"İslam Fıkhı'na, Hz. Peygamber'den sonra muhkem ayetlere ilişkin içtihad atfını mal etmeye kalkıştığımı Sifil nereden çıkarıyor;- bunu da anlamak mümkün değil!"

Muhtemelen konuyla ilgili olarak daha önce kaleminden dökülen şu satırları tekrar okumaya gerek duymadığı için böyle demiş sayın Yavuz: "İslam Hukuku söz konusu olduğunda siyasal toplum ya da Devletin, Şer'i Hukuk'un yanı sıra bir Örfi Hukuk vaz'etmiş olduğu da biliniyor, -İlk Müslüman- Türk devletlerinin kuruluşu ile birlikte, Örf'ün de yürürlüğe girdiği de! Dolayısıyla, Hıristiyanlıkta geçerli olduğu söylenen 'Sezar'ın hakkı Sezar'a, Allah'ın (ya da Papa'nın) hakkı Allah'a (ya da Papa'ya)!' ilkesinin, İslam'da da yürürlükte olduğunu öne sürmek, birçoklarına şaşırtıcı gelebilir. Barthold'ün, Ravendi'nin 13. yy'ın başında yazılmış olan 'Rahat'üs-Sudur'undan alıntıladığı, 'İmamın vazifesi hutbe ve dua ile meşgul olmak, padişahlığı (hakimiyeti) sultanlara havale etmek ve dünyevi saltanatı onların eline bırakmak' biçimindeki ifadesi, hem tastamam bu durumu, hem de böyle bir meşruiyet zemini üzerine inşa edilmiş bir Örf'ün bulunduğunu gösterir."

Şimdi cevabı bulunması gereken soru şu: Acaba Kur'an ayetlerini "Şer'î Hukuk" sahasına taalluk edenler muhkem, "Örfî Hukuk" sahasına taalluk edenler gayri muhkemdir" gibi bir ayrıma tabi tutabilir miyiz? Dahası, böyle bir ayrımı ilgili İslamî disiplinlere onaylatabilir miyiz?

Öyle anlaşılıyor ki Yavuz'un muhakemesinde böyle bir ayrım mevcut. İslamî ilimler alanında –bildiğim kadarıyla– ihtisas sahibi olmadığı için bu sübjektif kanaat, üzerinde çok fazla durulmaya değer bulunmayabilir. Ama mantukuyla olmasa bile mefhumuyla muhkem nasslar üzerinde oynanabileceğini söyleyen yukarıdaki ifadelerin sahibi olarak, nasıl olup da yazının başında alıntıladığım ifadeleri kullanmıştır, işte ben de bunu anlamakta zorlanıyorum...

Yavuz'un "'Müellefe-i Kulub' meselesine gelince, Sifil, 'Hz.Ömer'in birtakım uygulamalarının bu bağlamda sık sık örnek gösterilmesi[nin]' bir 'istismar örneği' olduğunu iddia ediyor. Kendisi, inşaallah dualarımızla tamamlayacağı doktora tezinde bu meseleyi ele alacağını bildirerek, niçin bir 'istismar örneği' olduğunu açıklamayı, tezine bıraktığı için, hangi gerekçe ile bizi eleştirdiğini öğrenme imkanından mahrum kaldık..." diye başlayıp devam eden ifadelerine gelince, 28 Şubat tarihli yazıda bu meseleye kısaca değindiğimden zamanında haberdar olmadığı izlenimini veriyor. Zira ben o yazıda meselenin ayrıntılarını tezime bırakacağımı, ancak kısaca da olsa Müellefe-i kulub meselesine değineceğimi söylemiştim ve öyle de yaptım...

Daha sonra kaleme aldığı iki yazıda Yavuz, benimle ilgili bahsi kapatıp, başka bir okuyucusunun itirazlarına değiniyor. O bahse iştirak etmeyi usulen doğru bulmadığım için bu noktada konunun bir başka veçhesine değineceğim.

"İslam Terakkiye Mani midir?" başlığıyla kaleme aldığı seri yazılarda, hatırlayacak olursak Yavuz, önce Ernest Renan'ın Cemaleddin Efgânî'ye verdiği cevapta yer alan şu ifadeleri alıntılamıştı:

"'Ben bütün Müslümanlar cahildirler, cahil kalacaklardır, demedim. İslamiyet'in ilme büyük engeller çıkarttığını söyledim. İslamiyet'in, idaresi altında bulunan ülkelerde beş-altı asırdan beri ilmi yok ettiğini söyledim. Müslümanlar, Müslümanlığa dayanarak kalkınamazlar. Müslümanlığın zayıflaması sayesinde kalkınabilirler. İslamiyet'in ilk kurbanı Müslümanlardır. Müslüman'ı dininden kurtarmak, ona yapılabilecek en büyük iyiliktir."'

Meseleye böyle girip, ardından "Şer'î Hukuk-Örfî Hukuk" ayrımını gündeme getirmesi, Yavuz'un yolunun dolaylı da olsa Renan'la kesiştiğini ortaya koymaktadır. Nitekim, "Gelgelelim, eğer mesele İslam'ın temelkoyucu Fıkıh kaynakları ile 'ilim düşüncesi'nin bağdaştırılması ve modernliğin (dolayısıyla, 'terakki'nin) yolunun açılması ise, bunun nasıl gerçekleştirileceği üzerinde bir konsensüs mevcud değildir. Zira asıl mesele, Kur'an-ı Kerim ve Sünnet üzerinde içtihada yer olmamasıdır" demek suretiyle, "terakki" için Kur'an ve Sünnet'in bir şekilde "by-pass" edilmesi gerektiği düşüncesini taşıdığını ihsas etmektedir. (Nitekim Örfî Hukuk meselesine bu derece "abanması" da bu düşüncenin sonucudur.) Bir başka ifadeyle Renan'ın "dışarıdan" ulaşmak istediği neticenin, "içeriden" bir müdahaleyle gerçekleştirilebileceği kanaatindedir muhterem Hilmi Yavuz.

Bunun için de –bilahare "Kundaktaki bebek, hangi suçu işlemiştir ki, hakkında 'ta'zir'in en son haddi olan katil cezası uygulanabilsin? (Gelecekte, suç işleme ihtimaline dayanarak katletmek ise, Kremer'in belirttiği gibi İslam'ın temel hukuk ilkelerine aykırıdır.) Dahası, II. Osman'dan itibaren kardeş katlinin ulema tarafından onaylanmadığı da görülmektedir..." demiş olsa bile– seküler bir hukuk sisteminin (Örfî Hukuk) ekser ulema (yani Şer'î Hukuk) tarafından onaylandığını söylemekle yetinmektedir.

Yani demektedir ki, Şer'î Hukuk'un temel ilkelerine aykırı olan herhangi bir uygulama, aslında –tabii ki "terakki/modernleşme" adına– Şer'î Hukuk'a tasdik ettirilebilir!

Yorumu siz yapın...

ALTINCI BÖLÜM

KADIN TARTIŞMALARI

1. "Olumlu Ayrımcılık"

Bana göre "İslam'ın faize bakışı" meselesini İslamî esaslar üzerine inşa edilmemiş bir yapılanmada İslamî bir çözüme kavuşturmak nasıl mümkün değilse, "İslam'da kadın" meselesini de aynı çerçevede değerlendirmek gerekir. Faizi haram kabul etmekle çağdaş ekonomi doktrinlerinden ayrılan İslam nazarında faizli bir işlem, ekonomik olmaktan daha önce "dinî" bir durum (olumsuzluk) ifade etmesi bakımından "haramlar" kategorisindedir ve bu sorunun "İslamî" olarak nitelendirilebilecek işlevsel çözümü, faiz meselesine münhasır parçacı arayışlarla bulunamaz.

İslam'da kadının statüsüne ilişkin tartışmalarda gözden kaçırılan en temel husus budur. Miras paylaşımı, çok eşlilik, şahitlik... vb. konuları, kadını ailenin, aileyi de toplumun temeli kılan anlayıştan bağımsız ve kopuk değerlendirdiğimizde zihnimizi istila eden "tarihselci bakış" seküler tavrın geldiği bu son aşamada kadın bağlamında kendisini "olumlu ayrımcılık" tabiriyle ifade ediyor artık.

Sadece cahil toplum kesimleri tarafından hakları gasb edildiği için değil, aynı zamanda "geleneksel İslam" tarafından da erkek lehine ayrımcılığa maruz bırakıldığı için günümüzde durumu dengelemek adına kadının erkek aleyhine olumlu bir ayrımcılık uygulamasıyla gerçek statüsüne kavuşturulması anlamına gelen bu yeni "konsept", Diyanet'in istişare toplantısının sonuç bildirgesinde kendisine yer buldu.

Burada sorulması gereken en temel soru şu: İslam, ilk elden muhatap olduğu toplumun murad-ı ilahîye ters düşen inançları ile olduğu kadar, örf, adet ve gelenekleriyle de mücadele ettiği halde, acaba günümüz Müslümanları'nın en önemli gündem maddelerinden birisini oluşturan "kadın hakları" konusunda acaba çağdaşçı

Müslümanlarımızı tatmin edecek adımları niçin atmamıştır? Acaba kadınların kocalarına itaatini her vesileyle ve altını çizerek vurgulayan İslam, aynı şeyi erkeklere emretmemekle "olumsuz ayrımcılık" mı yapmıştır?

Mü'min kadınların Gayrimüslim erkeklerle evlenmesinin tecvizini teklif eden yaklaşımın, meseleyi çağdaş anlayışa aykırı düşmeme endişesiyle lokalize etme yanlışına düşmemek, dinî hassasiyet, medeniyet ve kültür perspektifini kaybetmemek gibi hayatî noktaları gözden kaçırdığında kuşku yok.

Bence meselenin en can alıcı noktasını da burası oluşturuyor. Meselelerimizi Müslümanca düşünmek demek, şablonumuza uygun gelmeyen nassları "tarihsel" ilan ediverme kolaycılığının önümüze açtığı uçuruma kaymadan, Kur'an ve Sünnet'i İsrailoğulları'nın Tevrat'a reva gördüğü muameleden masun tutarak "teslim olmak" demektir.

Hz. Ebû Bekr (r.a), zekât vermekten imtina ederek, "Zekât sadece Hz. Peygamber (s.a.v)'e verilirdi. O dünyadan ayrıldıktan sonra zekât mükellefiyeti de kalkmıştır" diyerek "tarihselci bakış"ın ilk örneğini verenlerle mücadelede tereddüt göstermemişti. Hadis ve Tarih kitaplarına "ridde olayları" diye geçmiş bulunan bu hadisenin yakından incelenmesinde konumuz açısından büyük faydalar var. Hz. Ebû Bekr (r.a)'in, onlarla savaşılmasına önceleri karşı çıkan Hz. Ömer (r.a)'e verdiği cevap üzerinde tekrar düşünmemiz gerekiyor. Namazla zekâtın birbirinden ayrılmasının imkânsızlığını vurgulayan o cevapta, ibadetlerle muamelat arasında ayrım gözetmeye çalışan çağdaşçı Müslümanlar için de önemli bir ders vardır.

2. Hadis'i Feda Ederek "Din'i Kurtarmak"

Temel Hadis kaynaklarının hemen tamamında nakledilen bir rivayete göre Hz. Peygamber (s.a.v) bir bayram namazında kadınlar cemaatine özel olarak hitap etmiş ve şöyle buyurmuştur: *"Aklı ve dini noksan olanlar içinde sizin kadar akıl sahiplerine galebe çalanını görmedim."* Orada bulunan kadınlardan dirayet sahibi birisi, buradaki "akıl ve din noksanlığı"ndan maksadın ne olduğunu sorunca Efendimiz (s.a.v) şöyle bir açıklama yapmıştır: *"Akıl noksanlığı, iki kadının şahadetinin bir erkeğin şahadetine denk tutulmasıdır. Din noksanlığı ise (ay hali sebebiyle) Ramazan'da oruç tutmamanız ve (yine bu sebeple) bazı günler namaz kılmamanızdır."*

el-Buhârî, Müslim, Ebû Dâvûd, et-Tirmizî, İbn Mâce, Ahmed b. Hanbel, İbn Hibbân, İbn Huzeyme, Ebû Ya'lâ, el-Bezzâr ve daha başkaları tarafından nakledilen bu hadise, kadınları aşağıladığı gerekçesiyle itiraz ediliyor.

Evvela şunu belirtelim ki, bu hadisin yukarıda birkaçının ismini verdiğim Hadis imamları tarafından nakledilen varyantlarında, mana ile rivayet edildiğini gösteren önemli bir nüans var. Şöyle ki: Hadisin bazı varyantlarında Efendimiz (s.a.v)'in, "akıl ve din noksanlığı"nı açıklarken kullandığı ifade şu tarzda veriliyor: "İki kadının şahitliği bir erkeğinkine denk tutulmuştur. Bu onların aklının eksikliğindendir. Ay hali durumunda namazı ve orucu bırakmaları da dinlerinin eksikliği sebebiyledir." el-Buhârî, Ahmed b. Hanbel, Ebû Ya'lâ, el-Bezzâr ve İbn Mâce, hadisin lafızlarını aşağı yukarı böyle nakletmiş. Yukarıda isimlerini saydığım –bunlar dışındaki– Hadis imamları ise Efendimiz (s.a.v)'in açıklamasını benim yukarıda naklettiğim şekil ile örtüşen lafızlarla aktarmışlar. Hatta Ahmed b. Hanbel ve Ebû Ya'lâ'nın zikrettiği bazı varyantlar da bu şekilde.

Bu durum neyi ifade eder? diyeceksiniz. Benim önemsediğim nokta şurası: Hadisin, "Sizin aklınız ve dininiz eksiktir. Zira iki kadının şahitliği bir erkeğinkine denktir ve ay halinde namazı ve orucu bırakıyorsunuz" tarzında anlaşılmasına yol açan birkaç varyantı esas alırsak ortaya şöyle bir sonuç çıkar: Esasen kadınların aklı ve dini eksiktir. Efendimiz (s.a.v) da burada bunun göstergelerinden olarak şahitlik ve ay hali durumunu zikretmiştir. Bu iki durum dışında da kadınların aklen ve dinen eksik olduğunu söylememiz gerekir.

Ancak bana göre doğru olan, hadisi, varyantların ezici çoğunluğunda aktarılan lafızları esas alarak şöyle anlamaktır: Kadınlar, Efendimiz (s.a.v)'in ifadesinde geçen "akıl ve din eksikliği"nin ne olduğunu sorunca Efendimiz bu ifadeden kastını şöyle açıklıyor: Onların aklının eksik olması, iki kadının şahitliğinin bir erkeğinkine denk olmasından; dininin eksik olması da ay halinde namazı ve orucu bırakmasından ibarettir. Yani Efendimiz (s.a.v) burada kadınları mutlak olarak "akıl ve din eksikliği" ile tavsif etmemiş, bu ifadesinin, münhasıran şahitlik ve ay hali durumlarını anlatmak üzere kullanıldığını izah etmiştir. Bir başka deyişle, söz konusu hadisi, "Ay halinde namazı ve orucu bırakmanız dininizin eksik olmasından ve iki kadının şahitliğinin bir erkeğinkine denk olması da aklınızın eksikliğinden dolayıdır" şeklinde değil de şöyle anlamak bana göre daha doğru: "Sizi "aklı noksan" olarak tavsif etmemin anlamı, iki kadının şahitliğinin bir erkeğinkine denk olması; "dini noksan" olarak tavsif etmemin sebebi de ay halinde namazı ve orucu bırakmanızdır."

Hadislerde bu duruma benzetilebilecek başka örnekler de mevcuttur.

Esasen söz konusu hadis siyak-sibak bütünlüğü içinde değerlendirildiğinde bu durum açıkça ortaya çıkmaktadır. Zira hadisin başında Efendimiz (s.a.v) kadınları sadaka vermeye ve çokça istiğfar etmeye teşvik buyurmaktadır. Burada Efendimiz (s.a.v)'in esas maksadının, kadınların ontolojik durumlarıyla ilgili bilgi vermek değil, onların cehennem ehlinin çoğunluğunu teşkil etmeleri dolayısıyla daha bir hassas davranmaya yöneltmek olduğu kolayca anlaşılmaktadır. (Hadise itiraz edenler bu noktada "niçin erkekler değil de kadınlar cehennem ehlinin çoğunluğunu teşkil etsin?" diyebilir. Ancak başka hadislerde cehennem ehlinin çoğunluğunun kadınlar ve "zenginler" olduğunun belirtildiğini, bir de burada söz konusu olanın "Müslüman kadınlar" değil, "kadınlar" olduğu hatırlanmalıdır.)

Hadisin, kadının mutlak bir şekilde akıl ve din eksikliğiyle "malul" olduğunu anlatmadığının en açık delillerinden birisi, münhasıran kadınların muttali olduğu –doğum, bekâret... gibi– hususlarda tek başına kadınların şahitliğinin geçerli olduğu vakıasıdır.

Keza bu hadisin "erkek egemen kültür"ün yansıması olduğu ve İslam toplumunda kadının ikinci sınıf, aklı kıt, hafızası zayıf... kabul edilip hayatın dışına itilmesine yol açtığı iddiaları da vakıa tarafından tekzip edilmektedir. İslam toplumunda kadın, hemen bütün İslamî ilimlerde –Sahabe döneminden itibaren– erkekle birlikte var olmuştur. Hatta Müslüman kadının ilmî güvenilirliği dolayısıyla Cerh-Ta'dil kitaplarında, hadis ravileri arasında cerh edilmiş (güvenilmez bulunmuş) herhangi bir kadın ravinin bilinmediği hususu genel-geçer bir hüküm olarak zikredilmiştir.

Memlûklüler döneminde yetişen alim kadınlar hakkında master ve doktora tezi hazırlamış olan Salih Yusuf Ma'tûk, sadece h. 8. asırda Hadis ilimleri sahasında isim yapmış 232 ve büyük muhaddis olarak anılan 15 kadın tesbit etmiştir. Hadis ilimleri ile iştigal etmiş olmakla birlikte, rivayeti ve eseri bulunmayan 53 kadın bu rakama dahil değildir.[1] Yine sadece bu dönemde muhtelif alanlarındaki faaliyetleriyle tarihe geçmiş bulunan kadınlardan sadece İbn Hacer'in *ed-Düreru'l-Kâmine*'de ismini zikrettiği kadınların adedi 190'dır. Ma'tûk, döneme ilişkin diğer kaynaklardan, İbn Hacer tarafından zikredilenlere 170 isim daha eklemiştir.

---

[1] Salih Yusuf Ma'tûk, *Cuhûdu'l-Mer'e fî Rivâyeti'l-Hadîs –el-Karnu's-Sâmin el-Hicrî–*.

Sadece h. 8. asra ait bu örnekler bile "erkek egemen gelenek" söyleminin ne kadar havada kaldığını göstermeye fazlasıyla yeterlidir.

Yine bu konuda Kehhâle'nin *A'lâmu'n-Nisâ*'sının da alanında önemli çalışmalardan olduğunu belirtelim.

Son bir not: Birkaç yazıdır üzerinde durduğum hadisin senedinde yer alan "İbn Ebî Meryem"in Nuh b. Ebî Meryem olduğu, bu zatın da Hadis imamları tarafından cerh edildiği söylenerek hadisin güvenilmez olduğu iddia ediliyor. Oysa bu zatın adı Nuh b. Ebî Meryem değil Sa'îd b. Ebî Meryem'dir ve bu ikisi farklı iki kişidir. Sa'îd b. Ebî Meryem, hem el-Buhârî, hem de Müslim tarafından hadisleri alınmış birisidir.

3. İki Tarz-ı Telakki

Bir Okuyucum şu meşhur örneği tekrar ederek soruyor: "Anlamakta zorluk çektiğim şey şu: Ben doktorum. Şu anda benim hocam durumunda bulunan iki profesör bayan var. İkisi de dünya çapında insanlar. Bir tanesi zamanında Türkiye matematik şampiyonu olmuş. Öbürü üniversite imtihanlarında dereceye girmiş. Süper zekâ insanlar. Şimdi size sorum şu: Bu ikisinin şahitliği ilkokulu bile zor bitirmiş bir erkeğin şahitliğine eşit mi olacak? Bunlar akıl olarak eksikler mi? Tek tek bunların aklı ilkokulu bile zor bitirmiş erkekten az mı? Burada acayip bir durum yok mu?"

Bu soruya cevap olarak kadınların fıtrî olarak duygusal taraflarının ağır bastığından, –erkeklerin aksine– beyinlerinin duygusallıkla ilgili lobunu daha yoğun kullandıklarından falan bahsetmeyeceğim. Çünkü "profesör bayan" örneği bu söylemi speküle etmektedir. Esasen bir önceki yazıda da ifade etmeye çalıştığım gibi, kadının zekâ seviyesinin erkekten daha aşağı olmadığını biz Müslümanlar modern-seküler meydan okuyuştan yüzyıllar önce de biliyorduk. Erkeklere oranla sayıları görece az da olsa, İslamî ilimlerin hemen her dalında saygınlığını isbat etmiş kadınların mevcudiyeti bu durumun en bariz göstergesidir.

İslam'ın kadına bakışı ile ilgili tartışmada bence gözden kaçırılan husus şudur: İslam bize bir hayat tarzı telkin ediyor. Bu hayat tarzında "aile", merkezî ve vazgeçilmez bir fonksiyon icra eder ve ikamesi de yoktur. Geleceği inşa edecek nesillerin yetişmesinde en geniş anlamıyla aileyi temel alan bu model, yine en geniş anlamıyla dinî, toplumsal ve kültürel kimliğin oluşmasının ve korunmasının biricik güvencesidir. Bu hayat tarzında erkeğin ve kadının üstlendiği roller elbette farklı olacaktır ve Kur'an'ın "iyi kadın"ı neden "itaatkâr kadın" olarak tavsif ettiğini[1] ancak böyle bir bütünlük içinde anlamlandırabiliriz.

Kadını aileden kopartarak toplumsal hayata taşımak suretiyle aile kurumunu toplumun temel yapıtaşı olmaktan çıkarmak ve ailede oluşan boşluğu da yuva, kreş, anaokulu... gibi kurumlarla doldurmak da bir "tarz"dır. Ancak iki tarz arasında sonuçları itibariyle yapılacak bir karşılaştırma, hangisinin ideale daha uygun olduğunu anlamaya fazlasıyla yeter. Hiç düşündünüz mü, modern toplumlarda "gençlik" niçin sadece sivilcelerden ibaret olmayan en hassas ve en problemli/bunalımlı dönemdir? Ardından gelen "orta yaş" dönemi ondan daha mı farklı? Ruhiyat ile uğraşanların "orta yaş bunalımı" dedikleri arızanın temelinde ne ola ki? Ya yaşlılık dönemi! Kişinin artık hayattan "zoraki" olarak kopartıldığı, gençlere "ayak bağı" olmaması için huzur evlerine hapsedildiği bu dönem için neler söylenebilir?

Konuyu, "iki farklı hayat telakkisi" penceresinden görmeden, sadece "şahitlik" meselesine indirgenmiş tekil bir problem olarak ele almanın yanıltıcı olacağı açıktır. Batı medeniyetinin, "öteki"ne en acımasız muameleleri reva gören vahşetinin temelinde, aileden (dolayısıyla "anne"den) başka hiçbir kurumun veremeyeceği şefkat ve merhamet hislerinden yoksunluğu aramamak, meselenin en can alıcı noktasını "atlamak" olur.

Geçmişte, kadının aile içindeki rolünden kopartılarak toplumsal hayata –bugün gözlediğimiz anlam ve boyutta– katılımının sağlanması halinde başarısız olacağını söyleyen birisinin varlığını ben şahsen bilmiyorum. Kadının, toplumsal/kamusal hayata bugünkü şekliyle katılmasının söz konusu olmaması, acaba "kadın kıt akıllıdır, bu işlerden anlamaz, yeteneksizdir..." gibi bir değerlendirmeyle mi, yoksa yukarıda ifade etmeye çalıştığım "insan ve hayat" anlayışından mı kaynaklanmıştır, kararı siz verin...

---

[1] Bkz. 4/en-Nisâ, 34.

Ancak bu konuda karar verirken şu soruyu daima hatırda tutun: Ne olmuştur da şahitlik ve diğer meseleler, hayatı Allah'ın rızasına kavuşma hedefiyle ve "ahirete dönük" olarak yaşayan "geleneksel" kadın için değil de, "cebrî bir ihtiyar"la niçin ve nasıl seküterleştirildiğini fark edemeyen "modern" kadın için temel bir "problem" olmuştur?

4. Erkek Egemen Kültür

Yüce Allah'ın bazı şeyleri bazılarına üstün kılması vakıasının aklî bir açıklaması var mıdır? Peygamberlere (hepsine salat ve selam olsun) aralarından seçildikleri insanlarda bulunmayan değerlerin atfedilmesinde, bir kısmının Resul olmak haysiyetiyle diğerlerinden ayırt edilmesinde, bunlar arasında da "ulu'l-azm" olanların ayrı bir kategori teşkil etmesinde, Cebrail, Mikâil, İsrafil gibi meleklerin diğerlerine üstün kılınışında, zahiren herhangi bir özellik arz etmemesine rağmen Harem toprağının, yeryüzünün –zahirî hayat şartları bakımından kıyas kabul etmez güzelliğe sahip– diğer bölgelerinin nail olamadığı bir değere sahip kılınışında, kimi gün ve gecelerin diğerlerinden ve kimi ayların ötekilerden ayrıcalıklı olmasında nasıl bir aklî gerekçe mevcut olabilir?

Sahabe'nin (Allah hepsinden razı olsun) yoksulları birgün Efendimiz (s.a.v)'e gelerek, "Ya Resulallah" dediler, "Zenginler bütün sevapları alıp götürdü. Biz namaz kılıyoruz onlar da kılıyor, bir oruç tutuyoruz onlar da tutuyor. Ancak onlar mallarının fazlasıyla tasaddukta bulunuyor, biz yapamıyoruz." Bunun üzerine Efendimiz (s.a.v) onlara, her namazın arkasından 33'er kere tesbih, tahmid ve tekbir söylemelerini tavsiye etti ve bunun büyük sevap getireceğini belirtti. Ancak bir süre sonra zengin müslümanlar da diğerlerinden duyarak bu ameli yapmaya başladı. Yoksullar tekrar Efendimiz (s.a.v)'e gelerek zenginlerin yine avantajlı duruma geçtiğini söyleyince Efendimiz (s.a.v), *"Bu Allah'ın lütf-u keremidir ki, dilediğine verir"* buyurdu.[1]

---

[1] Müslim, "Mesâcid", 26; et-Taberânî, *Müsnedu'ş-Şâmiyyîn*, I, 458; Ebû Ya'lâ, *el-Müsned*, XI, 466.

Şimdi, sorumluluklarının idrakindeki servet sahibi müslümanların Allah yolunda harcadığı varlıklar sebebiyle elde ettiği derecelere yoksulların ulaşamayışını hangi "eşitlik" anlayışıyla açıklamak kabildir?

Erkekle kadın arasında birtakım İslamî hükümlerde farklılıklar bulunmasını da bu bağlamda değerlendirmenin doğru olacağını düşünüyorum. Bu hükümler hakkında, "Erkek egemen bir toplumsal/kültürel yapıya hitap eden nassları aynen bugüne taşımak doğru değildir. Şimdi zaman değişmiş, kadın da toplumsal roller üstlenmiştir..." gibi gerekçelerle bu hükümleri tarihsel kılmaya çabalamak yerine İslam'ın kadına ve erkeğe biçtiği rollerin "kendine mahsus" (siz bunu "olması gereken" diye okuyun) hayat anlayışı içinde son derece doğru, verimli ve sıhhatli olduğunu ve bunun tarihî tecrübe ile de ispatlandığını hiçbir komplekse kapılmadan cesaretle söylemek bir Müslüman için daha doğru ve tutarlı değil midir?

Kadını –istisnai durumlar dışında– yuvasından koparıp, nesil yetiştirmek ve geleceğin inşasında en vazgeçilmez rolü üstlenmek gibi son derece hayatî rolünden soyutladıktan sonra ortaya çıkan durumda kadının yabancı roller üstlenmesinin İslamî olup olmadığını tartışmak işin en anlamadığım tarafını oluşturuyor. Geçmişte kadın, özetlemeye çalıştığım statüde bulunuyorken –gayri İslamî uygulamaları ve kötü örnekleri bir kenara bırakarak söylersek– kadınlık onurundan ve Yaratıcı nezdindeki kıymetinden ne kaybetmiştir?

"Erkek egemen gelenek"in, kimi konularda kadını erkek ile aynı statüde görmemesinin yanlış olduğunu savunanlar, aynı çağdaş değer yargılarından hareketle mesela eşcinsellere nasıl bir statü öngörüyorlar acaba? Eğer eşcinselliğin nasslarla kötülendiğini söyleyecek olurlarsa, cevaplamaları gereken iki soru bulunuyor:

1. Eşcinselliğin kötülenmesinin erkek egemen kültürün yansıması (yani tarihsel) olmadığının delili nedir?

2. Burada tarihsellik yoksa, bazı konularda iki erkek şahit, yoksa şahitlerin bir erkekle iki kadından oluşmasını öngören ayette niçin tarihsellik vardır?

5. Çok Eşlilik

"Çağdaş" kesimler tarafından "İslam'ın yumuşak karnı" olarak algılanan ve İslamî meseleler söz konusu olduğunda hemen gündeme getirilen "çok eşlilik" konusu bu Ramazan'ın da değişmez tartışma konuları arasında yer alıyor.

Her vesileyle vurgulamaya çalıştığım şu hususun altını bir kere de burada çizeyim: "Müslüman" demek, İslam'ın kesin nasslarına teslim olan ve onları hayatının mihveri kılan kişi demektir. Evrenin sahibi, evrene nasıl değişmez yasalar koymuşsa ve evren, ancak kendisine hakim olan bu son derece muntazam yasalara baş kaldırmadan düzenini koruyorsa, insan da böyledir. İnsanın gerek bu geçici alemde, gerekse ebediyet yurdunda saadeti yakalayabilmesi, hayatını ilahî yasalara göre tanzim etmesine bağlıdır.

İnsanı yaratan mutlak ilim ve mutlak kudret sahibi, her işinde ve hükmünde sonsuz hikmetler bulunan Yüce Allah, bizim saadetimizi bu yasalara bağladığına göre, İmam el-Mâturîdî'nin de belirttiği gibi, bizim idrak kapasitemiz ister bu hikmetleri kavrasın, ister kavrayamasın, Allah Teala'nın emir, yasak ve fiillerinde mutlak surette hikmetler vardır.

İşte çok eşlilik de böyledir. Kadını ve erkeği ayrı ayrı özelliklere sahip varlıklar olarak yaratan Yüce Allah, şu aciz aklımız ve kavrama yeteneğimizle bir kısmını anlayabildiğimiz, bir kısmını da anlayamadığımız sebeplere binaen erkeğin birden fazla –dörde kadar– kadınla evlenebilmesine izin vermiştir. Çok eşliliğin bireysel ve toplumsal hayatta gerçekleştirdiği maslahatlar, üzerinde ayrıca durulmayı gerektirecek önemde olduğu için ben burada meselenin başka bir veçhesi üzerinde duracağım.

Ayet-i kerimede şöyle buyurulur: *"Eğer yetim kızlar hakkında adalete riayet edemeyeceğinizden korkarsanız, sizin için helal olan kadınlardan ikişer, üçer, dörder nikâhlayın. Ve eğer adalet yapamayacağınızdan korkarsanız artık bir eş ile veya malik olduğunuz cariye(ler) ile (yetinin). Çünkü bu sizin için, adaletten sapmamanıza daha yakındır."*[1]

Bu ayette, biri yetim kızlarla, diğeri de bunların dışındaki kadınlarla ilgili olmak üzere, erkeklerin iki türlü kadınla evliliğinden söz edilmektedir. Nüzul sebebi ile ilgili rivayetlerden anlaşılan odur ki, ayetin nüzul zamanında toplumda sık görülen –cahilî– bir uygulama vardı. Erkekler, vesayetleri ve velayetleri altında bulunan varlıklı ve güzel yetim kızların başkasıyla evlenmesine engel olur ve onlarla kendileri nikâhlanarak mallarından haksız bir şekilde istifade ederlerdi. Esasen cahiliye döneminden beri var olan çok eşlilik, bu ayetin ilk kısmıyla tensip edilmiş, ancak ikinci kısmıyla da sınırlandırılmıştır.

Şu kadar ki, ayetin ilk kısmı yetim kızlarla evlilik konusunu düzenlemektedir ve burada geçen –"kıst" kökünden– "iksat" kelimesi, ağırlıklı olarak ölçülüp tartılabilen ve hesaplanabilen –mal, para vs. gibi– somut varlıklarda adaleti anlatır.

Ayetin ikinci kısmı ise, yetim kızların malları konusunda adaletsiz davranabilme ihtimalinin ağır basması durumunda, evlenilmesi helal kılınan diğer kadınlardan ikişer, üçer, dörder nikâhlanabileceğini hükme bağlamaktadır.

Burada şöyle bir incelik görülmektedir: Varlıklı yetim kızlarla evlenip, kendisinde onların mallarında adalete uymayan uygulamalar yapma eğilimi gören erkekler, diğer kadınlarla evlenmeye yönlendirilmektedirler ki, böylece hem yetim kızların malı korunmuş olmakta, hem de evlenecekleri diğer kadınların nafakasını temin sorumluluğu üstlenmekle bizzat bu erkekler bir yükümlülük altına sokulmaktadır.

---

[1] 4/en-Nisâ, 3.

Yukarıda zikredilen ayet ile erkekler, ikişer, üçer dörder evlenebilecekleri bildirilen kadınlar arasında adaleti gözetmekle yükümlü kılınmışlardır.

"Çağdaş" bazı zevat, buradaki "adalet" şartını, 4/en-Nisâ, 129. ayetinde geçen, *"kadınlar arasında adaleti gözetmeyi ne kadar arzu etseniz de (buna) asla muktedir olamazsınız"* ifadesine binaen, yerine getirilmesi imkânsız bir şart olarak algılama konusunda bayağı cür'etkâr davranmaktadır. Oysa bu tavır, Allah'ın Kitabı'nda çelişki bulunduğu gibi izahı mümkün olmayan bir noktaya kadar gider.

Söz gelimi Y.N.Öztürk bu konuda şöyle diyor: "Bu, gerçekleşmesi hemen hemen imkânsız şartlara bağlanmış bir müsadedir. (...) Bu dört kadınla evlenme, bunlar arasında adaleti gerçekleştirme şartına bağlanmıştır. Ancak Nisa 3. ayette verilen bu müsade aynı surenin 129. ayetinde gerçekleşmesi imkânsız bir olgu halinde gösterilmiş ve böylece bir kadınla evliliğin temel yaradılış düzeni olduğuna dikkat çekilmiştir..."[2]

Bu durumda inkâra bahane arayan birileri çıkıp da "Allah, Kur'an'da kullarıyla adeta dalga geçmiş. Bir ayette kullarına dörde kadar kadınla evlenme izni verip, diğer bir ayette bu izni, yerine getirilmesi mümkün olmayan bir şarta bağlamış. Bu abesle iştigaldir" dese bu zevat ne cevap verir acaba?!

Doğrusu şudur ki, 4/en-Nisâ, 129. ayette zikredilen "adalet", sevgi, meyl ve ilgide eşler arasında tam anlamıyla eşit davranmanın mümkün olmadığını anlatmaktadır. Yoksa malî durumu yerinde olan bir kimsenin, eşlerinin hepsine aynı seviyede maddî imkânlar sağlamasının önünde nasıl bir engel bulunabilir ki? Bunun – böyle kimseler için– hem teorik, hem de pratik bakımdan yerine getirilmesi son derece kolay bir husus olduğu izahtan varestedir.

Nitekim 4/en-Nisâ, 129. ayette, yukarıdaki cümlenin devamında şöyle buyurulmaktadır: *"Artık bütün mey-*

---

[2] *Kur'an'daki İslam*, 534-5.

linizi birisine verip de ötekini askıda gibi (ne kocalı, ne kocasız bir kadın gibi ihmal edilmiş bir vaziyette) bırakmayın."

Bu ifade, eşler arasında sağlanması mümkün olmayan adaletin, münhasıran "sevgi ve ilgide adalet" olduğunu göstermektedir.

Şu halde çok eşlilikte eşler arasında gözetilmesi gereken iki türlü adalet vardır. Biri, geçim, nafaka ve diğer haklarda adalettir ki, teklif (sorumluluk) sahasına giren adalet budur.

Diğeri ise sevgi ve meyilde adalettir ki, insanın takat ve fıtratının bunu kâmil manada yerine getirmekten yoksun bulunduğu yukarıdaki ayet ile tasrih buyrulmaktadır.

Günümüzde "Kur'an'dan başka kaynak ve delil tanımayız", "Kur'an kolaylaştırılmış mufassal bir kitaptır, onu herkesin anlamayacağını söylemek Allah'ın Kitabı ile kullar arasına şirk vasıtası aracılar koymaktır" diyerek mangalda kül bırakmayanların bizzat kendilerinin Kur'an'a ne derece vakıf (!) oldukları böylece bir kere daha ortaya çıkmış olmaktadır.

Siz siz olun, Kur'an'ı kendi görüşü doğrultusunda tefsir edenlerin cehennemdeki yerine hazır olmasını ihtar eden Nebevî uyarıyı kulak arkası ederek murad-ı ilahî ile kullar arasına heva ve heveslerini engel kılan kimselerin iğvasına kapılmayın ve Kur'an'ı bizden daha iyi anladığında zerre kadar şüphe bulunmayan Resul-i Ekrem (s.a.v) efendimizin beyanlarını, O'nun terbiye ve eğitiminde yetişmiş Sahabe'nin (Allah hepsinden razı olsun) açıklamalarını ve ehil/muteber müfessirlerin tefsirlerini Kur'an'ı ideal ölçüde anlamak için vazgeçilmez aracılar olarak görmekten asla imtina etmeyin.

YEDİNCİ BÖLÜM

GEÇMİŞ ZAMAN SAYFALARI

1. "Mülk"ün Garantisi Adalet; Ya Adaletin Garantisi?..

Irak işgali, pek çok husus yanında, "mülk"ün temelinin, yani garantisinin adalet olduğu gerçeğini bir kere daha hatırlatan yağma ve talan görüntüleri ile de şimdiden kayıtlara geçti.

Tarih, adalet ve zulmün münavebeli saltanatının kaydından ibaret sanki. Biri imar, öbürü imha ediyor ve fakat ne tecellidir ki, ikisi de kalıcı olmuyor. el-Münâvî'nin *Feydu'l-Kadîr*'inde okumuştum:

"ez-Zulmü lâ yedûmu, ve in dâme demmere;
ve'l-Adlu lâ yedûmu, ve in dâme ammere."

Yani "Zulüm devamlı olmaz; eğer devam ederse harap eder. Adalet de sürekli olmaz; eğer sürekli olursa, imar ve mamur eder."

Adalet de zulüm de insanın kendi yapıp etmeleri sonucunda vücut buluyor. İnsan adil olunca alem mamur, insan zalim olunca alem harap oluyor...

"Mülk"ün garantisi adalet ise, adaletin garantisi de fıtrata uygun davranıştır. Bu gerçeğin en güzel şekilde ifade bulduğu 30/er-Rûm, 30. ayeti, yeryüzünün mamur kılınmasının bu gerçeğe bağlı bir keyfiyet olduğunu da ifade ediyor aynı zamanda.

Ömer b. Abdilazîz (r.a) döneminde asayiş ve güvenliğin ortadan kalktığı Musul vilayetinin valisi Yahya el-Gassânî'dir. Halifeye bir mektup yazarak bu durumu haber verir ve bir de danışmada bulunur: "Sanıkları yakalar yakalamaz hemen cezalandırayım mı, yoksa usulüne göre yargılanmalarını mı bekleyeyim?" Elbette yapılacak şey bellidir; ama bu sorunun arkasında, sanıkların anında cezalandırılmasının bir tedbir olarak düşünüldüğünü görmek de zor değildir.

Halife'nin cevabı, hak ve adaletten ayrılmaması yönündedir ve emre uyulur. Vali bir süre sonra görevinden ayrılırken arkasında, asayiş ihlallerinin asgariye indiği bir şehir bırakmış olacaktır.

Yüzyıllar sonra, Nureddin Mahmud b. Zengi döneminin Memlûklüler'inden bir enstantene: Aynı kargaşa ortamı bu kez bütün ülke sathına yayılmıştır. İleri gelen devlet ricali, yeni hükümdarın yakın dostu salih kişi Şeyh Ömer el-Mevsılî'ye bir öneri götürür: "Hükümdar sizin nasihatinizi dinler. Şu olağanüstü durumdan çıkana kadar yakaladığımız sanıkların, suçlarının yargı sürecinde sübut bulmasını beklemeden hemen cezalandırılmasını kendisine teklif etseniz... Asayiş böylece sağlandıktan sonra normal uygulamaya tekrar döneriz..."

Şeyh, aklına yatan bu teklifi Hükümdar'a yazdığında aldığı cevap şudur: "Eğer sanıkları, yargılama sonucunda suçlarının sabit olduğu anlaşılmadan cezalandırırsam, kendi ilmimi Allah'ın ilminden üstün görmüş olurum..." Şeyh bu cevap üzerine acı acı ağlar, "Eyvahlar olsun! Benim kendisine yazmam gereken şeyi o bana yazmış" der ve tevbe eder.

Tarihler, çok kısa bir süre içinde ülkede hakim olan emniyet ve asayiş durumunu şöyle tavsif ediyor: Genç, güzel ve zengin bir kadın, kıymetli mücevherlerini de yanına alarak ne malına, ne de ırzına en küçük bir halel gelmeksizin ülkenin bir başından öbürüne tek başına yolculuk edebilirdi...

2. İlim ve Siyaset

Basiret, ufuk ve dirayet sahibi, teorik bilgisini pratiğe aktarma kabiliyeti bulunan alimin siyaset sahasında sarf-ı mesai etmesinin siyaset için kazanç olduğunda şüphe yok. Ve elbette bu kazanç sadece siyasetin değil, aynı zamanda milletin olur.

Ancak genelde herhangi bir meşgalenin ve özelde siyasetin, "ilmi ilim için yapan" kişi için "bitirici" bir etki yaptığı da muhakkak. Böyle bir "saha değişikliği", ilimle iştigal eden kişinin kendisini beslemesine engel olduğu kadar, milleti onun yapacağı ilmî çalışmalardan mahrum bırakır. Siyasetin "yıpratıcı" etkisi ve manevi sorumluluğu da cabası...

Bu ikilem sebebiyle tarihimizde alim-siyaset ilişkisi konusunda son derece çarpıcı anekdotlar yaşanmıştır. Birisini zikredelim:

es-Saymerî'nin, İmam Ebu'l-Hasan el-Kerhî'nin biyografisini verirken naklettiğine göre, devrinin ileri gelen alimlerinden Ebû Bekr Muhammed b. Sâlih el-Ebherî'ye Başkadılık görevi teklif edilir; kabul etmez ve bu teklifin –el-Kerhî'nin öğrencisi– Ebu Bekr el-Cassâs'a yapılmasını söyler. Teklifi yapan resmî görevli, el-Ebherî'den, el-Cassâs'ın ikna edilmesi konusunda kendisine yardımcı olmasını ister. Bunun üzerine el-Ebherî, el-Cassâs ile baş başa yaptığı görüşmede kendisine Başkadılık teklif edileceğini, ancak kabul etmesini doğru bulmadığını söyler. Sonra resmî görüşmeye geçerler ve teklif el-Cassâs'a resmen iletilir. el-Ebherî bu defa da resmî görevlinin yanında yer alarak el-Cassâs'a bu görevi kabul etmesini tavsiye eder.

el-Cassâs, baş başa yaptıkları görüşmede görevi kabul etmemesini tavsiye eden el-Ebherî'nin tavrındaki değişikliğe şaşırır ve görüşmede söylediklerini hatırlatır. Duruma muttali olan resmî görevli de kızgınlıkla karışık bir hayret içindedir. el-Ebherî duruma şöyle açıklık getirir:

"Benim bu konuda örnek aldığım kişi İmam Mâlik'tir. O da Medineliler'e Mescid-i Nebî'de Nâfi'i öne geçirmelerini tavsiye ettiği halde Nâfi'e bu görevi kabul etmemesini söylemişti. Sebebi sorulduğunda da "Size Nâfi'i tavsiye ettim; çünkü bu göreve ondan daha ehil birisini bilmiyorum. Kendisine de bu görevi kabul etmemesini söyledim; çünkü böyle bir göreve gelen kimsenin düşmanları ve hasetçileri çok olur" demişti."

el-Ebherî sözlerini şöyle sürdürür: "Ben de Başkadılık görevine el-Cassâs'ı tavsiye ettim; zira bu göreve ondan daha ehil birisini bilmiyorum. Kendisine ise bu görevi kabul etmemesini tavsiye ettim; zira manevi sorumluluk noktasında bu görevi kabul etmemesi kendisi için en selametli yoldur."

Bıçağın sırtı günümüzde daha bir keskinleşmiş durumda. Siyaseti öne alarak, ilim adamının, siyasetin, dolayısıyla hayatın normalleşmesine katkı sağlamasını mı, ilmi öne alarak siyasetin ilmî faaliyetlerin önünü açmasını mı tercih etmeli? Bu şıkların teorik ve pratik imkânı, artı ve eksileri nelerdir?

İsterseniz bunu başka bir yazıda tartışalım...

İlimle siyasetin iç içe geçtiği, hatta kaynaştığı nadide örneklerden birisini, 1171-1462 yıllarında Mısır, Hicaz, Yemen ve Kuzey Afrika'da hükümfermâ olan Eyyubiler devletinin oluşturduğu şüphesizdir. Bu dönem, İslam ilim tarihinin son derece önemli bir halkasını teşkil etmiştir.

Bir devlet için yaklaşık 300 yıl gibi kısa sayılacak bir süre ayakta kalabilmiş olan Eyyubiler, bu kısa süreye gerçekten "büyük" başarılar sığdırmasını bilmiş önemli bir Türk devletidir. Birçok Haçlı seferi onlar tarafından göğüslenip püskürtülmüş, Moğol istilası onlar tarafından durdurulup geriletilmiş, İslam tarihinde uzun bir zaman diliminde "fitne ve anarşi" kaynağı olan Haşhaşîler hareketi onlar tarafından ortadan kaldırılmış, Şii Fatımî devletine de yine Eyyubiler tarafından son verilmiştir.

Eyyubiler, ilim ve ulemaya verdikleri önemle de tarihe silinmez izler bırakmasını bilmiştir. Hakimiyet tesis ettikleri geniş coğrafyayı medreseler, Dâru'l-Hadîs ve Dâru'l-Kur'an

(Dâru'l-Kurrâ)'larla bezemiş, ülkeye yaydıkları vakıf öğrenci yurtları, hastaneler ve tekkelerle dinî, ilmî ve sosyal hayata denge, ahenk ve sistem getirmişlerdir.

İslam dünyasında Hadis sahasında müstakil olarak faaliyet gösteren ilk Dâru'l-Hadis ve Tıp öğrenimi veren ilk müstakil medrese bu dönemde kurulmuştur. Kaynaklar, sadece Selahaddin Eyyubi döneminde Dimaşk'ta 40'tan fazla, Halep ve Kahire'de de 15'in üzerinde medrese bulunduğunu kaydeder. Bu sayıların daha sonraki hükümdarlar döneminde arttığını ise ayrıca belirtmeye gerek yok.

Kur'an ilimleri sahasında *–Hirzu'l-Emânî* sahibi– eş-Şâtıbî, Alemuddîn es-Sehâvî ve Ebû Şâme;

Hadis ilimlerinde ilk Dâru'l-Hadis hocası olan İbn Asâkir, İbn Surûr, *el-Kemâl fî Ma'rifeti'r-Ricâl* sahibi Abdülganî el-Makdisî, ed-Dârekutnî'den sonra yetişen en büyük Hadis alimi olduğu söylenen Ebû Tâhir es-Silefî, *Câmi'u'l-Usûl* ve *en-Nihâye* sahibi Mecduddîn İbnu'l-Esîr, *Mukaddime* sahibi İbnu's-Salâh;

Fıkıh sahasında *Bedâiu's-Senâyi'* sahibi el-Kâsânî, *el-Hâvi'l-Kudsî* sahibi Cemâluddîn el-Gaznevî, önceleri dedesi İbnu'l-Cevzî gibi Hanbelî mezhebine mensup iken bilahare Hanefî mezhebine geçen ve ileride zikredeceğim el-Meliku'l-Muazzam'ın da bu mezhebe geçmesinde etkisi bulunan *el-İntisâr* ve *Mir'âtu'z-Zemân* sahibi Sıbtu İbni'l-Cevzî diye maruf Cemâluddîn Yusuf, İbn Şeddâd, *el-Muğnî* sahibi İbn Kudâme; İzzuddîn b. Abdisselâm;

Tarih sahasında *Vefeyât* sahibi İbn Hallikân, Üsâme b. Munkız, *Mu'cemu'l-Buldân* ve *Mu'cemu'l-Udebâ* sahibi Yâkût el-Hamevî, *Târîhu'l-Hukemâ* sahibi İbnu'l-Kıftî, *Buğyetu't-Taleb* sahibi İbnu'l-Adîm, *Uyûnu'l-Enbâ'* sahibi İbn Ebî Useybi'a;

Tasavvuf sahasında Şihâbuddîn es-Sühreverdî, Muhyiddîn b. Arabî, Lisânuddîn el-Belhî ve İbn Hammûye Eyyubiler devrinde göze çarpan seçkin ilim ve irfan adamlarından birkaçıdır. Dönemin Tıp, Matematik, Astronomi gibi müsbet bilimler ve Edebiyat sahasındaki gelişmelerini ve önemli isimlerini ise yer kaplamaması için zikretmiyorum.

Yukarıda bazılarının isimlerini zikrettiğim dönemin alimlerinin zengin özel kütüphaneleri dışında, Selahaddin Eyyubi'nin vezirleri Kadı el-Fâdıl ve kardeşi Abdülkerîm'in kurdukları kütüphanelerde 325.000 cilt civarında kitap bulunduğunu hatırlarsak, bu dönemde ilme verilen değerin büyüklüğünü kavramamız kolaylaşır.

"İlim-siyaset ilişkisi" bağlamında Eyyubiler'i "özel" yapan, sadece bu manzara değil. Konumuz bakımından bundan daha önemlisi, devrin rical-i devletinden neredeyse tamamının, aynı zamanda "kalbur üstü" ilim adamı sınıfından olarak anılmayı fazlasıyla hak etmiş olmasıdır.

Eyyubiler'in bu babda öne çıkan alim yönetici (veya yönetici alim) simalarından ilki elbette Selahaddin Eyyubi'dir. Kaynakların zikrettiğine göre Selahaddin'in "özel ilgisi" Hadis sahasında yoğunlaşmıştır. Sefer esnasında bile Hadis meclisi tertip ettiğini bildiğimiz bu mücahid sultan, memleketinin özellikle "âli isnad" sahibi Hadis alimlerinden senediyle Hadis dinlemeye özen gösterirdi. Bu maksatla saraya gitmekte bir beis görmeyen ulemayı saraya davet ederek, bunu vera ve takva açısından uygun görmeyen ulemanın da bizzat ayağına giderek Hadis dinlediği bilinmektedir. İleri gelen devlet ricali ve kardeşleriyle birlikte İskenderiye'ye giderek, yukarıda adlarını zikrettiğim es-Silefî ve diğer Hadis ulemasından Hadis dinlemesi bu tavrına bir örnektir. İbn Şeddâd'ın *en-Nevâdiru's-Sultâniyye*'sinde bu konuda başka anekdotlar da zikredilmektedir.

Selahaddin, Hadis yanında Fıkıh, Ensâb, Tarih ve Siyer konularında da vukufiyet sahibi idi.

Eyyubiler'in alim yöneticilerinden bir diğeri de, Selahaddin Eyyubi'nin yeğeni –"el-Meliku'l-Muazzam" lakabıyla anılan İsa b. Yusuf'tur. Yukarıda da değindiğim gibi önceleri Hanbelî mezhebinde iken, Sıbtu İbni'l-Cevzî'nin etkisiyle Hanefî mezhebine geçen bu zat, el-Hatîbu'l-Bağdâdî'nin *Târîhu Bağdâd*'da İmam Ebû Hanîfe hakkında zikrettiği ta'n-u teşnilere, *es-Sehmu'l-Musîb fî Kebidi'l-Hatîb* adıyla bir reddiye yazmıştır.[1]

---

[1] Bu reddiye gerek müstakil olarak, gerekse *Târîhu Bağdâd* ile birlikte basılmıştır. Bildiğim kadarıyla bu eser Dâru'l-Kütübi'l-İlmiyye tarafından iki kere basılmıştır. İlk baskı müstakil bir kitap halinde (Bey-

el-Kevserî merhum, *Te'nîbu'l-Hatîb*'de mezkûr eserini kaynak olarak kullandığı ve kendisinden "âlimu'l-mulûk" (sultanların alimi) ve "meliku'l-ulemâ" (alimlerin sultanı) tabirlerini kullandığı el-Meliku'l-Muazzam, Fıkıh ilmine de *el-Câmi'u'l-Kebîr*'i şerh edecek derecede vakıftır. İmam Ahmed'in *Müsned*'ini de dinlemiş –ve bu eserden istifadeyi artırmak için "ale'l-ebvâb" tertib edilmesini de emretmiş– olan bu zat, ilmî meselelerde münazara yapacak ve fetva verecek seviyede kendisini yetiştirmişti.

Mezkûr el-Meliku'l-Muazzam'ın kardeşi el-Meliku'l-Kâmil lakabıyla anılan Muhammed b. Muhammed de Eyyubiler'in alim yöneticilerindendir. İştigal sahasını ağırlıklı olarak Hadis ilminin teşkil ettiği bu sultan, Hadis ezberine ve nakline büyük önem vermiştir. *Sahîhu Müslim*'e ta'lîkâtı mevcuttur. Ebu'l-Kasım es-Safrâvî, ondan dinlenen kırk hadisi ihtiva eden bir *Cüz* kaleme almıştır. Bu sultan da ulema ile mücaleseye rağbet eder, hatta ilmî münazaralara katılırdı.

Eyyubiler'in bir diğer alim yöneticisi el-Meliku'l-Mansûr Nâsıruddîn Muhammed'dir. Hadis ilminde bilgi sahibi bulunan bu sultan, özellikle Tarih sahasında yoğunlaşmayı tercih etmiştir. *et-Târîhu'l-Kebîr* ve *Tabakâtu'ş-Şu'arâ* isimli eserleri bilinmektedir.

Dönemin, günümüzde ismi belki de en çok bilinen alim yöneticisi, el-Meliku'l-Müeyyed İmâduddîn Ebu'l-Fidâ İsmail b. Ali'dir. Geriye bıraktığı birçok eser arasında *el-Muhtasar fî Ahbâri'l-Beşer* ve *Takvîmu'l-Buldân*, ona ilmî şöhretini kazandıran eserler olarak temayüz eder.

---

rut-?), ikincisi ise *Târîhu Bağdâd*'ın, zeylleriyle birlikte yapılan baskısının XX. cildi olarak (Beyrut-1417/1997) neşredilmiştir. Ancak bu ikinci baskıda müellif ismi, İbnu'n-Neccâr olarak görünmektedir. *Târîhu Bağdâd*'a zeyl yazmış olan İbnu'n-Neccâr'ın el-Hatîbu'l-Bağdâdî'ye reddiye yazdığına dair herhangi bir bilgiye ulaşamadım. Kaldı ki, kapağında İbnu'n-Neccâr adının zikredildiği bu cilt, muhteva olarak diğerinin tamamen aynısıdır. Ayrıca İbnu'l-Cevzî'nin de el-Hatîbu'l-Bağdâdî'ye *es-Sehmu'l-Musîb fî'r-Redd ale'l-Hatîb* isimli bir reddiyesi bulunduğunu el-Meliku'l_Muazzam'ın mezkûr eserinden öğrendiğimizi de burada bir not olarak ekleyelim.

Selahaddin Eyyubi'nin kendisi gibi oğulları Zahîruddîn Ahmed, el-Meliku'z-Zâhir Gazi, (yukarıda adı geçen) Ebu'l-Fida'nın babası el-Meliku'l-Efdal Ali, el-Meliku'l-Azîz Osman ve el-Meliku'l-Muazzam Turanşah, keza Selahaddin'in kardeşi el-Meliku'l-Âdil Muhammed ile oğlu el-Meliku'l-Eşref Musa b. Muhammed de özellikle Hadis ilmine sarf-ı mesai etmeye itina göstermeleriyle dikkat çeken alim yöneticilerdendir. Mezkûr zatlardan sonuncusu – ki *Sahîhu'l-Buhârî*'yi İbnu'z-Zebîdî'den 8 günde dinlemiştir–, kendisinden önce yönetici olan kardeşi el-Meliku'n-Nâsır Davud b. İsa'nın aksine Felsefe ve pozitif bilimlere rağbet etmemiş, Dimaşk ve havalisinde yönetici olduğu zaman dinî ilimlerin yaygınlaşmasını teşvik etmiştir. el-Meliku'n-Nâsır'ın oğlu Ebu'l-Mehâsin Yusuf da babasının tavrına muhalif olarak dinî ilimlere, özellikle de Hadis'e karşı özel bir ihtimam göstermiştir. ed-Dimyâtî, *Mu'cem*'inde kendisinden rivayette bulunmuştur.

el-Muvatta'ı senediyle rivayet etmiş olan el-Meliku's-Sa'îd Abdülmelik b. İsmail ve yine Hadis meclislerinde bulunmaya rağbetiyle tanınan kardeşi el-Meliku'l-Mansûr Mahmud da dönemin anılması gereken diğer alim sultanlarıdır.

Eyyubiler devrinin vezir ve diğer üst düzey yöneticileri arasında da pek çok ilim adamı göze çarpar. Bu meyanda ismi mutlaka zikredilmesi gerekenler şunlardır:

Vezirlik ve kadılık yapmış olan Abdurrahîm b. Ali el-Beysânî. Dönemin es-Silefî ve İbn Asâkir gibi zirve isimlerinden Hadis dinlemiş olan bu zat, çağının en fasihi olarak ün yapmıştır.

Cemâluddîn Ali b. Yusuf el-Kıftî. Eyyubiler döneminde vezirlik yapmış olan el-Kıftî, pek çok ilim dalında bıraktığı eserleriyle ünü günümüze kadar ulaşan ulemadandır. *Târîhu'n-Nuhât, Ahbâru'l-Musannıfîn vemâ Sannefûhu, Ahbâru's-Selçûkiyye,* ez-Zehebî tarafından "tavsif edilemeyecek kadar çok" diye nitelendirilen eserlerinden bazılarıdır.

3. Gerçek Bir İslam Alimi

Bugünlerde *Fetâvâ*'sıyla haşır-neşir olduğum Takiyyüddîn Ebu'l-Hasan Ali b. Abdilkâfî es-Sübkî eş-Şâfi'î'den bahsedeceğim bu yazıda teberrüken. Hal ve kaliyle kendisinden sonrakilere gerçekten "numune-i imtisal" oluşturan bu alim hakkında bende uyanan çağrışımları paylaşmak belki sizi de yaşamakta olduğumuz hareketli gündemden biraz olsun sıyıracaktır.

es-Süyûtî'nin, Hadis, Fıkıh ve Arap dili sahalarında içtihad mertebesine yükseldiğini söylediği[1] Takiyyüddîn es-Sübkî (v.756/1355)'nin tek özelliği, İslamî ilimlerin hemen her sahasında kendisi gibi örnek bir alim olan oğlu Tâcuddîn Abdülvehhâb es-Sübkî'nin, *Tabakâtu'ş-Şâfi'iyye*'de isimlerini iki sayfaya sığdıramadığı muhalled eserlere imza atmış olması değil. O aynı zamanda devamlı Kur'an okuyan, geceleri nafile namazla ihya eden ve çokça ağlayan bir abid ve zahid olarak dikkat çekiyor. Uzun yıllar kadılık ve müderrislik gibi resmî görevlerde bulunmuş olmasına rağmen, *Fetâvâ*'nın bir yerinde, *"Rabbenâ âtina fi'd-dünyâ haseneten..."* ayetini zikrettikten sonra birkaç beyitlik bir şiirine yer verir ve ardından şöyle der:

"Bu şiiri yazmamın sebebi şu: Bir an kendimi ve çocuklarımın halini düşündüm. Ben ki, kadılık görevinde 14 yılım geçti, buna rağmen onlara benden sonra geçimlerini temin edecek bir birikim bırakmış değilim. Daha önce de Mısır'da ikamet ettiğim 17 yıl içinde onlara düzenli bir gelir sağlama imkânları elde ettim; ancak o zaman da bir şey bırakmadım. Dimaşk'ta kadılık yapmış olan ve kendilerinden sonra gelen nesillerine bugüne kadar yetecek birikim sağlamış bulunan İbn Ebî Asrûn ve İbnu'z-Zekî ile Mısır'da kadılık yapan ve evladına hiçbir şey bırakamayan İbn Dakîk el-Îyd'i düşündüm. Nefsim, hayatımda ve öldükten sonra çocuklarım için hayrı isti-

---

[1] *et-Tahaddüs bi Ni'metillâh*, 205.

yor. Bunun için Allah Teala'ya tevekkül ettim ve bana bulunduğu gibi onlara da fazlu keremini nasip ettiği gibi onlara da etmesi için onları O'na havale ettim..."

Kimi özel sohbetlerde paylaştığım bir intibamı burada da nakledeyim: İnsanı saran ve kendisine bağlayan bir tarzı var baba es-Sübkî'nin. Ancak yaşanınca hissedilen bir haz bu ve ancak birkaç alimde yaşayabildim ben bu hazzı...

es-Saymerî *Menâkıb*'ında şöyle bir olay anlatır: İmam Ebû Hanîfe ilmî bir seyahat için Bağdat'a gitmiştir. Kûfe'deki talebeleri, aralarında çetin bir mesele takrir edip üzerinde uzun araştırmalar yapar ve döndüğünde İmam'a bu meseleyi sormayı kararlaştırır. Kûfe dışında karşıladıkları İmam'a, hoş-beşten sonra meseleyi arz ederler. İmam, "Bu meselenin cevabı şudur" der. Talebeleri itiraz eder ve aralarındaki konuşma şu minval üzere devam eder:

- Ya İmam! Bağdat size yaramamış. Biz bu meseleyi günlerdir aramızda konuşup tartışıyoruz. Vardığımız sonuç sizinki gibi değil.
- Öyleyse getirin delillerinizi.

Deliller zikredilir ve konuşma devam eder:

- Şu şu sebeplerden dolayı bu meselede sizin vardığınız sonuç yanlış, benim söylediğim doğrudur.

Bunun üzerine özür dileyerek "tamam" derler. Ama İmam meselenin peşini bırakmaz:

- Birisi size benim söylediğim cevabın yanlış, sizin söylediğinizin doğru olduğunu söylese ne dersiniz?
- Bu mümkün değil. Zira siz az önce meseleyi vuzuha kavuşturdunuz.

İmam, "Öyleyse dinleyin" der ve kendi cevabının delillerini çürütüp, onların delillerini takviye eder.

Bunun üzerine,
- Bize haksızlık etitiniz demek ki. Biz bu cevabın doğru olduğunu zaten söylemiştik.
- Acele etmeyin. Şimdi size, benim cevabımın da, sizin cevabınızın da yanlış olduğunu, bu meselenin doğru cevabının bir üçüncü seçenek olduğunu söylersem ne dersiniz?

Bunun mümkün olmadığını söylediklerinde, önceki iki cevabın delillerini çürütüp, üçüncü cevabın delillerini takviye eder. Talebeler şaşkındır. "Ey İmam" derler, "doğrusu neyse bize söyleyin." Bunun üzerine İmam Ebû Hanîfe, ilk cevabının doğru olduğunu ve diğer iki cevabın yanlış olduğunu delilleriyle ortaya koyar.

Benzeri bir hadise Takiyyüddîn es-Sübkî hakkında, oğlu tarafından nakledilmiştir.

Oğlu Tâcuddîn es-Sübkî'nin *Tabakâtu'ş-Şâfi'iyye*'de zikrettiğine göre babası Takiyyuddîn es-Sübkî, ömrünün sonlarına doğru Kur'an tilaveti ve murakabeye yönelmiş, münazarayı terk etmişti. Geceleri uyuma adeti yoktu. Gündüz –resmî işlerinden ve diğer ilmî meşgaleleri ile ibadetlerden arta kalan zamanlarda– uyurdu. Oğluna da özellikle gecenin ikinci yarısını uykuyla geçirmemesini, fuzuli bir işle uğraşarak da olsa seher vaktine uyanık girmesini öğütlemişti.

Bir gece ders arkadaşları oğul es-Sübkî'ye, babasının o ünlü münazaralarından birisine tanık olmak istediklerini söylediler. Babasına bu talebi iletince kabul etti ve kendi aralarında, kaç kişi iseler o kadar vechi bulunan bir mesele tayin edip, her birinin, seçtiği vechin delilleri üzerinde çalışmasını, hazır olduklarında kendisine haber vermelerini istedi.

Hazır olduklarında takrir ettikleri meseleyi kendisine arz ettiler. Her biri ile konunun bir vechi üzerinde münazara etti ve hepsini susturdu. Sonunda "Hepimizin delillerini çürüttünüz; peki bu meselede hak olan görüş hangisidir?" dediler. Bunun üzerine "Bana göre hak olan şu arkadaşınızın savunduğu görüştür" diye başlayarak oradakilerin savunduğu görüşlerin her birini ayrı ayrı takviye etti. Bu defa da öğrenciler, "Şimdi de bütün görüşlerin hak olduğunu söylediniz; batıl olan nedir?" diye sordular. "Hak olan şu görüştür; diğerlerine gelince, şu görüş şu sebeple, bu görüş bu sebeple reddedilir" diyerek az önce haklı çıkardığı görüşleri bu defa da mahkûm etti. Oğul es-Sübkî diyor ki: "Oysa orada bulunanların hepsi iyi biliyordu ki, Şeyh bu mesele üzerinde durmayalı yıllar olmuştu."

Oğul es-Sübkî'nin zikrettiğine göre bir kere duyduğu/dinlediği birşeyi bir daha unutmayan ve Hadis, Fıkıh, Tefsir, Kıraat, Usul... ilimlerinde döneminin ilim adamlarınca "imam" olarak nitelendirilen baba es-Sübkî hakkında büyük Hadis hafızı allame Salâhuddîn Halîl b. Keykeldî el-Alâî şöyle der: "İnsanlar, "el-Gazzâlî'den sonra Takiyyuddîn es-Sübkî gibi birisi gelmiş değildir" diyor. Oysa bana göre onun hakkında böyle söyleyenler ona haksızlık ediyor. Zira benim nazarımda o, Süfyân es-Sevrî gibidir."

Pek çok İslam aliminin ezber ve hafıza gücü konusunda nakledilen dehşetengiz anekdotlar onun hakkında da varittir. Başta *Kütüb-i Sitte* olmak üzere meşhur Hadis musannefatını, yine başta İmam eş-Şâfi'î'nin *el-Ümm*'ü ve el-Müzenî'nin *el-Muhtasar*'ı olmak üzere pek çok Fıkıh kitabını, fukaha akvalini, Arap dili alimlerinin görüşlerini, şiirleri... ezberinde bulunduran birisi olarak birçok eserini sadece hafızasından yardım alarak yazmış olması şaşırtıcı değildir...

Döneminin ez-Zehebî, el-Mizzî, el-Birzâlî gibi büyük Hadis hafızları ona talebelik etmiş, kendisinden hadis dinlemiştir. Kendisine reddiye yazdığı İbn Teymiyye bile onun ilmini ve dirayetini itiraf edenlerdendir.

Aralarında muhasama meydana gelmiş olan kişilerin bile vefat ettiğini haber aldığında üzülür, Kur'an okuyarak ruhlarına hediye ederdi.

Haya timsali idi; yanında kimsenin mahcup duruma düşmesinden hoşlanmazdı. Talebelerinden en küçük bir mesele konusunda bir tesbitte bulunanlara, sanki o meseleyi hiç duymamış gibi tepki verir, onları cesaretlendirir, teşvik ederdi. Oğul es-Sübkî'nin anlattığına göre birgün talebelerinden birisi, muahhar bir alimden bir mesele nakleder. Oğul es-Sübkî bu meselenin daha önceki bir alimin eserinde de geçtiğini, muahhar kaynağın zikredilmesinin uygun olmadığını söyler. Bunun üzerine baba es-Sübkî oğluna, "Bunu nereden biliyorsun, kaynağını getir" der. Oğul es-Sübkî, bahsettiği kaynak eseri getirmek için oradan ayrılır. Döndüğünde o talebe gitmiştir. Konuşmaya başlamadan baba es-Sübkî şöyle der: "Senin zikrettiğin mesele, o kitabın şu bölümünde geçiyor. Bunu biliyorum. Ancak bir ilim talebesi hocasına enteresan bir mesele keşfettiğini göstermek isterken sen onu mahcup duruma düşürecek bir tavır takındın. Bu uygun bir davranış değildir."

Takiyyuddîn es-Sübkî, zikretmeye çalıştığım meziyetlerde elbette "tek" değil. Tabakat ve Menakıp kitaplarında pek çok alim hakkında buna benzer anekdotlar bulunduğu ehlinin malumudur. Bu yazıyla sadece bizi günlük hayatın hay-huyundan biraz olsun çekip alacak bir pencere aralamak istedim...

SEKİZİNCİ BÖLÜM

İSLAM DÜNYASI

1. İslam Dünyası ve Tercüme Faaliyetleri

İslam tarihinde yabancı din, dil ve kültürlere ait eserlerin tercümesi faaliyetinin iki dönemde yoğunluk kazandığını biliyoruz.

Bunlardan ilki Abbasiler döneminde kurulan Beytü'l-Hikme marifetiyle yapıldı. Eski Cündişapur Akademisi örnek alınarak kurulduğu söylenen bu müessese, günün şartlarına göre oldukça gelişmiş bir yapı arz ediyordu. Oldukça geniş kütüphanesi yanında istinsah, telif ve tercüme faaliyetleri için, hatta okuyucular için ayrı mekânlar ihtiva ediyordu.

Bu müessese, aynı zamanda ilmî meselelerin müzakere ve münakaşa edildiği bir ortamdı. Özellikle el-Me'mun döneminde her hafta düzenli olarak yapılan ilmî toplantılarda her türlü fikir ve görüş "rahatlıkla" tartışılabiliyordu. Yunanca, Süryanice, Farsça, Koptça, Hintçe... gibi dillerden çevrilen kitapların etkisi sadece ilmî çevrelerle sınırlı kalmadı; kısa zamanda bütün topluma tesir eden fikrî/itikadî çalkalanmalara zemin hazırladı.

İslam kaynaklarında "mihne" tabir edilen "Halku'l-Kur'an" fitnesi çok büyük ölçüde bu yoğun tercüme faaliyetinin doğurduğu bir "zulüm süreci" olarak tarihe geçti. el-Me'mun'un, veziri İshak b. İbrahim'e yazdığı mektuplarla başlayan bu sorgu ve işkence dönemi, çeyrek asra yakın devam etti ve bildiğimiz manzaralar sergilendi.

"Halku'l-Kur'an" fitnesinin kaynağı, yani Mu'tezile'nin Kur'an'ın mahluk olduğu görüşünü niçin benimsediği ve yukarıda işaret ettiğim dönemde devletin resmî politikası –hatta insanların Müslüman olup olmadığını belirlemenin biricik kıstası– haline getirildiği sorusunun cevabı, yine el-Me'mun'un mezkûr mektuplardaki vurgularında kendisini ele veriyor.

Ona göre Kur'an'ın ezelî bir kelam olduğunu söyleyenler, bu sözleriyle Hristiyanlar'a benzemişlerdir. Zira eğer

Kur'an ezelî ise Hz. İsa (a.s) da ezelîdir. Çünkü her ikisi de Allah Teala'nın kelamı/kelimesidir. Mu'tezile, Hristiyanlar'la yaptığı tartışmalar esnasında onların, Hz. İsa (a.s)'ın "üç uknum"dan biri olduğu inancını Kur'an'da Hz. İsa (a.s) hakkında kullanılan "Allah'ın kelimesi" ifadesine dayandırdığını gördü. Eğer Hz. İsa (a.s) "Allah'ın kelimesi" ise ve dahi Allah'ın kelimesi/kelamı mahluk olamayacağına göre Hz. İsa (a.s)'ın ilahlığı kendiliğinden ortaya çıkmış oluyordu.

Hristiyanlar'ın bu yaklaşımına karşı Mu'tezile'nin geliştirebildiği tez ise Kur'an'ın yaratılmışlığı oldu. Allah'ın kelamı/kelimesi "yaratılmış/mahluk" olarak kabul edilince, Hz. İsa (a.s)'ın ezelîliği, dolayısıyla ilahlığı iddiası da kendiliğinden çökecekti...

İslam dünyasının müşahede ettiği bu ilk yoğun tercüme faaliyetinin tek sonucu bu olmadı şüphesiz. Kelam kitaplarında adı geçen pek çok bid'at fırka ve akım da varlığını, büyük ölçüde bu faaliyetin vücut verdiği gelişmelere borçludur...

İkinci yoğun tercüme faaliyeti ise modern zamanlar dediğimiz dönemde kendisini gösterdi. Sonucun, üç aşağı beş yukarı ilkiyle aynı olması şaşırtıcı değil elbette. İslamî ilimlerin her birinde kendisini gösteren nev-zuhur sapmalar, Oryantalistler'in İslamiyat çalışmalarının tercümesine dayanıyor.

Bu ikinci tercüme faaliyeti esnasında Oryantalistler'in İslam ve onun kutsalları hakkında ileri sürdüğü hemen her görüş, bizzat başka Oryantalistler tarafından çürütülene kadar İslam dünyasında "eşsiz keşifler" olarak telakki edildi. Ve sonuç ortada...

Bu iki tercüme hareketinin doğurduğu sonuçlar sadece bir noktada farklılık arz ediyor. O da şu: Bu hareketlerden ilkinin yol açtığı tahribat, ulema tarafından tarihe gömülmüştü. İkincisi ise, İslam dünyasında yönetime hakim güç ve merkezler tarafından sağlanan geniş destek ve teşvik yanında, dirayetli ve yetkin insanların sayısının azlığı ve durumu dengeleyici kurumsal yapılardan yoksunluk sebebiyle alabildiğine etkili oluyor. Bu durumun düzeltilmesinin, her şeyden önce ilme ve ilim adamına ihtiyacın fark edilmesinden geçtiğini ise ayrıca belirtmeye gerek yok...

2. Kutsal Kitab'ın Son Versiyonu ya da Kendi Kitabını Yazanların Öyküsü

Dünya tarihinin herhangi bir döneminde, herhangi bir toplumun inancını ve değerlerini tayin için başkalarının "kutsal kitap" yazdığına dair bir örneğe rastlanabilir mi, bilmiyorum. Cahiliye Arapları, evet, kendi putlarını kendileri yapıyordu, ama başkalarına put ihraç etmek gibi bir alışkanlıkları yoktu. Kendi kutsal kitaplarını kendi elleriyle yazan Ehl-i Kitap, bu yönüyle onlara benzese de (neticede biri tanrısını, diğeri kutsal kitabını imal ediyor çünkü), şimdi onları bir adım daha geride bıraktıklarını söylemek durumundayız: Ehl-i Kitap artık başkalarına da kutsal kitap yazmaya başladı. Onlardan istenen, şirkten kurtulmaları iken, onlar kendi kıyametlerine gönüllü yürüyerek kendi şirklerini ihracın peşindeler...

Fethullah hocanın ekibi Dinlerarası diyaloğun yeni ayağını Mardin'de devreye sokarak dünyaya "barış" çağrıları yapmaya devam ededursun, Mısır'da neşredilen *el-Usbû* dergisinde yer alan bir haber Ehl-i Kitab'ın "barış"tan ne anladığını deşifre ediyordu. Haber, bizzat ABD başkanı Bush'un emriyle toplanan bir komisyon marifetiyle hazırlanan ve 12 ciltte tamamlanması tasarlanan *el-Furkânu'l-Hakk* (*Gerçek Furkan*) isimli bir kitap üstüne...

Kitabın çıkan ilk cildi, diğer ciltler hazırlanırken göz önünde bulundurulması gereken hususlar noktasındaki tepki ve tekliflerini almak maksadıyla ABD, İsrail ve çeşitli Avrupa ülkelerindeki belli merkezlere gizlice gönderildi.

Konunun Büyük Ortadoğu Projesi ile ilgisi açık. Ortadoğu'nun hali hazırına nizamat vermek ve bu bölgeyi yeniden tanımlayıp dizayn etmek gibi "büyük" bir projenin sadece askerî ve ekonomik operasyonlarla hayata geçirilemeyeceğini gören küresel zorbalar, Ortadoğu halklarını bölgeyi bekleyen dönüşüme zihnî olarak da hazırlamak için Müslümanlar'ın "Kitap" telakkisini, "son ve değişmez ilahî vahiy"den, Kutsal Kitap külliyatının öngörülerine itiraz etmeyen, hatta onları paylaşan anlayışa doğru evriltmek niyetinde.

Sonrası: Kaba kuvvete dayalı her türlü metot kullanılarak sindirilmiş dünyada, Amerikan ve İsrail azgınlığının onayından geçmiş, Yahudi ve Hristiyan değerleri üzerine inşa edilmiş, "güllük gülistanlık" bir "barış" ortamı. Şu kadar ki, bu "barış", egemenlerin egemenliğinin tescil edildiği, köleleştirilmesi gerekenlere köleliği kabulden başka bir şansın bırakılmadığı bir ortam üzerine kurulacak!

Kutsal Kitap bağlılarının beklediği Mesih şu ana kadar gelmemişse, ancak böyle bir ortamın hazırlanmasını beklediği içindir! Dünya barışını tehdit eden tek "çıban başı" olan Müslümanlar'ın imanı dönüştürülmedikçe Mesih'in gelmesi mümkün olmayacak; dolayısıyla "Tanrı Krallığı" bekleyecek demektir!..

Siyonist Haçlılar, dün denecek kadar kısa bir zaman önce İslam topraklarını işgal ederken de, hatta Haçlı seferlerini düzenlerken de aynı hastalıklı ruh hali ile hareket ediyordu. Günümüzde sadece "ambalaj" değişti. "Barbarlara barış, demokrasi ve insan hakları öğretmek için" yapılıyor şimdi yapılanlar!..

Adı geçen derginin haberine göre, kitabı hazırlayan komisyonda, Yahudi ve Hristiyan teologlar dışında CIA ve MOSSAD elemanları da bulunuyormuş. Bir ilgi çekici detay daha: Kitabın ilk cildini Müslümanlar'ın Yahudileştirilmesi ve Hristiyanlaştırılması yolunda olumlu ve güven verici bulan Yahudiler'den gelen tepkiler şöyleymiş:

1. Yayımlanan ciltte "dünya kardeşliği"nin tesisinde Yahudiler'in rolü yeterince vurgulu bir şekilde belirtilmemiş.

2. Çıkacak olan ciltlerin en az ikisi özel olarak Yahudiliği ele alıp tanıtmalıymış.

3. Kitapta sadece Hristiyanlık değil Yahudilik de müjdelenmeliymiş.

4. İki ciltte Hristiyanlık özel olarak tanıtılmalıymış.

5. Yine en az iki ciltte İslam'ın yıkıcı (!) taraflarını işlemeliymiş.

6. İki ciltte semavî dinlerin müşterek noktaları işlenmeliymiş.

7. İki cildi de Kur'an çalışmalarına tahsis edilmeli, Kur'an'ın uğradığı tahrifler (!) ve insanları saptırma(!) tarzı anlatılmalıymış.

Kitab-ı Mukaddes külliyatının son halkasını teşkil etmekten başka bir işe yaramayacak olan *el-Furkanu'l-Hakk* isimli bu "müzevver" ve uyduruk kitap konusunda –muhtevası kamuoyuna açıklanmadığı için– aydınlığa kavuşturulması gereken bazı noktalar var: Bir süre önce Enis Soros adlı bir soytarı tarafından aynı adla bir kitap kaleme alınmıştı. (Bu kitabın Arapça versiyonu için

http://www.hopeshineministry.com/alforkan%20al 7aq.html

ve

http://www.isonlyway.150m.com/furqan/index.htm, İngilizce versiyonu için de http://www.islam-exposed.org adreslerine bakılabilir.)

Kuveyt'teki bazı özel okullarda gizlice dağıtıldığını bildiğimiz bu kitap ile *el-Usbû* dergisinin haberine konu olan kitap arasında herhangi bir ilişki var mıdır? Sınırlı bilgilerimiz çerçevesinde ve kayd-ı ihtiyatla bu iki kitap arasında isim benzerliği dışında herhangi bir ilişki bulunmadığını söyleyebiliriz. Zira *el-Usbû* dergisi, sözünü ettiği kitabın –yukarıda da belirtildiği gibi– 12 ciltten müteşekkil olacağını yazıyor. Ayrıca mezkûr dergide, neşredilen ilk ciltte yer alan "Fatiha suresi"nin(!) bazı cümleleri zikrediliyor ki, Soros'un kitabında bu ismi taşıyan bir "sure"ye(!) rastlanmıyor.

ABD Dışişleri Bakanlığı bünyesinde Arap ve İslam Ülkelerinde Dinî Söylemi Geliştirme Komisyonu adlı bir komisyon teşkil edildiği, bu komisyonun Ortadoğu'da "yeni bir İslam anlayışı" oluşturulabilmesinin zemini ve hali hazırdaki durum üzerine bir rapor hazırladığı biliniyor.

Bölgeye "ılımlı" (yani Ehl-i Kitap tarafından sakıncasız görülen) bir İslam modelinin benimsetilip yerleştirilebilmesi için, bir önceki yazıda da vurgulamaya çalıştığım gibi iki ayaklı bir proje yürütülmek isteniyor:

Projenin birinci ayağını askerî, siyasî ve ekonomik olarak bölgenin abluka altına alınması, ikinci ayağını ise dezenformasyon süreci oluşturuyor. Yapılmak istenen, Anadolu tabiriyle "körü yara sıkıştırmak."

Projenin ilk ayağının, şu an uygulamadaki şekil ve boyutuyla tek başına yeterli olmadığı Irak tecrübesi dolayısıyla görülmeye başladı. Çünkü insanların tepesine bombalar yağdıkça direnç noktaları güçleniyor, onur kırmaya yönelik her harekât daha güçlü bir öfke doğuruyor. Üstelik işin bir de uluslar arası tepki boyutu var...

Esas tehlikeli olan, ikinci ayak. Yani dezenformasyon süreci. Ülkemizde ve bölgede (hatta Kafkaslar'da ve Türkî cumhuriyetlerde) son yıllarda gündemin değişmez başlıklarından birini oluşturan "misyonerlik faaliyetleri"nin de içinde bulunduğu bir dizi etkinlikten oluşan bu süreç muhtelif metotlarla yürütülüyor.

İnsanların ekonomik zaaflarından faydalanmaktan, "dinlerarası diyalog"a kadar misyonerler tarafından uygulanan birçok yöntem eğer cüz'î de olsa başarıyı yakalıyor, dinî bilinci sarsılmış, dinî duyguları zayıflamış bireyler üzerinde tesir hasıl ediyorsa burada ciddi olarak durmak gerekiyor.

Daha önce de vurgulamaya çalışmıştım: Berrak bir dinî şuur, İslam'la ilgili herhangi bir meselenin, İslam'ın öz kavramları ile ele alınması üzerine ibtina eder. Kavramlar konusunda yaşanan herhangi bir zihnî bulanıklık, yazının başında adı geçen komisyonun gözettiği zeminin ta kendisidir.

Bu durumda adı geçen komisyonun hedeflediği ve dahi bir önceki yazıda üzerinde durulan *el-Furkanu'l-Hakk* isimli düzmece kitabın oluşturmak istediği zihnî yapının İslam dünyasında ve dahi ülkemizde zemin bulamayacağını rahatlıkla söyleyebilir miyiz?

Modernistler'in oluşturup yerleştirmek istediği Kur'an ve Din anlayışı ile *el-Furkanu'l-Hakk* yazarlarının hedeflediği Kur'an ve Din anlayışı arasında herhangi bir fark var mıdır?

Son çeyrek yüzyılda tartıştığımız meselelere bir bakın: Kur'an'ın normatif hükümleri tarihsel midir, değil midir; hadisler ilim bildirir mi, bildirmez mi; Sünnet'in bağlayıcılığı ve Din'deki konumu nedir; mütevatir hadis var mıdır, yok mudur; Ehl-i Kitap (hatta sadece onlar değil, "Lâ ilâhe illallâh" diyen herkes) cennete gidecek mi, gitmeyecek mi; Sahabe'nin ve ulemanın otoritesi nedir ve nereden kaynaklanır; İslam'da kadının yeri nedir...

Bütün bunlar ve daha pek çok benzeri mesele İslam dünyasının önüne şu veya bu kişi/çevre tarafından birer "problem" olarak konmuşsa, karşı karşıya bulunduğumuz projenin köklerini ve boyutlarını görmemiz gerekiyor. Sünnet'ten, Sahabe'den, ulema ve sulehadan "arındırılmış" bir Kur'an, "kurtarılmış" bir Kur'an mıdır, "kuşatılmış" bir Kur'an mıdır?

Evet, "Kitab'ı kendi elleriyle yazanlar" şimdi tarihin –belki de "son" olan– bu dönemecinde yerli ve yabancı bütün figürleri devreye sokmuş olarak İslam dünyasının kitabını yazıp defterini dürmenin peşindeler...

"Kur'an'ın korunması ilahî garanti altındadır, kim ne yaparsa yapsın onun bir harfini bile değiştiremez" deyip işin içinden sıyrılmak bir tavırdır. Ama "çözüm" müdür?

Abdülmuttalip haklıydı; nitekim Kâbe'nin Rabbi Kâbe'yi Ebrehe'nin fillerinden korudu. Kur'an elbette "masun" ve "mahfuz"dur; sonsuza kadar da öyle kalacaktır. Peki Kur'an'a yönelen bu küstahça tavırlar karşısında sessizliğimizi sürdürmekte ısrar edersek bize bir belanın dokunmayacağının garantisi var mıdır?

3. Barış ve Esenlik Şehri

Birkaç gündür bu köşeyi meşgul eden meseleyi şimdilik askıya alıyorum. Vicdanım, gayret-i diniyyem ve hikmet anlayışım, yanıbaşımızda bütün vahşetiyle iğrenç bir tecavüz (buna "savaş" demek mümkün değil) cereyan ederken o konu ile iştigal etmeme mani oluyor.[1]

Irak'ın kentleri bombalanıyor... Tarih, en kanlı barbarlık örneklerinden birisine tanıklık ederken, tonlarca ağırlıktaki bombalarla parçalanan, can veren günahsız insanların inleyen ruhuyla birlikte ağlıyor...

Ve Bağdat... Medinetu's-Selâm... Barış ve Esenlik Şehri... Bizim şehrimiz... Hz. Ömer tarafından bütün Ümmet'in malı olarak vakfedildiği için bizim olan ve bizim kalması gereken toprakların incisi...

Utbe b. Ferkad (r.a) ile Hz. Ömer (r.a) arasında geçen şu olaya bakın:

Utbe (r.a) Irak'tan bir parça toprak satın almıştır. Medine'deki Hz. Ömer'e gelir ve durumu anlatır. Hz. Ömer (r.a) sinirlenir, "Kimden satın aldın?" diye sorar. "Sahiplerinden" cevabını alınca elinden tutup Medineliler'e götürür ve "İşte oranın sahipleri! Siz buna bir şey sattınız mı?" diye sorar. Medineliler'in cevabı bellidir: "Hayır." Bunun üzerine Utbe'ye dönerek, "Git, paranı kime vermişsen ondan geri al."

Benzer bir olay da Talha b. Ubeydillah (r.a) ile yaşanır ve Hz. Ömer (r.a), "Yaptığın iş geçersizdir; orası fey'dir" diyerek işlemi iptal eder.[2]

---

[1] *İslam ve Modern Çağ*'ın II. cildinin 4. Bölüm'ünde yer alan 5 ve 6 numaralı yazılar.
[2] el-Hatîbu'l-Bağdâdî, *Târîhu Bağdâd*, I, 45; Yahyâ b. Âdem, *Kitâbu'l-Harâc*, 57.

Bu yüzden el-Fudayl b. Iyâd gibi vera ehli ulema Bağdat'ın gelirini –vakıf malının gasbıdır diyerek– yemekten imtina etmişti.

İmam Ahmed b. Hanbel'e vera ile ilgili bir mesele sormak üzere gelen birisi şu cevabı almıştı: "Estağfirullah... Vera konusunda konuşmak bana helal değildir. Çünkü ben Bağdat'ın gelirinden yiyorum. Bişr b. el-Hâris (Bişr-i Hâfî) olsaydı, cevabı ondan alırdın. Zira o Bağdat'ın gelirinden ve genel olarak Sevad arazisinin yemeğinden yemezdi. Vera konusunda ancak onun söz söylemesi elverir."[3]

Ve yine bu yüzden Ahmed b. Hanbel ve Bişr b. el-Hâris, Bağdat'ta ölen kocasından miras kalan evi satmak isteyen kadına, "Ancak binayı satabilirsin" demişlerdi. Çünkü Bağdat'ın toprağı vakıftı ve vakıf satılamazdı...[4]

Osmanlı toprakları da öyle değil miydi? Ağırlıklı olarak Tanzimat'la başlayan Modernleşme hareketi boyunca Avrupa'nın, Osmanlı devletine vakıfların ilgası için yaptığı ısrarlı telkinlerin altında Gayrimüslimler'in savaşla alamadıklarını parayla satın almasını sağlamaktan başka ne vardı ki!..

Medine'yi, Kahire'yi, İstanbul'u.. bizim kılan ne ise, bizi Bağdat'a bağlayan da o...

Bizler, toprağın üstündekilerle değil, altındakilerle yaşarız. Olmaz olasıca petrolü görmüyorum bile... İçimi alçakça bombalanan, harimi çiğnenen kabirler sızlatıyor; bir de günahsız biçareler...

"Bombalarken lütfen tarihi eserlere zarar vermeyin" aczıyeti farkında değilse eğer bu toprakların altının üstünden milyar kere milyar daha değerli olduğunu, vahşete söz mü geçer?!

---

[3] el-Hatîbu'l-Bağdâdî, a.g.e., I, 35.
[4] el-Hatîbu'l-Bağdâdî, a.g.e., I, 34.

4. Münâcât

Geçen Cumartesi gecesi cep telefonlarında bir mesaj dolaşımdaydı: "Bu gece Abdülkadir-i Geylânî'nin mezarı bombalandı. Bu sabah saat 5'te, akan kanın durması için topluca dua edelim. Bu mesajı Allah rızası için 10 kişiye gönderin."

Bilmiyorum o mezar gerçekten bombalandı mı, yoksa hassasiyetleri harekete geçirmek için başvurulmuş bir çare miydi bu mesaj...

Televizyonlardan ABD patentli aksiyon filmi gösterir gibi bütün dünyaya seyrettirilen bu "naklen vahşet" karşısında, yabancılaşma duygusu yaşamadan kaçımızın ağlayarak secdeye kapandığı ve dua ettiği meraka değer doğrusu...

Ama bir mezarla ilgili haber, bütün modern beyin yıkama ve yabancılaştırma aygıtlarının etkisini kırarak kalplere süzülebilecek ve insanları harekete geçirebilecek güce sahip...

Bir kere daha anlaşıldı ki Irak bizim için ne Saddam, ne petrol; bizim için Irak, Bağdat demek, Basra demek, Kerkük ve Musul demek, Necef ve Kerbela demek... Hz. Ali, Hz. Hüseyin, Enes b. Mâlik, Hasan-ı Basrî, İbn Sîrîn, Ebû Hanîfe, Süfyân es-Sevrî, Ebû Yusuf, Şu'be b. el-Haccâc, Ahmed b. Hanbel, Ebû Hâtim er-Râzî, Ebû Dâvûd es-Sicistânî, Ebû Ubeyde Ma'mer b. el-Müsennâ, İbn Kuteybe, Ebû Bekr el-Cassâs, el-Mâverdî, İbnu'l-Cevzî, *en-Nihâye* sahibi Mecduddîn İbnu'l-Esîr, *Akâid-i Nesefiyye* sahibi en-Nesefî, *Buhârî* şarihi el-Kirmânî, *Siyer* sahibi İbn İshâk, İbn Cerîr et-Taberî, Bişr el-Hâfî, el-Fudayl b. Iyâd, Ebû Sa'îd el-Harrâz, Ebu'l-Abbâs et-Tûsî, Ebu'l-Hasan el-Eş'arî, Cüneyd-i Bağdâdî, el-Hâris b. Esed el-Muhâsibî, Habîb-i Acemî, Ruveym b. Ahmed el-Bağdâdî, Sehl b. Abdillah et-Tüsterî, Abdülkadir-i Geylânî,

Şihâbuddîn es-Sühreverdî, Ma'rûf el-Kerhî, Amr b. Osman el-Mekkî, *Rûhu'l-Ma'ânî* sahibi el-Âlûsî... ve daha isimlerini sayamayacağımız yüzlerce, binlerce Allah dostu, Peygamber varisi mübarek insan demek...
Onlar orada yatıyor...
Irak, Ninova demek ve Ninova Hz. Yunus... O da orada...

***

Onlar senin sevdiklerin yâ Rabbi! Onlar hayatlarını senin dinini yaşamaya ve yaşatmaya adamış "güzel insan"lar... Şimdi her biri müteessir ve kederli...
Ümmet aciz... Ümmet zelil... Duadan başka bir şey gelmiyor elimizden... "Ağzım kurusun" diyordu Akif; ağzım kurusun ya Rabbi!... Eğer bizim kırık-dökük niyazımızın bir değeri varsa katında, işte yalvarıyoruz: Onların pak makberlerini, her biri bir cennet bahçesi olan istirahatgâhlarını Ehl-i Salib'e çiğnetir misin?!..
Orada, yanıbaşında sana açılan elleri boş çevirmediğin kabirlerin bizzat içindekiler tasalı şimdi... Onlardan birine düşmanlık edenin senin gazabınla karşılaşacağını haber vermişti Habibin...
İşte onlar... Senin ve Habibinin dostları...
Şimdi düşmanlığın ve gaddarlığın en iğrenç yüzü o nurdan lahitlere müteveccih... Dostlarını münkesir bırakır mısın ya Rahîm!...
Ey "en güzel isimler"in sahibi!..
Allâhümme ya Vedûd... Allâhümme ya Rahmân... Allâhümme ya Selâm...
İsm-i A'zam hürmetine dostlarını ve biçareleri mahzun bırakma!..
Ey "en güzel isimler"in sahibi!..
Allâhümme ya Kahhâr... Allâhümme ya Cebbâr... Allâhümme ya Azîz....
İsm-i A'zam hürmetine dostlarının beldesinde düşmanlarına bayram sevinci yaşatma!..

5. Savaş Sonrası

Irak savaşının akıbeti konusunda henüz net şeyler söylemenin mümkün olmadığı ortadayken, başını Amerika'nın çektiği "zorbalar koalisyonu", ellerinin kanıyla Irak'ın zenginliklerinin paylaşılması konusunu görüşmeye başladı bile. Savaş sonrası Irak'ta kurulacak "geçici" yönetim 23 bakanlıktan oluşacakmış ve her birinin başında bir Amerika'lı asker bulunacakmış... Yavaş yavaş belirmeye başlayan ayrıntılardan haberdar oldukça midemiz kalkıyor...

Öte yandan "Büyük İsrail" projesinin diğer ayaklarının da uygulamaya geçirilmesi yolunda zemin hazırlıkları alttan alta devam ediyor...

Onlar kendilerine yakışanı yapıyor. Düşünüyor, planlıyor ve uygulamaya geçiyorlar...

Peki İslam dünyası ne yapıyor? Bu yeni seferberliğin arkasında orta ve uzun vadede Ortadoğu coğrafyasını bekleyen akıbet konusunda İslam ülkelerinin herhangi bir öngörüsü ve tedbiri var mı? İslam dünyası bu savaşı doğru okuyor mu?

Irak'ın gösterdiği beklenmeyen direnişi "Saddam'ın askerlerinin direnişi" olarak görmek ne kadar doğrudur? İslam dünyasının muhtelif bölgelerinden savaşmak için Irak'a giden farklı tabiiyetteki binlerce insanın, hatta Irak dışında yaşayan Irak vatandaşlarının Saddam yönetimi adına gönüllü olarak ölmeye gittiğini düşünmek safdillik olur. İyi bilinmelidir ki, yarın sıra başka bir ülkeye (mesela Suriye'ye) geldiğinde yine aynı şey olacak.

Kurbanlık koyun gibi yarın sıra hangimize gelecek diye acziyet içinde bekleşmek dışında hiçbir varlık gösteremeyen Ortadoğu yönetimlerinin, bu savaş dolayısıyla meşruiyet zeminlerini esaslı bir sorgulamaya tabi tutmaları gerekiyor.

Kendileri için ne kadar "zor" olursa olsun, kendi halkına dayanmayı tercih etmenin ve kendi halkıyla barışık bir yönetim anlayışını kabullenmenin tek seçenek olduğunu bu savaş onlara fazlasıyla gösteriyor olmalı. Sırtını Batı'ya dayayarak halkın zenginlikleri üzerinde saltanat sürmenin, yani kendi halkına değil Batı'ya dayanarak ayakta durmaya çabalamanın sonuçsuz bir ısrar olduğunu artık fark etmeliler...

Evet, Irak direniyor... Ve eğer zorbalar koalisyonu Vietnam tecrübesinde olduğu gibi günün birinde çekilmek zorunda kalırsa –ki inşaallah öyle olacak–, topraklarını savunmak için gözünü kırpmadan can veren Irak halkının Saddam yönetimini bugüne kadar olduğu gibi bundan sonra da sorgusuz sualsiz sırtında taşımaya devam edeceği sanılmamalı.

Irak savaşının, halklarıyla yönetimleriyle bütün İslam dünyası için yeni başlangıçlara kapı aralayacağını görmek kehanet değil. Elbette zaman alacak; melikler, sultanlar tahtlarından ve servetlerinden kolay kolay feragat etmeye yanaşmayacak. Ama kendi halkına dayanmayan yönetimlerin varlıklarını devam ettirmesinin en azından eskisi gibi kolay olmayacağı da er geç anlaşılacak.

6. Şerden Hayır Çıkarmak

Her kemalin bir zevali olduğu gerçeğinden ve yeryüzünde yaptıklarıyla ilahi gazabı harekete geçirerek kendi sonlarını hazırlayan geçmiş kavimlerin maceralarından hareketle, aralarındaki ilişki hepimizin malumu olan 11 Eylül olayının ve Irak savaşının "Amerikan yüzyılı" bakımından sonun başlangıcı olduğunu söylemek için elimizde pek çok neden var.

Her şeyden önce, Kapitalizmin, başta ahlakî ve ekonomik saha olmak üzere pek çok alanda tıkandığı gerçeği artık herkesin malumu. Bu saldırganlık, gelecekte kendilerini neyin beklediğini görmenin doğurduğu panikten kaynaklanıyor...

Bundan daha önemlisi, Batı emperyalizminin, öz karakterinden getirdiği zulüm ve sömürü uygulamalarının zirvesine ulaşmış olması. Bu tesbiti, yakın geçmişte ve günümüzde işlediği insanlık suçlarında Amerika'ya fiilî destek verenlerle sınırlandırmayıp bütün "Batı" dünyasını içine alacak şekilde genelleştirmem, diğer Batılı ülkelerin Amerika ve ortaklarının uygulamalarına görünüşte itiraz etmelerinin "ilkesel" tercihlerden değil, fiilî durumu kendi menfaatlerine aykırı bulmalarına dayanmasındandır.

İslam ülkelerinin son ikiyüz yıldır maruz kaldığı fiilî tasallut ve tecavüzlerle kendi maddî güç ve gayretleriyle baş etme imkânından mahrum bulunması, bir zulüm makinası gibi işleyen Batı'nın iştahını durmadan kabartıyor. Osmanlı unsurunun ortadan kaldırılmasıyla İslam ülkelerinde yönetime getirilen mütegallibe, Batı ile al gülüm-ver gülüm anlayışı içinde yürüttükleri ilişkinin ilanihaye devam etmeyeceğini anlamaya başlamışlardır.

Ortadoğu'daki tekelci yönetimler, kendi halklarını dikkate almayı, Irak halkının yaşamakta olduğu bu "musibet"ten önce akıllarına bile getirmemişlerdi. Şimdi biraz olsun kendi durumlarını gözden geçirmeye başlama ihtiyacı hissediyorlarsa, bu "musibet" vesilesiyledir. Acaba Saddam Hüseyin, bütün bu yaşadıklarından sonra – iktidarı tekrar ele geçirebilecek olsaydı– ikinci bir "Halepçe"yi göze alabilir miydi?

Suriye'nin yeni diktatörü Beşşar Esad, babasının Hama'da işlediği cürmün aynısını bugün icra etmeyi, yahut Mısır'da İhvan'a yönelik olarak yürütüldüğünü unutmadığımız "cadı avı"nı Hüsnü Mübarek yönetimi bugün tekrarlamayı aklından bile geçirecek durumda değil.

Örnekleri çoğaltabiliriz; ama bir zamanlar iktidarlarını "demir yumruk" anlayışıyla ayakta tutmaya çalışanların aynı rahatlığı bundan sonra göremeyeceklerini anlamak için bunların yeterli olduğu açık...

Artık hepsi yakından biliyor ki, Saddam'ın yaşamakta olduğu durumun birgün kendi başlarına gelmemesi için hiçbir sebep yok. Bugün Saddam hayatta kalmayı neye borçluysa, birgün onlar da aynı unsura sığınmak zorunda kalabilir, kalacaktır. Bu yönetimler ya şimdiden şapkayı önlerine koyup kendi halklarına karşı adaletli ve merhametli olmayı, ülkelerinin zenginliklerini bir avuç azınlıkla birlikte "mirasyedi" mantığıyla savurmayı terk etmeyi öğrenecekler, ya da birgün mavi gözlüler gelip, onların defterini dürecek ve halklarından esirgediklerine bir güzel el koyacak...

7. Savaşa Hayır Demek

Dünyanın dört yanından "savaşa hayır" sesleri yükselmeye devam ederken savaş makinası da ölüm kusmaya devam ediyor.

Daha savaş başlamadan duymaya başladığımız bu slogan ne anlatıyor ve onu haykıranlar ne kastediyor? Dahası bu slogan son tahlilde kimin işine yarıyor?

Yaşamakta olduğumuz bütün olaylar, savaşın, haklı bir gerekçeye dayanmadığı sürece zulüm olduğunu gösterdiği kadar, kendisini meşru ve gerekli kılan zeminlerde savaştan kaç-ın-manın da ayrı bir zulüm olduğunu bütün insanlığa fazlasıyla tekrar etmiş durumda.

"Savaşa hayır" diyenlerin bir kısmı, hemen arkasından savaşı "insanlık suçu" olarak tavsif ediyor. Gerekçe, savaşın masum insanlara zarar vermesi, yıkım getirmesi vs. Bu tezi savunanlara göre savaş hiçbir durumda meşru bir yöntem olarak görülemez; kim adına ve ne sebeple yapılırsa yapılsın, savaşın bizzat kendisi yanlıştır.

Şu anda Irak'ta sürmekte olan zulmün muhatabı olan masum sivillere ve hele de çocuklara savaşın "kötü" olduğunu söylemek, "yaşadıklarınızı unutun" demektir. Dışarıdan seyretmekle bizzat yaşamak elbette çok farklı olduğu için Iraklı çocukların tepkisini "barbarlık koalisyonu"nu oluşturanlar kadar, onlara "savaşmayın" diyenler de çekecek.

"Savaşa hayır" sloganının Anadolu'nun işgaline gösterilen dirence bakan yüzü bizim için "satılmışlık"tan başka ne ifade eder? Zalime de mazluma da aynı muamelenin yapılması, aynı şeyin söylenmesi bizzat zulüm değil midir?

Tarihin tanıklık ettiği en büyük hadiseler, kavramların tanımlayanlara göre farklı muhteva taşımaya başladığı zamanlara tekabül etmiştir. Kur'an'da pek çok vesileyle temas edilen bu durumun en çarpıcı tavsifi, yeryüzünde fesat çıkaranların, yaptıkları işi "ıslah etmek/yoluna koymak" olarak adlandırdığını anlatan Sure-i Bakara ayetinde ifade buluyor.

İslam'ın savaşa gerekçe olarak sadece "savunma"yı tanıdığını, bunun dışında hiçbir savaş gerekçesinin meşru sayılamayacağını söyleyenler, ilgili nassları çarpıtma/yanlış anlama tavrında ilmî bir tartışmanın tarafı olarak görülebilirlerse de, yaşadığımız pratiklere gözlerini kapattıkları ya da bu pratiklere rağmen bu tezin ısrarcısı oldukları noktada bu tavır "ilmî bir tesbit" olmaktan çıkıp "stratejik bir tesbit" haline geliyor...

Pratikte hiçbir zaman benimsenme şansı bulunmayan "savaş kötüdür" sloganının, "zulüm iyidir" anlamına gelmemesi için izzetin, onurun, özgürlüğün ve Allah'a kulluğun "zillet ve meskenet barışı" ile bir arada bulunamayacağını belki de önce "hissetmemiz" gerekiyor; sonra da kavramların tanımında maruz kaldığımız "alicengiz oyunu"nu fark etmemiz...

"Savaşa hayır" dersek dünyanın, özellikle de İslam dünyasının yaşadığı bunca zulmün hesabı nasıl sorulur?

8. Hıyanetin Vatanı Yok

Malezya'dan Serdar Demirel kardeşim göçen gün bir internet sitesinden indirdiği bir yazıyı gönderme lütfunda bulunmuş. Kendisine teşekkür ediyorum.

Yazı Kuveyt Üniversitesi'nden bir grup öğrencinin sorusunu ve cevaben verilen fetvayı muhtevi. Öğrenciler –kaynağını zikretmedikleri– bir fetvada Irak savaşında Amerika'nın yanında yer almanın "caiz" ve hatta "Allah yolunda cihad" olduğunun söylendiğini belirterek durumun aydınlatılmasını istiyor.

Gayet tafsilatlı olarak verilen cevapta ise mezkûr sözümona "fetva"nın batıl olduğu aklî ve naklî delillerle ortaya konuyor. Dünyanın dörtbir yanından, hatta mütecaviz zorbaların kendi ülkelerinden yükselen protestolarla lanetlenen bu vahşet ve soykırıma destek vermenin "Allah yolunda cihad" olarak nitelendirilmesi ve bu alçaklığın "fetva" adı altında kitlelere takdimi nasıl bir iğdişliğin ve satılmışlığın sonucudur, akıl erdirmek gerçekten mümkün değil...

Cevabî fetvada zikredilen pek çok husus yanında, Müslümanlar'a saldırmaları durumunda gayrimüslimlere yardım edilebileceği konusunda İslam tarihinde bir istisna dışında herhangi bir örnek bulunmadığı da zikredilmiş. O istisna da Nasîruddîn et-Tûsî'nin 656/1258 yılında Bağdat halkını "zulümden kurtarmaları" için Moğollar'ı teşvik ve teşci eden tavrı...

Her ne kadar 7/13. yüzyılın ünlü matematik, felsefe ve astronomi bilgini olarak yad edilse de, et-Tûsî adı, aynı zamanda Bağdat tarihinde 20 Mart 2003'e dek görülen en büyük yıkım, yağma ve vahşete çanak tutan kişi olarak da ebediyen anılacaktır...

Nitekim Bağdat 40 gün süreyle yağmalandıktan ve yüz binlerce insan (400 binden 2 milyona kadar değişen rakamlar var) kılıçtan geçirildikten sonra Abbsasi hilafeti ortadan kalkmış ve et-Tûsî, vezir ve müsteşar sıfatıyla Hülagü'nün yanındaki yerini almıştır...

Tarihlerin, yine böyle bir Mart ayında Moğollar'ın Bağdat'ta sergilediği vahşeti anlatırken kan gölü haline gelen sokakları, kadın, çocuk, genç, ihtiyar demeden kılıçtan geçirilen masum halkı ve harabeye çevrilen dünya güzeli "barış ve esenlik şehri"ni tavsif edecek kelime bulmakta zorlandığını hissediyorsunuz. O kara günlerde bağrına atılarak imha edilen kitapların mürekkebinden mi, yoksa Hz. Peygamber (s.a.v)'in yakılarak külleri savrulan abasından mı günlerce simsiyah akan Dicle, şimdi de yastan karalar giymiş durumda...

Hainler hıyanete devam ededursun... Abbasi devletinin yıkılışından sonra Müslümanlar'ın iki yıl başsız kaldığını yazan tarih, 21. yüzyılın modern vahşetinin ardından kim bilir nelere şahit olacak!..

Bir şeyi çok iyi biliyoruz; hiçbir hainin hıyaneti yanına kâr kalmamıştır. Burada olmazsa ötede...

9. İntihar mı, Şehitlik mi?

Yeni Ümit dergisi, son sayısında terör eylemleri, intihar saldırıları ve şehitlik gibi konuları gündeme taşıyor. İslam'da "cihad" kavramı, bir hareketin (fiilî savaş anlamında) "cihad" sayılabilmesi için hangi özelliklere sahip olması gerektiği, adına "intihar eylemi" denen yöntemin kullanılmasının meşru olup olmadığı, bu yöntemi kullanarak öldüren ve kendisi de ölen kimsenin bu fiilinin meşru olup olmadığı ve bu şekilde ölenin "şehit" sayılıp sayılmayacağı... gibi konuların ele alındığı yazılarda ortak bir tarz dikkat çekiyor: Okuduğunuzda "acaba kast edilen kimler?" diye soruyorsunuz. Madrit'deki eylemi yapanlar mı, Filistin'deki "ihtihar komandoları" mı, Irak'taki direnişçiler mi?...

Söz gelimi yazılardan birinde, "cihad" kavramının geniş anlam yelpazesi aktarıldıktan sonra şöyle deniyor: "Cihadın savaş boyutunun diğer önemli bir kuralı da, Müslümanlarca kabul edilmiş merkezi bir plânlama dahilinde hareket edilmesidir. Birtakım kişi ve grupların merkezi bir otoriteden emir almaksızın başına buyruk hareket etmeleri, eylemlerinden dolayı kimseye hesap vermemeleri sadece bir kaos oluşturur. Merkezi bir otoritenin mevcut olmaması, bağımsız ve sorumsuz davranmayı haklı kılmaz. Zira cihad adına kaosa izin verilemez. Bu gibi durumlarda hareketin yozlaşması, hedeften uzaklaşması, faydadan çok zarar vermesi tabiîdir."

Şu anda Irak'ta küresel işgalci zorbalara karşı bir "kurtuluş savaşı" veriliyor. Orada direniş gösteren grupların, sürecin tabii bir neticesi olarak bir anda merkezî bir yapı teşkil edemeyecekleri açık. Öyleyse hal-i hazır hareketler gayri meşru mudur?

Elbette kaos ve karmaşa arzu edilir bir durum değildir ve hatta meşru müdafaayı dahi olumsuz etkiler. Ama "merkezî planlama" gerçekleşene kadar mütecaviz düşmanın işkence ve insanlık dışı muameleleri herhangi bir karşılık görmeyecek midir?

Dergideki yazılardan uzun uzun alıntı yapmayı gerekli görmediğim için burada, yazıların genel bir eksikliği olarak şu nokta üzerinde durmayı tercih edeceğim:

İslam dünyası, yeni bir Haçlı Seferi ile karşı karşıya bulunuyor. Bunu kendileri de açık-seçik bir şekilde ifade etmekte bir sakınca görmüyorlar. İntihar eylemleri (doğrusu "şehadet eylemi") ile "terör"ü aynı bağlam içine dahil ederek en azından birbirlerini çağrıştırmalarına zemin hazırlanmadan önce, mevcut işgal ve tecavüzlerin, ve dahi İslam dünyasına nizamat vermek üzere "geliyorum" diyen Büyük Ortadoğu Projesi'nin ne anlama geldiği üzerinde durmak gerekmez mi?

Meseleyi küresel zorbaların arzu ettiği tarzda gündeme getirmek ve tartışmak belki "ılımlı İslam" konsepti arayışları için güzel bir adres teşkil ediyor; ancak söylenenlerin İslam kaynaklarıyla refere edilmesi ayrı bir problemin varlığını gündeme getiriyor: Kaynakların "doğru" okunması...

Yazıların ortak özelliği, "tarih yapma" misyonunu kaybetmiş, "tarihe maruz kalma"yı içine sindirmiş bir havayı yansıtmaları. "Acaba" diyorsunuz, "şehzade oğluna Bursa'yı, İstanbul'u amentü belletir gibi belleten Osmanlı sultanları böyle düşünseydi şimdi nerede olurduk?" Başta "izzet" olmak üzere kendisini kendisi yapan şeylerin büyük çoğunluğunu kaybetmiş bir neslin ortak psikolojisi.. Sürekli geri çekilen, özür dileyen, mahcup ve mahkûm...

Öte yandan şu noktanın altının da çizilmesi gerekiyor: "Terör" kavramını, muhtevasını tayin etmeden uluorta kullanmak, ancak küresel zorbaların ekmeğine yağa sürmek anlamına gelir. Niçin İsrail'in mazlum Filistin halkına reva gördüğü muamele değil de, başka çaresi kalmadığı için şehadet eylemi düzenleyenlerin eylem tarzı "terör" çağrışımlı bir üslup içinde tartışma konusu ediliyor?

Irak'ta olsun, Filistin, Çeçenistan veya benzeri başka bir yerde olsun, neden mütecavizlerin değil de savunma durumunda bulunanların hareket tarzını –hem de yanlış biçimde– tartışıyoruz?

Gazeteler, başına çuval geçirilmiş Irak'lı esirlerin maruz bırakıldığı ahlak ve insanlık dışı muameleleri resmederken hala özür dileyen tarafın Müslümanlar olması neyle izah edilebilir?..

10. Medeniyetler Çatışması

Irak savaşında sona yaklaşıldığı anlaşılıyor. Bağdat ve diğer büyük şehirlerin düştüğünü dünyaya duyuran haber kanalları, belki kısa bir süre sonra Irak'taki yeni oluşumun haberlerini geçmeye başlayacak...

Dünyaya nizamat verme kararlılığındaki Amerika ve yandaşlarının tavrı Ortadoğu'da ister yönetimleri, isterse haritaları değiştirmek şeklinde gerçekleşsin, bunun "medeniyetler çatışması" anlamına gelmeyeceği açık. Olanlar ve olacaklar, ABD ve koalisyon ortakları ile Ortadoğu'daki kimi yönetimler arasında geçen mücadeleler olarak okunmalıdır.

Bununla, medeniyetler arasında hiçbir şekilde savaş olmayacağını söylemek istemiyorum. Huntington, öngörüsünün en azından birinci kısmı konusunda gerçeği söylüyor.

Huntington'ın tezi, iki ayrı "medeniyet" arasında geçecek bir mücadeleyi işaret ediyor olması dolayısıyla doğru. Bu tezin, ABD ve yandaşları ile Saddam veya bir başka diktatör arasındaki savaşa tekabül ettiğini söylemek isabetli olmaz. Zira bu yönetimler, müstakbel İslam medeniyeti adına "hiçbir şeyi" temsil etmiyor.

Esas medeniyetler çatışmasının, bu savaşlar sonrasında Ortadoğu halklarında gittikçe güçlenen kimlik bilincinin inşa edeceği medeniyetle Batı medeniyeti arasında cereyan edeceğini görmek kehanet olarak değerlendirilmemeli.

Şu anda yeryüzündeki hemen bütün kriz bölgeleri, Müslümanlar'ın yaşadığı coğrafyalar ve bütün krizlerin mağdur tarafı Müslümanlar... Çeçenistan, Filistin, Balkanlar, Afganistan, Irak... Yaşananların "unutulur" cinsten olmadığını söylemek bile zait...

Bu çatışmanın zeminini Batılılar kendi elleriyle hazırlıyor. Dünyanın Batı yakasına aktarılacak her varil petrol ve bu uğurda akıtılan her damla kan, Ortadoğu coğrafyasında kolay dinmeyecek bir nefreti yeşertiyor. Irak'a ve diğerlerine getirileceği söylenen "özgürlük", bu coğrafya için kendi kaderine ve özgürlüğüne gerçek anlamda sahip çıkma mücadelesine alttan alta zemin hazırlıyor.

Ortadoğu'ya getirileceği söylenen özgürlüğün, Büyük İsrail projesinde hedefe adım adım yaklaşılırken işlevsel bir enstrüman olarak kullanılmaktan başka bir anlamı yok. Dün Saddam tarafından baskı altında sömürülen ve yarın ABD bağımlısı yönetim tarafından "özgürce" sömürülecek olan insanlar birgün bu gidişe dur diyecek iradeyi harekete geçirdikleri zaman, evet ancak o zaman gerçek medeniyetler çatışmasından söz etmek mümkün olabilir.

Sular bulanmadan durulmaz. İlahi takdir hükmünü yürütüyor ve dünyanın merkezi Ortadoğu nihai kaderine doğru düşe kalka yol alıyor.

Mevla görelim neyler...

DOKUZUNCU BÖLÜM

MÜTEFERRİK YAZILAR

1. "Anlama Problemi"nden Müşteki Bir Yazara Hatırlatmalar

Bu yazıda Mustafa İslamoğlu'nun, "anlama problemi" üzerine kurguladığı *Üç Muhammed* adlı çalışmasını konu edineceğim. Hemen belirteyim ki bu, "book review" tarzı bir yazı olmayacak. Zira mezkûr kitabın kurgusuyla, iddiasıyla ve ortaya koyduğu argümanlarla ilgilenecek o tarz bir yazı, takdir edersiniz ki bu köşenin sınırlarını hayli zorlayacaktır. Bu itibarla burada yapmayı tercih edeceğim şey, "anlama problemi"nin altını çizen İslamoğlu'nun bu kitabında göze çarpan "anlama problemleri" ile sınırlı bir "hatırlatma" olacak.

Anlaşıldığına göre İslamoğlu, kapağında sekizinci kere basıldığı ifade edilen bu kitabı yazdıktan sonra bir daha gözden geçirme ihtiyacı hissetmemiş. Değineceğim "anlama problemleri" konusunda iki şey söylenebilir:

1. İslamoğlu bu kitabı "alelacele" kaleme almıştır; bu sebeple bahse konu problemleri fark edememiştir.

2. İslamoğlu, bu kitapta söylediği her sözden, arkasında sonuna kadar duracak denli emindir. Bu şıklardan hangisinin doğru olduğunu zaman gösterecek.

Alâ külli hal, ben üzerime düşeni yapmış olmak bakımından, kendisine aşağıdaki hususları hatırlatmayı bir "ilim borcu" olarak görüyorum. Gerisine kendisi karar verecektir...

1. "İrfanî bilgi sistemi mensuplarının yukarıda yaptığı aşırı yüceltmeyi, İbn Teymiyye de mensubu olduğu beyan bilgi sisteminde yapmıştır. Her iki grup da tezlerini desteklemek için en şaibeli haberleri kullanmaktan kaçınmamışlardır. Aynen şu örnekte görüldüğü gibi: "Kim bir peygambere hakaret ederse o öldürülür. Kim onun sahabesine hakaret ederse derisi yüzülür."[1]

Diyelim ki İbn Teymiyye'nin, senedindeki Abdülazîz b. el-Hasen b. Zebâle sebebiyle bu rivayete temkinle baktığını anlatan sözleri İslamoğlu'nun dikkatinden kaçmıştır ve yine diyelim ki İbn Teymiyye, Peygamber'in sahabesine sövenin, bizzat Peygamber'e sövene verilecek cezadan çok daha ağırına çarptırılacağının söylenmesinde bir problem görmeyecek kadar bu işlerin yabancısıdır.(!) Muhal farz kaydıyla bunları anlayabiliriz. Benim anlamakta zorlandığım asıl nokta başka: İslamoğlu'nun, "celede" fiilinin meçhul formu olan "culide" kelimesine "derisi yüzülür" anlamını hangi lugattan onay alarak giydirdiği!

Eğer İbn Teymiyye (ve konuyla ilgili eser yazan Takiyyuddîn es-Sübkî gibi başkaları) tarafından bu rivayet –sağlam bir delil diye– kullanılmışsa (ki öyle olmadığı açık), onlar bakımından İslam Hukuku'nda "deri yüzmek" diye bir cezanın mevcut olup olmadığının İslamoğlu tarafından niçin merak edilmediği bir bahs-i diğer. Ama İbn Teymiyye'nin *es-Sârimu'l-Meslûl*'üne eli değmişken, bu eserin "Hükmü Men Sebbe Ehaden mine's-Sahâbe" başlıklı faslına (570 vd.) bir göz atarak, hatta herhangi bir lugate başvurarak "culide"nin "duribe" anlamında olduğunu tesbit etmek son derece kolayken, başına böyle bir sıkıntıyı açmakta bir sakınca görmemiş olması düşündürücü.

"Neticede söz konusu olan, uydurma veya zayıf bir rivayet. Dolayısıyla meseleyi büyütmeye değmez" diyenler çıkabilir. Ama ilmî emanet duygusu, uydurma da olsa herhangi bir rivayete "kafamıza göre" anlam vermemize engel olmalı, değil mi? Bu rivayeti istidlal için mi, istişhad için mi kullandığına bakmaksızın İbn Teymiyye ve diğer ulemayı, "böyle bir rivayete dayanarak insanların derisinin yüzülmesine hükmeden kimseler" olarak takdim etmiş olmanın vebali de işin cabası...

---

[1] *Üç Muhammed*, 79.

2. "İbn Teymiyye bu eserinde[2] aynen şöyle der: "Kendi sesini Peygamber'in sesinden fazla yükselttiği sabit olan kimsenin, bundan dolayı, haberi olmadan küfre düşmesinden ve tüm yaptıklarının boşa çıkmasından korkulur." 'Bırakınız kendisinden yüksek sesle konuşan mü'mini, kendi canına kastedenleri dahi bağışlayan *raûf* ve *rahîm* bir peygamber, kendi adına verilmiş böylesi hükümleri görse ne derdi?' sorusu, bu türlü durumlarda sorulması gereken en doğru sorudur."[3]

İbn Teymiyye'nin –her ne kadar metne sadık kalınmamışsa da, anlamı aksettirdiğini söyleyebileceğimiz yukarıdaki çeviride yer alan– bu hükmü, *"Ey iman edenler! Seslerinizi Peygamber'in sesinden yüksek çıkarmayın. Onunla konuşurken, birbirinize bağırdığınız gibi bağırmayın ki, siz farkına varmadan amelleriniz boşa gidiverir"*[4] ayetine dayanır; bunu mezkûr kitabında da açıkça belirtmiştir.[5] Kur'an tefsiriyle de iştigal ettiğini bildiğimiz İslamoğlu bu ayetin mantuk ve mefhumu ve her tabakadaki müfessirlerin bu ayetten istinbat ettiği ahkâm hakkında ne düşünür bilemem, ama, eğer İbn Teymiyye'nin (ve mezkûr ayetten bu hükmü çıkaran diğer ulemanın) yaptığı "yadırgatıcı" ise, İslamoğlu'nun bu babda yaptığı "dudak uçuklatıcı"dır. Zira İbn Teymiyye'nin zikrettiği hüküm, bizzat ayetin hükmüdür.

Burada söz konusu olan, Hz. Peygamber (s.a.v)'le konuşurken O'nun sesini bastıracak tonda ve herhangi birine bağırır gibi bağırarak konuşmaktır. Kasıtlı yapıldığı zaman Hz. Peygamber (s.a.v)'e saygısızlık ve O'nu incitmek anlamına geleceği açıktır. Bu ayetin nüzul sebebini ve nüzulünden sonra Sahabe'nin nasıl hareket ettiğini görmek için rivayet tefsirlerine bakılabilir.

"Rasulullah'ın, etrafındakilerin çok daha saygısız davranışlarına nasıl dayandığına şu ünlü rivayeti örnek

---

[2] Yani *es-Sârimu'l-Meslûl*'de.
[3] *Üç Muhammed*, 79.
[4] 49/el-Hucurât, 2.
[5] *es-Sârimu'l-Meslûl*, 59 vd.

gösterebiliriz: "Uyeyne b. Hısn el-Fezari, kapıyı vurmadan ve haber vermeden Rasulullah'ın odasına dalıverdi. Rasulullah Hz. Aişe ile birlikte (ev hâli rahatlığında) oturuyorlardı. Adam, "O yanındaki kırmızı tenli (humeyra) de kim?" diye sordu. "Ebu Bekir kızı Aişedir" dedi. Uyeyne yüzü kızarmadan: "Ben sana ondan daha iyisini getireyim" teklifini yapınca Hz. Peygamber, "Ey Uyeyne, Allah bunu haram kıldı!" dedi."[6]

Eğer İslamoğlu'nun dediği gibi bu rivayet "ünlü" ise, ününü "problemli" oluşundan aldığı kesin. Gerek referans gösterdiği kaynaklarda, gerekse onu zikreden Hadis ve Rical kitaplarında bu rivayetin muhtelif varyantları hakkında söylenenleri tahkik ettiğinde bunu kendisi de teslim edecektir.

Ancak bundan daha önemlisi İslamoğlu'nun, Efendimiz (s.a.v)'i, adeta kendisine karşı yapılan muamele ne olursa olsun, kimden gelirse gelsin ve hangi kasıtla yapılırsa yapılsın daima sineye çeken, müsamaha gösteren ve karşılık vermeyen/verilmesini istemeyen bir konuma taşıma gayretidir.

Evet, Hz. Peygamber (s.a.v), kendisine farklı şekil ve tonlarda incitici muamelede bulunan kimselere bizzat ve fiilî olarak mukabale-i bi'l-misil'de bulunmamıştır; ancak İfk hadisesinde ve daha başka vesilelerle Abdullah b. Übeyy b. Selûl hakkındaki tavrı, Mekke'nin fethinden sonra 4'ü erkek, 2'si kadın 6 kişi hakkında ölüm emri vermesi ve *es-Seyfu'l-Meslûl* ile *es-Sârimu'l-Meslûl*'de toplu halde görülebilecek diğer örnekler, O'nun, bir yanağına vurana öbürünü çevirme anlayışını çağrıştıracak bir tavrın ısrarcısı olarak gösterilmesinin asla onaylanamayacağını ortaya koymaktadır.

3. el-Heysemî'nin *Mecma'u'z-Zevâid*'inin ne maksatla tasnif edilmiş nasıl bir eser olduğunu, Hadis sahasıyla az-çok iştigal etmiş herkes bilir. Ahmed b. Hanbel, Ebû Ya'lâ ve el-Bezzâr'ın *Müsned*'leri ile et-Taberânî'nin üç *Mu'cem*'inde bulunup da *Kütüb-i Sitte*'de yer almayan

---

[6] *Üç Muhammed*, 79, dpnt. 129.

rivayetleri bir araya toplamak maksadıyla oluşturulan ve "zevâid" literatürüne şüphesiz en muazzam katkıyı yapmış bulunan bu eseri, "rivayet adına eline geçen her şeyi içine alan" diye nitelendiren İslamoğlu[7] bunun tek istisnası olsa gerektir.

Ne ki burada üzerinde duracağım asıl nokta bu değil. Çünkü İslamoğlu'nun, bu eserde el-Heysemî'nin bir senet hakkındaki değerlendirmesini aktarırken yaptığı tercüme hatası, *Mecma'u'z-Zevâid* hakkındaki bilgi eksikliğinden kaynaklanan mezkûr değerlendirmeyi gölgede bırakacak nitelikte.

el-Heysemî, bu eserinde[8] zikrettiği bir et-Taberânî rivayetinin senedi hakkında –adeti olduğu üzere– kısa bir değerlendirme yapmış ve "Ve lem era fî isnâdihî men ucmi'a alâ da'fihî" demiş.

İslamoğlu bu cümleyi şöyle çevirmiş: "Zaafı üzerinde sözbirliği dışında isnadı hakkında bir şey görmedim."[9] Buradan anlaşılan şu: el-Heysemî'nin bahse konu isnadın durumu hakkında ulaşabildiği yegâne bilgi, cerhta'dil otoritelerinin, bu isnadın zayıf olduğu noktasındaki ittifakıdır.

Oysa yukarıda okunuşunu verdiğim orijinal ifadenin doğru çevirisi şöyle olmalıdır: "Bu rivayetin isnadında, zayıflığı konusunda görüş birliği edilmiş bir kimse görmedim."

el-Heysemî'nin bu değerlendirmesi, hadisin senedindeki ravilerden birkaçı hakkında birtakım cerh ifadeleri olsa da, konunun otoritelerinin bu noktada görüş birliği halinde olmadığını belirtmekle, bir anlamda hadisi "tahsin"e yönelik iken, İslamoğlu'nun tercümesi, görüldüğü gibi durumu tersine çevirmiştir.

4. "Hadislerin Tekrarsız Kaç Adet Olduğuna Dair Görüşler" başlığı altında İslamoğlu şöyle diyor: "1 İbn Hacer, *en-Nüket ala İbni's-Salah*'da der ki (s.992): Ebu

---

[7] *Üç Muhammed*, 94.
[8] *Mecma'u'z-Zevâid*, VIII, 270.
[9] *Üç Muhammed*, 95.

Cafer Muhammed b. Hüseyin el-Bağdadi kendisine ait *et-Temyiz* adlı kitapta Şu'be, es-Sevrî, Yahya b. Said el-Kattan, İbnu'l-Mehdi ve Ahmet b. Hanbel'den aktarır: Rasulullah'a isnat edilen hadislerin tamamının sayısı (yani tekrarsız, sahih olarak) 404.000'dir..."[10]

Oysa İbn Hacer'in burada zikrettiği rakam 4.400 (dörtbin dörtyüz)'dür.

"Ebu Davud, İbn Mübarek'ten: Nebi'den nakledilen sünnetlerin tamamı yaklaşık 900 hadistir. Kendisine "Ebu Yusuf 1.100'dür diyor?" diye soruldu. İbn Mübarek şöyle cevap verdi: "Ebu Yusuf, şuradan başlar, zayıf hadisin de içinde olduğu şuraya kadar alır" dedi..."[11]

Son cümlenin doğru çevirisi şöyle olmalı: "Ebû Yusuf zayıf hadis türünden o belalı rivayetleri şuradan buradan alır (kaynağına dikkat etmez)." (el-Kevserî merhum, *Risâletu Ebî Dâvûd*'un bir diğer yazma nüshasında bu ifadenin şöyle yer aldığını belirtir: "Ebû Yusuf o belalı rivayetleri şuradan buradan alır. İbnu'l-Mübârek bu sözüyle zayıf hadisleri kasdetmiştir.")

(Ebû Dâvûd'un İbnu'l-Mübârek'ten aktardığı bu ifade üzerinde gerekirse daha sonra dururuz.)

5. Söz hadislerin miktarından açılmışken bu konuya devam edelim.

İslamoğlu bu konuda bir CD'den şu ifadeleri aktarıyor: "... Zehebi der ki: Bu, Ebu Abdullah'ın (Ahmed b. Hanbel, E.S) ilminin çapının genişliği konusunda sahih bir rivayettir. Onlar, bu sayıya tekrarları, eserleri, tabiin görüşlerini ve yorumlarını ve buna benzer şeyleri de katıyorlardı. (...) İmam es-Sehavi, Fethu'l-Muğis isimli eserinde İmam Buhari'nin "Sahihinden 100.000 hadis ezberledim" sözüyle alakalı olarak der ki: Bununla tekrarları, mevkufları, yine sahabe, tabiin ve diğerlerinin sözlerini ve öncekilerden sadır olan fetvaları kasdetmiştir. Bütün bunlara "hadis" denirdi..."[12]

---

[10] *Üç Muhammed*, 196.
[11] *Üç Muhammed*, 196-7.
[12] *Üç Muhammed*, 196.

Herhangi bir Usul-i Hadis kitabında kolayca görülebilecek bu ve benzeri ifadelerin anlattığı açıktır: İlk dönem alimleri, sadece Efendimiz (s.a.v)'e kesintisiz isnatla ulaşan muttasıl/merfu rivayetleri değil, sahabî ve tabiî kavillerini, hatta aynı metnin değişik isnatlarını dahi "hadis" olarak isimlendiriyordu. Nitekim İslamoğlu bu konuda şöyle diyor:

"Hadislerin sayısı, hadisçilere göre şu iki nedenden dolayı kabarmıştır: 1) Hadis'in tanımı: Bazı hadisçiler sadece Hz. Peygamber'in söz, davranış ve takririni "hadis" olarak tanımlarken, bazıları buna sahabenin, hatta tabiininkileri de katmıştır. 2) Rivayetlerin isnad zinciri: Bir tek anlamın taşındığı her rivayet zinciri, ayrı bir "hadis" kabul edilmiştir. Aynı anlam, beş, on, yirmi, hatta elli ayrı zincir tarafından nakledilmiştir. Mesela âşûrâ hadisi rastladığım tipik bir örnektir. Buhari dahi, formları farklı da olsa hepsi de aynı anlamı taşıyan bu hadisin birçok versiyonunu nakletmiştir. Bu durumu, hadisçilerin "rivayete" karşı zaafları körüklemiştir. Muhaddis Abdurrahman b. Mehdi mest üzerine meshetme hakkındaki hepsi de aynı kişiye (Muğire) varıp dayanan on üç ayrı zinciri kastederek "Bana göre 13 hadisi vardır" demiştir."[13]

Durum bizzat kendisi tarafından bu şekilde ortaya konduktan sonra İslamoğlu'nun, nasıl bir mantık işleterek aşağıdaki sözleri söylediğine şaşırmamak elde değil:

"Hadislerin sayısı aritmetik olarak değil, geometrik bir biçimde artmıştır. Yukarıda da görüldüğü gibi Hz. Peygamber'e ait yüzlü rakamlarla ifade edilen dinî amaçlı söz ve davranışlar hicri ikinci yüzyılda 100.000 rakamına, Buhari'nin Sahih'ini derlediği üçüncü asırda ise neredeyse 1.000.000 rakamına ulaşmıştır. (...)

"İşte hadisçilerin peygamber tasavvuru adını verdiğimiz tavır budur: Hep konuşan bir peygamber. Görevi sanki sürekli konuşmak olan, hemen her meselede bir şey söyleyen, hakkında konuşmadığı konu hemen hemen hiç olmayan, durduk yerde münasebet gözetmeden söz

---

[13] *Üç Muhammed*, 197.

söyleyen bir peygamber tasavvuru. Gerçekten garip bir tasavvur. Peygambere isnat edilen "hadis" sayısının binlerden milyonlara çıkışını ancak bu nedenle açıklayabiliriz. Yukarıdaki iki nedenin de arkasında yer alan daha derin neden, hadisçilerin hep konuşan peygamber tasavvurundan başka bir şey değildir..."[14]

Hadis imamlarının, bir metnin farklı tariklerini mümkün olduğunca bir araya getirmek için sarf ettiği gayreti "zaaf" olarak niteleyen, "hadis"ten kastın ne olduğunu bizzat kendisi gayet güzel açıklamışken, sonra dönüp bunu bir "problem" olarak takdim eden bu ifadeleri, "anlama problemi"nin şaheser bir örneği saymazsak İslamoğlu'na haksızlık olur!

6. es-Süyûtî, *el-Hasâisu'l-Kübrâ*'da (II, 464) İbn Mâce'den naklen, Hz. Peygamber (s.a.v)'in oğlu İbrahim ile ilgili –senedinde mecruh bir ravi bulunan– bir rivayete yer vermiştir. İslamoğlu bu rivayet üzerinde dururken el-Aclûnî'den naklen ulemanın bu hadis hakkındaki değerlendirmelerini aktarmış: "Üç sahabeden rivayet edilmiş olması gerçekten şaşkınlık vericidir" diyen İbn Abdi'l-Berr biraz da çekinerek şöyle söyler: "Bu nedir, ben de akıl erdiremedim? Nuh aleyhisselamın oğlu da peygamber değildi. Oysaki, eğer peygamberden her doğan peygamber olsaydı Nuh'un oğlu da peygamber olurdu!"[15]

Oysa *Keşfu'l-Hafâ* sahibi İbn Abdilberr'in, "Bunun ne olduğunu bilmiyorum. Nuh (a.s)'ın da peygamber olmayan çocuğu vardı..."[16] şeklindeki ifadesini aktardıktan ve "Fakat hafız İbn Hacer şöyle demiştir" dedikten sonra İbn Hacer el-Askalânî'nin bu itiraza karşılık şöyle dediğini nakleder: "(...) Bu tavır şaşırtıcıdır. Oysa (Hz. Peygamber (s.a.v)'in oğlu İbrahim hakkındaki görüş) Sahabe'den üç kişiden gelmiştir..."[17]

---

[14] *Üç Muhammed*, 197-8.
[15] *Üç Muhammed*, 97.
[16] el-Aclûnî, –İbn Hacer'e tabi olarak– İbn Abdilberr'in bu konudaki sözünü tam aktarmamıştır. Bununla birlikte aktardığı kısmın maksadı yansıttığı söylenebilir. Sözün tamamı için bkz. *el-İstî'âb*, I, 60.
[17] el-Aclûnî, *Keşfu'l-Hafâ*, II, 204.

Kısacası İslamoğlu'nun burada iki hatası göze çarpıyor:

1. Konunun üç sahabîden geldiğini söyleyen İbn Hacer olmasına rağmen, bu sözü İbn Abdilberr'e ait göstermesi.

2. Yukarıda benim, "Bu tavır şaşırtıcıdır. Oysa (Hz. Peygamber (s.a.v)'in oğlu İbrahim hakkındaki görüş) Sahabe'den üç kişiden gelmiştir..." şeklinde çevirdiğim cümleyi hatalı olarak "Üç sahabeden rivayet edilmiş olması gerçekten şaşkınlık vericidir" tarzında çevirmiş olması.

7. Deccal olduğu sanılan ve Hadis kitaplarında geniş yer bulan İbn Sayyâd ile ilgili rivayetlerin mecmuu bir arada ele alındığında, adı geçen kişinin Deccal olup olmadığının netleştirilmesi için Hz. Peygamber (s.a.v) tarafından küçük bir deneme yapıldığı kolayca anlaşılmaktadır. Bu deneme esnasında –henüz büluğ çağına ulaşmamış olan– İbn Sayyâd'ın Efendimiz (s.a.v)'e verdiği cevaplar ve Efendimiz (s.a.v)'in bu cevaplara tepkisi üzerine, orada bulunan Hz. Ömer (r.a), İbn Sayyâd'ı öldürmek için izin istemiş, ancak Efendimiz (s.a.v), –bu olayı nakleden el-Buhârî ve Müslim'in, kıssanın sonunda zikrettiği– şu cevabı vermiştir: "İn yekunhu felen tusallata aleyhi; ve in lem yekunhu felâ hayre leke fî katlihî."

İslamoğlu bu konuda şöyle diyor: "Hadiste "Deccal" hiç geçmemesine rağmen, başta Müslim olmak üzere hadis musannifleri bu hadisi kıyamet alâmetleri ve Deccalle ilgili haberler arasında nakletmişlerdir. Yahudiler arasında popüler bir konu olan Deccal konusu, Medine'deki mü'minlerin de gündeminde ön sıralarda yer almış, yoruma müsait her haber Deccalle ister istemez ilişkilendirilmiştir. Bu ilişkilendirmeyi, haberin sonunda yer alan "İn yekunhu felen tusallata aleyhi; ve in lem yekunhu felâ hayre leke fî katlihî" ibaresindeki belirsizlik cesaretlendirmiştir. Bizce burada Deccal'e açıkça delâlet eden bir anlam yoktur. Bu cümle, tekin olmadığı, gaipten haber verdiği iddia edilen bu Yahudi çocuğunun ruh hâlinin peygamber tarafından güzel bir tahlilidir ve muhtemel açılımı şöyledir: "Eğer o kendinde olarak konuşuyorsa, o bir çocuktur; aleyhinde hüküm verilmez; çünkü çocuk olduğu için cezaî ehliyeti yoktur. Yok, kendinden geçmiş, hallisünasyon ve sanrı gören biriyse, ona dokunmak yararsızdır, bu durumda da sonuç aynıdır, kimseye bir yararı olmaz."[18]

İslamoğlu, el-Buhârî ve Müslim'den naklettiği İbn Sayyâd kıssasının sonunda geçen "İn yekunhu felen tusallata aleyhi; ve in lem yekunhu felâ hayre leke fî katlihî" ibaresinin geniş açılımını ilgili dipnotta böyle vermiş. Metin kısmında verdiği tercüme ise şöyle: "Eğer o (kendisinde) ise onun aleyhinde hüküm verilmez, eğer o (kendisinde) değilse onu öldürmek senin iyiliğine olmaz."[19]

Ancak bu çeviride İslamoğlu'nun "atladığı" ve metinle tetabuk etmeyen birkaç "küçük" ayrıntı var:

1. "İn yekunhu felen tusallata aleyhi" cümlesinde geçen "len tusallata" ifadesindeki "len" edatı "gelecek zamanda tekitli olumsuzluk" ifade eder. Dolayısıyla İslamoğlu'nun yaklaşımına göre çeviri, "onun aleyhinde asla hüküm verilmeyecek" tarzında olmalıdır. "Len" edatının "serbest" bir çeviride geniş zaman anlamı verdiğini kabul etsek bile sorun burada bitmiyor:

2. "Sallata" ettirgen fiilinin "tusallitu" formu, "len" edatıyla birlikte ("len tusallata") tek başına iki şekilde anlaşılabilir:

A. Müzekker (eril) muhatap için "Sen ona asla muktedir kılınmayacaksın."

B. Müennes (dişil) üçüncü şahıs için "O (kadın) ona asla muktedir kılınmayacak."

İmdi, İslamoğlu'nun çevirisinin doğru kabul edilebilmesi için İbn Sayyâd aleyhine hüküm verecek olan kişinin bir kadın olduğunu söylememiz gerekiyor. Fakat hitap Hz. Ömer (r.a)'edir. Öyleyse hitabın, "muhatap" kipinde anlaşılması gerekiyor. O zaman da İslamoğlu'nun çevirisi metne uymuyor. Zira bunun için ifadenin "len yusallata" olması gerekiyor.

Burada doğru çeviri şöyle olmalıdır: "Eğer o (Deccal) ise, sen ona asla muktedir kılınmayacaksın. Şayet o

---

[18] *Üç Muhammed*, 31; dpnt. 17.
[19] *Üç Muhammed*, 31.

(Deccal) değilse, onu öldürmekte senin için bir hayır yoktur." Burada parantez içinde zikrettiğim "Deccal" kelimesi, İbn Sayyâd ile ilgili rivayetlerin mecmuunun bir arada değerlendirilmesi sonucu, onun Deccal olup olmadığı konusunda ilk anda Efendimiz (s.a.v) de dahil herkeste mevcut olduğu görülen tevakkufa dayanıyor.

İslamoğlu burada bir tek varyantla sınırladığı hadiseyi kendi anladığı şekilde ifadelendirebilmek için önce "İn yekunhu felen tusallata aleyhi; ve in lem yekunhu felâ hayre leke fî katlihî" cümlesinde bir "belirsizlik" olduğunu düşünüyor ve ardından –kendi tabiriyle– "metne işkence ederek" bu "belirsizliği" mezkûr çeviri ve açılımla ortadan kaldırıyor!

Oysa Efendimiz (s.a.v)'in Hz. Ömer (r.a)'e hitabındaki "olumsuz gelecek zaman" kipinde, Deccal'i öldürecek kişinin Hz. İsa (a.s) olduğu konusundaki Nebevî bilgi ve habere gönderme vardır. Bu gerçek ve İbn Sayyâd'la ilgili rivayetlerin ortak anlamı göz ardı edildiğinde, metnin ne dediğini anlamaya çalışmak yerine "metne anlam sipariş etmek" kaçınılmaz oluyor...

8. Aynı kitabın 31. sayfasında başlayıp 32. sayfada devam eden 18 numaralı dipnotta İslamoğlu, İbn Haldun'dan şöyle bir ifade naklediyor: "Bunlardan çoğu, halkın bildiği sıradan bilgilerden fazlasını bilmiyorlardı ve Arabistan Yahudilerinin çoğu da Yahudileşmiş Himyerlilerdi. Müslüman olduklarında, şeriat hükümlerine **taalluk eden** hususlarda, mevcut anlayışları üzere kaldılar."

Oysa İbn Haldun, yukarıda siyah puntoyla verdiğim çevirideki durumu şöyle anlatıyor: "... mimmâ **lâ** ta'alluka lehû bi'l-ahkâmi'ş-Şer'iyye", yani "Şer'î hükümlere **taalluk etmeyen** hususlarda..."[20]

9. "*Şifa* sahibi Hz. Peygamber'in beşerliği konusunu ele alırken hayli ikirciklidir: "Onun özellikleri meleklerin özelliklerine benzemekte, değişimden berî bulunmaktadır." (...) Bu kez içi rahat etmez ve der ki: "Her ne kadar

---

[20] *Mukaddime*, 439.

bir bedenleri ve görünür varlıkları var idiyse de, meleklerin özellikleriyle donanmışlardır..."[21]

İslamoğlu bu pasajda parantez içi üç nokta ile verdiğim yerlerde, Kadı Iyâd'ın ifadelerinin orijinalini zikretmiş. Ancak görüldüğü gibi cümleler bağlamdan kopuk verildiği için Kadı Iyâd'ın maksadı tam olarak anlaşılmıyor. İslamoğlu'nun "ikirciklilik" çıkardığı ifadeler ve bağlam aşağıda:

"Nebi ve resuller (hepsine selam olsun), Allah Teala ile mahlukatı arasındaki vasıtalardır. O'nun emir ve nehiylerini, va'd ve vaidini mahlukata tebliğ eder; Allah Teala'nın emir, yaratma, celal, saltanat, ceberut ve melekûtuyla ilgili olarak mahlukatın bilmediği şeyleri kendilerine öğretirler. Nebi ve resullerin dış varlıkları, beden ve bünyeleri, beşer özellikleriyle muttasıftır; beşere musallat olan (bedenî) arızalar, hastalıklar, ölüm, fena bulma ve (diğer) insanî özellikler onlar için de söz konusudur. Ruhları ve iç dünyaları ise, beşer özelliklerinden daha yücesiyle muttasıf olup, Mele-i A'la ile irtibatlıdır; meleklerin özelliklerine benzer, değişim ve (manevi) afetlerden salimdir. Onların iç dünyalarına ve ruhlarına, beşerî acziyet ve insanî zaafiyet genellikle arız olmaz. Zira onların iç dünyaları da dış varlıkları gibi sırf beşerî özeliklerden ibaret olsaydı, meleklerden (vahiy) almaya, onları görmeye, onlarla konuşmaya ve bir araya gelmeye, tıpkı diğer insanlar gibi güç yetiremezlerdi. (Buna mukabil) eğer onların bedenleri ve dış varlıkları meleklerin özellikleriyle ve beşer evsafına aykırı hususiyetlerle donanmış olsaydı, beşer cinsi ve kendilerine elçi olarak gönderildikleri varlıklar, onlarla bir araya gelmeye takat yetiremezdi..."[22]

Bu ifadelerin neresinde "ikircikli" bir durum olduğunu ben tesbit edemedim. Bilmem siz ne dersiniz...

10. İbn Hazm'ın *el-Fasl*'ından bir alıntı: "Muhammediyye adıyla tanınan bu fırka mensupları 'Muhammed aleyhisselam, Allah'ın ta kendisidir' iddiasındadırlar. Al-

---

[21] *Üç Muhammed*, 78.
[22] *eş-Şifâ*, II, 95-6.

lah'ın şanı onların küfründen beri ve yücedir. El-Behneki ve Feyyad b. Ali onlardandır. Bu ikincisinin, bu manada *el-Kıstas* diye adlandırdığı bir de kitabı vardır. Ünlü kâtip Eyyuh da onlardandır. Yöneticiliği döneminde İshak b. Kindac'a kâtiplik yapmıştır..."[23]

İbn Hazm'ın adı geçen eserindeki bir baskı hatası, İslamoğlu'nun, Hz. Peygamber (s.a.v)'in (haşa) ilahlığını iddia edenlere "Eyyûh" adında bir taraftar daha kazandırmasına müncer olmuş. Oysa aslında böyle bir kişi yok. Zira İbn Hazm'ın yukarıdaki ibaresinde "Ebûh" (onun babası) olması gereken kelime[24], bir nokta fazlasıyla "Eyûh"a dönüşmüş. İslamoğlu'nun buraya bir "y" daha ilavesiyle de "Eyyûh" ortaya çıkmış. Dolayısıyla İbn Hazm'ın ifadesinin doğru çevirisi şöyle olmalı: "(el-Feyyâd'ın) babası, İshâk b. Kindâc'ın idareciliği döneminde görev yapmış olan meşhur kâtiptir..." *el-Fasl*'ın muhakkiki, İbn Hazm'ın zikrettiği bir beytin, el-Feyyâd'ın babası Ali b. Muhammed b. el-Feyyâd'a hitaben yazıldığını da dipnotta tasrih etmiş ama...

11. Kadı Iyâd'ın *eş-Şifâ*'sına yazdığı haşiyede ("zeyl" değil) eş-Şumunnî'nin, "Zekera Muhtâr b. Mahmûd el-Hanefî şârihu'l-Kudûrî ve musannıfu'l-Kunye fî risâletihi'n-Nâsıriyye..." diye başlayıp devam eden cümlesine İslamoğlu şöyle gönderme yapmış: "Ünlü Kuduri'nin şarihi ve *el-Kabiyye fi Risaleti'n-Nasıriyye* yazarı Muhtar b. Mahmud el-Hanefî..."[25]

İslamoğlu'nun bu kısa cümlede yaptığı iki hatadan biri, kullandığı *eş-Şifâ* nüshasındaki bir baskı hatasından kaynaklanıyor. Kaybolmaya yüz tutan "rical bilgisi"nin yerini alması beklenen "aşinalığın" bile İslamoğlu'nun semtinden uzak kalması, (tıpkı "Mahled"e "Muhalled", "Ğunder"e "Ğander", "Sağânî"ye "San'ani" demesine yol açması gibi) Muhtâr b. Mahmûd el-Ğazmînî'nin, *el-Kabiyye* diye bir eserinin olup olmadığını tahkike ihtiyaç

---

[23] *Üç Muhammed*, 25.
[24] Bkz. İbn Hacer, *Lisânu'l-Mîzân*, I, 372.
[25] *Üç Muhammed*, 73.

hissettirmemiş olabilir ve bu bir ölçüde anlayışla karşılanabilir. Ama *Üç Muhammed*'e vücut veren argümentasyonun sacayaklarından "*eş-Şifâ* tenkidi"ni şekillendirirken bu eserin matbu ve mütedavel olan iki şerhinden müstağni hareket etmesi, sadece *el-Kabiyye* dediği eserin aslında *el-Kunye* olduğunu fark etmemesine değil, Kadı Iyâd'ı –daha önce geçtiği ve ileride de geleceği gibi– birçok noktada yanlış anlamasına/takdim etmesine müncer oluyorsa bunu mazur görmek zorlaşır.

İslamoğlu'nun yukarıdaki cümlede göze çarpan ikinci hatası ise, sadece bir "hu" zamirini atlamasından değil, "vav" bağlacını ve ardından gelen izafet terkibindeki "musannıf" kelimesini de devre dışı bırakmasından anlaşıldığına göre bayağı bir emek mahsulü!

Uzatmayalım, doğru çeviri şöyle olacak: "*Kudûrî* şarihi ve *el-Kunye* adlı eserin yazarı Muhtâr b. Mahmûd el-Hanefî, *er-Risâletu'n-Nâsıriyye*'sinde..."

12. Yine *eş-Şifâ*'dan bir nakil: "(...) Bu Şafiî'nin ashabından bazılarının da görüşüdür. *Şamil*'inde Ebu Nasr es-Sabbağ'dan da bu görüş nakledildi. Aynı görüş, Malikî İmam Ebu Bekir b. Sabık'ın hem *el-Bedi' fi Füruî'l-Malikiyye* hem de *Tahric* adlı eserlerinden naklen aktarıldı. Zaten onlardan da Şafiîlerin füruatında vardığı sonuç dışında bir görüş sadır olmadı."[26]

Yer tutmaması için orijinal okunuşunu veremeyeceğim bu pasajda ve öncesinde Kadı Iyâd, Hz. Peygamber (s.a.v)'in küçük ve büyük abdestinin temiz olup olmadığı konusunu ele alıyor ve bu meseledeki ihtilafı zikrediyor. Bu bağlamda doğru çeviri şöyle olacak: "Bu (Hz. Peygamber (s.a.v)'in küçük ve büyük abdestinin temiz olduğu), eş-Şâfi'î'nin ashabından bazılarının da görüşüdür. Bunu İmam Ebû Nasr **b.** es-Sabbâğ, *eş-Şâmil* isimli eserinde zikretmiştir. Bu konudaki iki (zıt) görüşü, Ebû Bekr b. Sâbık el-Mâlikî, Mâlikî mezhebinin fer'î meseleleri ile bu mezhebin alimlerinin görüş belirtmediği hususların, Şafiî

---

[26] *Üç Muhammed*, 94.

ulemanın fer'î meseleleri belirleme tarzıyla tahricine yer verdiği *el-Bedî'* isimli eserinde nakletmiştir."

13. Hz. Peygamber (s.a.v)'in, oğlu İbrahim'in cenaze namazını kıl(dır)madığını bildiren bir rivayetle ilgili olarak ez-Zerkeşî'nin el-Aclûnî tarafından[27] nakledilen bir ifadesini şöyle çevirmiş: "Babasının faziletinden dolayı namazını kıldırmamış olabileceği gibi şehitlerin faziletine erdiği için de kıldırmamış olabilir..."[28]

Doğru çeviri şöyle olacak: "Tıpkı şehitlerin, şehitlik fazileti sebebiyle cenaze namazlarının kılınmasından müstağni oldukları gibi İbrahim de, babasının fazileti dolayısıyla cenaze namazının kılınmasından müstağnidir..."

14. Hz. Peygamber (s.a.v)'in Miraç'ta Rabbini görüp görmediği konusundaki ihtilaf malum. İslamoğlu bu konuda Kadı Iyâd'ın tavrını şöyle veriyor: "Yazarımız, *görme* olayını böylesine sınırsız ve serbest bir yaklaşımla tartışıp kendi tezini yukarıda örneğini verdiğimiz rivayetler yardımıyla galip ilân ettikten sonra, tartışmayı *görüşme* platformuna taşıyor. Yani Hz. Peygamber'in Rabbini baş gözüyle gördüğü tezi yazarımıza göre isbatlanmış bir tezdir..."[29]

Acaba Kadı Iyâd gerçekten bu kanaatte midir? Birlikte okuyalım:

"(Allah Teala'nın) görülebilmesinin cevazı konusunda şüphe yoktur. Zira ayetlerde Allah Teala'nın görülemeyeceği konusunda nass (açık ifadeli delil) mevcut değildir. Hz. Peygamber için Allah Teala'yı görmüş olmanın gerekliliğine ve O'nun Allah Teala'yı gözleriyle gördüğünün söylenmesine gelince, bu konuda da kesin ve açık bir delil yoktur. Zira bu görüşün dayanağı, en-Necm suresinin iki ayetidir ve (fakat) bu iki ayetin delaleti konusunda ihtilaf bulunduğu nakledilmiştir. Bu iki ayetin her iki görüşe de delalet ettiğini söylemek mümkündür. Bu konuda (Hz. Peygamber (s.a.v)'in Rabbini gördüğü konusunda) Hz. Peygamber (s.a.v)'den nakledilmiş kesin ve

---

[27] *Keşfu'l-Hafâ*, II, 204.
[28] *Üç Muhammed*, 97.
[29] *Üç Muhammed*, 118.

mütevatir bir rivayet de yoktur. (Hz. Peygamber (s.a.v)'in Rabb'ini gördüğünü anlatan) İbn Abbâs (r.a) hadisi, İbn Abbâs'ın kanaatini haber vermektedir; İbn Abbâs bu hadisi Hz. Peygamber (s.a.v)'e dayandırmamıştır ki, onun gereğiyle amel etmek vacip olsun! İlgili ayetin tefsiri sadedindeki Ebû Zerr rivayeti de böyledir. (Konuyla ilgili) Mu'âz hadisi ise tevile ihtimallidir, ayrıca hem isnad, hem de metin yönünden muzdarib (çelişkili)dir. Ebû Zerr'den gelen bir diğer rivayet de ihtilaflı, tevile ihtimalli ve problemlidir. Zira bu rivayetin bir varyantı "Nûrun ennâ erâhu" şeklinde rivayet edilmişken, bazı hocalarımız bu cümlenin "Nûrâniyyun erâhu" tarzında da rivayet edildiğini nakletmiştir.[30] Yine Ebû Zerr'in başka bir hadisinde "O'na (Rabb'ini görüp görmediğini) sordum, "Bir nur gördüm" dedi" ifadesi bulunmaktadır.

"Hz. Peygamber (s.a.v)'in Rabb'ini gördüğü kanaatinin sıhhati için bu rivayetlerden hiçbiriyle ihticac mümkün değildir. Her ne kadar "Bir nur gördüm" rivayeti sahih ise de, bu rivayette Hz. Peygamber (s.a.v) Allah Teala'yı görmediğini, ancak kendisini perdeleyip Allah Teala'yı görmesine engel olan bir nur gördüğünü haber vermektedir. Hz. Peygamber (s.a.v)'in "Nûrun ennâ erâhu", yani "Gözü örtüp kaplayan nur perdesine rağmen O'nu nasıl görebilirim?" sözü de bu anlama göndermedir. "O'nun örtüsü nurdur" ve "O'nu gözümle görmedim, ancak iki kere kalbimle gördüm dedi ve "sonra yaklaştı ve sarktı" ayetini okudu" rivayetleri de böyledir.

"Allah, gözdeki idraki kalpte veya nasıl dilerse öyle yaratmaya kadirdir, O'ndan başka ilah yoktur. Eğer bu konuda açık bir hadis varit ise ona inanılır; onun bildirdiği anlama dönmek gerekir. Zira Allah Teala'nın görülmesi muhal değildir, bunun söylenmesine engel kesin bir delil de yoktur."

---

[30] İslamoğlu bu ifadeyi, Kadı Iyâd'ın bu ikinci rivayet şeklini benimsediği izlenimini verecek tarzda naklettikten sonra bu yazının başında yer verdiğim yoruma geçiyor. Oysa görüldüğü gibi Kadı Iyâd bu varyantı, Hz. Peygamber (s.a.v)'in Rabb'ini gördüğünü anlatan rivayetlerin problemleri meyanında gündeme getirmiştir.

Bu ifadelerden "isbatlanmış bir tez" çıkarmak için ya "özel bir husumet" veya "özel bir kabiliyet" gerektiği ortada...

15. "Hz. Cebraille ilgili olduğu tüm hâl karineleriyle sabit olan Necm Suresi'ndeki *"yaklaştı ve eğildi"* ayeti, bağlamından koparılarak anlam dönüşümüne tâbi tutulur. Oysaki "yaklaşma" ve "eğilme", naklen de aklen de Allah'a, lafzi anlamında atfedilemez. Olsa olsa *mecazen* atfedilebilir. Fakat, müellifi ikna etmemektedir bütün bunlar. O Cebrail'in kastedildiği ayetleri Allah'a atfetmenin ille de bir yolunu bulmak için çırpınır. *Bu, "hukuku'l-Mustafa" gereğidir. Bu tezin "hukukullaha" aykırı olup olmadığı âdeta konu haricidir.'*[31]

Yukarıda olduğu gibi burada da İslamoğlu'nun yansıttığı hava şu: Kadı Iyâd, Yüce Allah'ın Miraç'ta Hz. Peygamber (s.a.v)'e mekânsal olarak yaklaştığı kanaatini bir "önkabul" olarak benimsemiş ve ardından bu kanaati delillendirme/ispatlama yoluna gitmiştir. Oysa yukarıda Kadı Iyâd'ın tavrının (rü'yet bağlamında) "önce kanaat, sonra delil" şeklinde takdim edilmesinin mümkün olmadığını gördük. Burada da aynı durum mevcut.

53/en-Necm suresinin ilgili ayeti üzerinde dururken Kadı Iyâd önce, müfessirlerin çoğunluğunun, bu iki kelimenin anlattığı fiillerin Hz. Peygamber (s.a.v) ile Cebrail (a.s)'e veya sadece birisine ait olduğu yahut da "dünüvv" ve "tedellî"nin (o ikisinden birinin) Sidre-i Münteha'ya doğru yaptığı fiiller olduğu görüşünü benimsediklerini zikreder. (Bu görüşün müfessirlerin çoğunluğuna ait olduğunun vurgulandığına ve muhtelif görüşler arasında ilk sırada verildiğine dikkat edilmelidir.) Ardından bu fiillerin mekânsal bir muhtevada Hz. Peygamber (s.a.v)'den Allah Teala'ya doğru veya Allah Teala'dan Efendimiz (s.a.v)'e doğru sadır olduğunu anlatan nakilleri verir ve Ca'fer b. Muhammed'in (Ca'fer-i Sadık), "Allah Teala O'nu kendisine yaklaştırdı" dediğini, peşinden de

---

[31] *Üç Muhammed*, 118. (Vurgular İslamoğlu'na ait.)

"dünüvv" fiilinin Allah Teala hakkında keyfiyetsiz olarak düşünülmesi gerektiğini söylediğini belirtir.

Bunu müteakiben, "dünüvv" ve "tedelli"nin Allah Teala ile Efendimiz (s.a.v) arasında cereyan eden fiilleri anlattığını söyleyenlerin bu görüşünün nasıl anlaşılması gerektiği sadedinde şöyle der: "Bil ki burada "dünüvv" (yaklaşma) ve "kurb" (yakınlık)ın Allah Teala'dan veya O'na doğru (Efendimiz'den) sadır olan bir fiil olarak bu şekilde izafesi, mekansal veya doğrultusal bir yakınlık anlamında değildir. Aksine durum, Ca'fer b. Muhammed es-Sâdık'tan naklen zikrettiğimiz gibidir; buradaki "dünüvv" keyfiyetsizdir." Ardından bu fiilin Allah Teala ile Hz. Peygamber (s.a.v) arasında vaki olan bir durumu anlattığının söylenmesi halinde mecazi bir ifade olarak nasıl anlaşılması gerektiğini belirtir. Hatta "kaabe kavseyn" ifadesini de aynı tarzda (mecaz anlamıyla) izah eder.

Bu durumda Kadı Iyâd'ın, "Cebrail'in kastedildiği ayetleri Allah'a atfetmenin ille de bir yolunu bulmak için çırpın"makla itham edilmesi tam bir "çarpıtma" örneğidir.

Burada, "Kadı Iyâd, bu ve benzeri konularda makul ve makbul görüşü vermekle yetinmesi gerekirken, her türlü görüşü zikrettiği için hatalıdır" denebilir. Ancak bu tarz bir tariz, *eş-Şifâ* müellifinin, daha giriş kısmında bu eserin sistematiği konusunda verdiği ipucunu göz ardı ettiği için kusurludur. Müellif bu eserini, ısrarlı bir talep üzerine kaleme aldığını ve talep sahibinin, ele alınacak hususlarda öncekilerden gelen nakilleri de toplamasını istediğini açıkça belirtmiştir. O da, konusunda yetkin bir ilim adamı olarak büyük bir özgüven ve dirayetle bu talebi yerine getirmiştir. Dolayısıyla Kadı Iyâd'ın, bu eserinde ele aldığı konularda yer verdiği her görüşü olduğu gibi benimsediği sonucunu çıkarmak hem büyük bir yanılgı hem de haksızlık olur.

Netice-i kelam...

Mustafa İslamoğlu'nun *Üç Muhammed* adlı çalışması ile ilgili olarak bu köşede zikrettiğim hususlar, mezkûr kitapta göze çarpan anlama problemlerinin sadece bir kısmını oluşturuyor. Dile getirdiğim hususların maksadın husulüne kâfi olduğu düşüncesiyle bu konuyu burada noktalıyorum.

"Anlama problemi" nitelemesiyle burada –bana ayrılan bu sütunun kısıtlı çerçevesi sebebiyle– on yazı halinde gündeme getirdiğim hususları şöylece 4 grupta toplamak mümkün:

1. Tahkik eksikliğine dayanan yanlışlar. Bu konuyla ilgili –İslamoğlu'nun kullandığı nüshalardaki baskı hatalarından kaynaklanan– 2 örnek gördük: *el-Kunye*'nin *el-Kabiyye* ve Ebûh'un Eyyûh okunması. Hz. Peygamber (s.a.v)'in büyük abdestini yerin yutmasıyla ilgili rivayetin –uydurma hadisleri toplayanlar da dahil– hiçbir kaynakta yer almadığını söylemesi de[32] burada zikredilmeli.[33]

2. Kasdın yanlış anlaşıldığı yerler. İbnu'l-Mübârek, İbn Teymiyye, el-Heysemî, ez-Zerkeşî, el-Aclûnî...den aktarılan ifadelerdeki çeviri hataları ile hadislerin miktarı hakkındaki yorum vb.

3. Müellifin tavrının çarpıtıldığı yerler. Kadı Iyâd'ın, Hz. Peygamber (s.a.v)'in beşerliği, büyük ve küçük abdestinin hükmü, "rü'yet", "dünüvv"... gibi konulardaki tavrının yanlış aktarılması vb.

4. Kaynaklara vukufiyet azlığından doğan hatalar. *Mecmau'z-Zevâid*'in "rivayet adına eline geçen her şeyi içine alan" bir eser olarak nitelendirilmesi, el-Buhârî'nin, *Sahîh*'ine almadığı rivayetleri sahih kabul etmediğinin[34] söylenmesi vb.

Bu yazılardan maksadımın bir "*Üç Muhammed* tanıtım ve eleştirisi" olmadığını baştan belirtmiş ve böyle bir ameliyenin teknik olarak bu köşede gerçekleştirilmesinin mümkün ve doğru olmadığını söylemiştim. Dolayısıyla yazdıklarımın bu çerçeveyi aşacak bir alana taşınarak değerlendirilmesi –en azından benim maksadımla örtüşmeyeceği için– yanlış olur. Bu sebeple on yazı boyunca

---

[32] *Üç Muhammed*, 93.
[33] Bu rivayeti nakledenler için es-Süyûtî'nin *Menâhilu's-Safâ*'sına bakılabilir.
[34] *Üç Muhammed*, 92.

gündeme getirdiğim hususlarla ilgili olarak *Üç Muhammed*'in tamamını ilzam edici genellemeler yapmaktan kaçınmaya gösterdiğim özen dikkatli okuyucuların gözünden kaçmamıştır.

"Yazmak", düşüncenin kalıcılaştırılmasını temin eden en önemli unsur olmakla, yazan için son derece önemli bir riski de beraberinde taşır. Eğer yazdıklarınız meyanında şu veya bu şekilde birtakım yanlışları da kalıcılaştırmışsanız, daha sonra yapacağınız düzeltmenin, o yanlışın doğurduğu sonuçları tamamen ortadan kaldıracağından hiçbir zaman emin olamazsınız. Bu, konuyla ilgili istisnasız herkesin, hepimizin ortak problemidir.

Bu "hatırlatmalar"a vereceği tepkinin tarz ve tonu, hatta tepki verip vermeyeceğinin kararı tabii ki İslamoğlu'nun belirlemesindedir. Baştan da söylediğim gibi ben sadece ilmî ve vicdanî bir sorumluluğun gereğini yerine getirmeye çalıştım. Ötesi İslamoğlu'nun sorumluluk anlayışına kalıyor...

2. Ebced Hesabı ve Güneşin Açısı

Şemsuddîn İbnu'l-Cezerî'nin *Târîhu İbni'l-Cezerî* diye bilinen *Târîhu Havâdîsi'z-Zemân ve Enbâihî ve Vefeyâti'l-Ekâbir ve'l-A'yân min Ebnâih* adlı tarihini okurken rastladığım ve sizinle paylaşmaya değer bulduğum bir risaleden bahsedeceğim bu yazıda.

Bu eserinde İbnu'l-Cezerî, pek çok ilim dalında mütebahhir, Fıkh'ı İzzuddîn b. Abdisselâm ve Hadis'i hafız el-Münzirî gibi döneminin zirve isimlerinden tahsil etmiş bulunan, sadece ulum-u diniyye sahasında değil, müsbet bilimler alanında da yetkinliğini isbat etmiş olan Şafiî alim Zeynuddîn Ebû Hafs Ömer b. Mekkî'nin (691/1291) –ki müellifin hocasıdır– kısa bir risalesine yer verir.[1]

Güneşin yerden yükseklik açısının son derece pratik bir yöntemle tesbitini anlatan bu risalenin muhtevasına geçmeden burada bir hususu zikretmem gerekiyor: *Târîhu İbni'l-Cezerî*'nin elimdeki baskısına (başka baskısı bulunup bulunmadığını bilmiyorum) "muhakkık" sıfatıyla imza atmış olan Prof. Dr. Ömer Abdüsselâm Tedmürî'nin, işbu tahkik ameliyesini akademik ve ilmî titizliğin gerektirdiği ölçülerde yerine getirdiğini söylemek ne yazık ki mümkün değil. Tabiatıyla bu durum, muhtevasını aktarmaya çalışacağım risale için de geçerli. Dolayısıyla aktarımda meydana gelebilecek muhtemel "teknik" hatalar konusunda işin erbabının beni mazur göreceğini umarım.

Başlığı "Güneşin Yüksekliğinin (Açısının) Aletsiz Ölçümü" şeklinde verilen risalede, yüksek ve zirvesi düzlük olan bir tepeye çıkılması ve gölgeyi öne (güneşi arkaya) alarak gölgenin ölçülmesi önerildikten sonra şöyle deniyor: "Eğer gölgen boyunla eşit ve boyun iki zira' (1 zira' yaklaşık 61 cm'dir) ve 6 ⅔ ayak uzunluğunda ise, güneşin yüksekliği 45 derecedir. Eğer gölgen boyundan farklı

---

[1] *Târîhu İbni'l-Cezerî*, I, 125-7.

uzunlukta ise ya boyundan kısa veya uzundur. Kısa ise, aşağıdaki beytin ilk kelimelerini aklında tut."

Bu ifadelerden sonra "beyit" olarak verilen cümlenin kelimeleri anlamsız bir diziliş arz ettiği için ben tek tek harfleri zikretmeyi tercih edeceğim: He, Hemze, Tı, Ra, Ye, Ze, Ha (noktasız), Kef, Lem, Dal, Lem, Ze, He, Mim, Te, Vav, Mim, Mim, He, Fe, Lam-elif. (Risale, bu harflerin güneşin açısını ölçmede nasıl kullanılacağını şu şekilde anlatarak devam ediyor:

"Diyelim ki gölge, 4 ayak uzunluğunda olsun. Bu durumda beytin dördüncü kelimesinin ilk harfleri alınır. Bunlar Dal ve Lam-elif'tir. İlk harf olar Dal, zıll-u mahfuz (buna "sabit gölge" diyelim)'dur. Sonra gelen harf ise Lam-elif'tir ki, sayı değeri 31'dir. (Lam'ın Ebced hesabındaki değeri 30, Elif'inki 1'dir.) Bu rakamı 90'dan çıkar. Kalan 59 rakamı, güneşin o vakitteki yükseklik açı değeridir.

"Eğer gölgenin uzunluğu 2/3 ve 1/3 gibi kesirli bir rakama tekabül ediyorsa, mezkûr beytin üçüncü kelimesini alırız. (Ha, Kef, Dal harfleri.) İlk harf zıll-u mahfuz'dur. Kalan harflerin sayı değeri 24 (Dal: 4, Kef: 20)'dür. Beyitte bu kelimeden sonra gelen kelime Dal ve Lam-elif harflerinden oluşmakta (ve bunların Ebced hesabındaki sayı değeri 30+1=31 yapmakta)dır. (Burada zıll-u mahfuz'un karşılığı olan Dal harfinin sayı değerinin hesaba katılmadığına dikkat edilmelidir.) Sonra 24 ile 31 arasındaki farka bak, ki 7'dir. Bu durumda gölgenin uzunluğu 3 ⅓ olarak takdir edilir. Burada 3'e ⅓ eklenmiş ve elde edilen toplam, 24 rakamına ilave edilmiş olmaktadır (27 ⅓). Bu rakam, o vakitte güneşin yüksekliğidir. (Burada bir okuma hatası veya atlama olmalı.) Bu rakamı 90'dan çıkardığında elde edeceğin 63 ⅔ sayısı, güneşin o vakitteki yükseklik açısıdır. Diğer kesirlerde de aynı yöntem uygulanır.

"Eğer gölge, kendi boyundan uzun ise, gölgeni 42 parçaya ayır. İlk parça zıll-u mahfuz'dur. Kalan rakamlar için de sana zikrettiğim gibi beytin kelimelerini kullan. Örnek: Gölgenin uzunluğu 22 ayak olsun. 44 rakamını 22'ye bölüp, bölümün birinci parçasını alırız ki, 2'dir. Bu, zıll-u mahfuz'dur. Sonra beytin ikinci kelimesine bakarız; bu kelime Be, Ye, Ze harflerinden oluşmaktadır. İlk harf olan Be, zıll-u mahfuz'un karşılığıdır. Kalan iki harf (Ye, Ze)'in sayı değeri 16'dır. Bu rakam, güneşin o vakitteki yüksekliğidir. (Bundan sonra da risalede bir okuma hatası veya atlama olduğu anlaşılıyor.)

"Örnek: Gölgenin uzunluğu ⅔ olsa, 44 rakamını bu sayıya böler, bölümün ilk parçasını –ki yaklaşık olarak 1.5'tur– zıll-u mahfuz olarak ayırırız. Sonra beytin ilk kelimesinin ilk harfine bakarız Karşımıza çıkan Hemze ve Tı harflerinin ilkini (Hemze) zıll-u mahfuz değeri olarak ayırırız. Kalan harfe (Tı), Ce ve Ze harflerinin sayı değerinin (3+7=10) yarısı (5) eklenir. Sonra beyitte Tı harfi ile, sayı değeri 17 olan Ye ve Ze harflerinden müteşekkil kelime arasında kalan harfin sayı değerini alırız ki, 4'tür. Bu rakamı 9'a ekleyerek 13 buluruz. Bu rakam, güneşin o vakitteki yükseklik değeridir.

"Bu, yanında gerekli alet bulunmayan kimse için güneşin yükseklik açısını ölçmede iyi bir yöntemdir."

Risale sahibi Ömer b. Mekkî, daha sonra açtığı kısa bir fasılda, normalden (6 ⅔ ayak) daha uzun boylu kimselerin veya ölçüm yaparken ayakkabısını çıkarmak istemeyenlerin, boylarını nasıl ölçeceklerine dair de kısa ve pratik bilgiler vererek risalesini tamamlar.

Yukarıda da belirttiğim gibi *Tārīhu İbni'l-Cezerī*'nin mevcut baskısındaki teknik hataların –eserin yazma nüshasına bakılarak veya bahse konu risalenin başka nüshaları bulunarak– giderilmesi suretiyle elde edilecek sahih metin, ilimler tarihi bakımından önemli bir belge olarak müstakillen neşredilecek öneme sahiptir.

Muhtevası benim ihtisas sahamın dışında kaldığı için bu tanıtım yazısına aksetmiş olması muhtemel hatalardan arındırılarak bu risalenin, konunun mütehassıslarınca değerlendirilmesi gerekmektedir. Böyle bir belgenin gün ışığına çıkartılması yolunda benim yapabileceğim bundan ibaret.

Elbette risalenin ilgilendiği konuda, müellifinden daha önce yaşamış ilim adamları tarafından daha detaylı ve dakik çalışmalar yapıldığını unutmuş değilim. Ayrıca risalede önerilen yöntemin gerçek rakamlara ne ölçüde tekabül ettiği konusunda da bir şey söyleme makamında olmadığımın bilincindeyim. Ancak güneşin yükseklik açısının ölçülmesi konusunda önerilen pratik bir yöntemin görmezden gelinemeyecek bir önemi haiz bulunduğunu söylersem, bu da "ukalalık" olarak görülmemelidir.

Konunun ülkemizdeki uzmanları bu risaleye ilgi gösterir mi, bilmiyorum; ama bildiğim şu: Böyle bir belge herhangi bir şarkiyatçının elinde olsaydı, üzerinde aylarca çalışarak bilimsel bir makale hazırlar ve bu belgeyi ilim alemine değerli bir katkı olarak takdim ederdi...

3. Şura Üzerine

Hanifi Sarıhan kardeşime, uzunca mesajı ve yapıcı tenkitleri için teşekkür ediyorum. Ehl-i Sünnet duruşun ihyası gibi kutlu ve fakat münferit faaliyet vüs'atini çok aşan bir maksadın gerçekleştirilmesi yolunda bir küçük katkı sağlayabilmiş, bir ışık yakabilmişsem kendimi dünyanın en bahtiyar insanı sayarım. Zira artık "insanlığın kurtuluşu İslam'dadır" sözünün neredeyse hiçbir anlamı yok. Çünkü ardından hemen "Hangi İslam?" sorusuyla karşılaşıyorsunuz.

Hicretin üzerinden henüz yarım asır geçmeden İslam dünyasında boy gösteren "fırkalaşma" hareketlerinin birkaç yüzyıl süren kaotik ortamından bu ümmeti selamete çıkaran Ehl-i Sünnet çizgi olmuştur. Aynı durumun ana hatlar itibariyle bugün için de söz konusu olduğunu söylemek yanlış olmaz. Zira tarihte ortaya çıkan bu sonuç –Ehl-i Sünnet'in tarih boyunca siyasal (bu kelime burada genellikle "zalim" anlamındadır) iktidarlardan beslendiği ve onları beslediği şeklindeki naif ve manipülatif söylem bir yana–, Ehl-i Sünnet'in temsil ettiği "hakikat" ile doğrudan ilişkilidir...

Hanifi Sarıhan kardeşimin *Modern İslam Düşüncesinin Tenkidi*'nin ilk iki cildinde yer alan bazı hususlarla ilgili birkaç sorusu var. Şura hakkındaki sorusu ile başlayalım:

"2. kitabta şuradan bahisle sanki demek istiyorsunuz ki istişarede bulunulur fakat istişare sonucu dikkate alınmaz. Peki bu tür bir davranış aldatış değil midir? O zaman istişareye ne gerek vardır. Bu sanki uyduruk bir rivayette denildiği gibi olmaktadır: Kadınlarla istişarede bulunun fakat dediklerini yapmayınız."

Burada açıklığa kavuşturulması gereken, "istişare sonucu" ifadesinin ne anlattığıdır. Basitleştirerek anlatmaya çalışayım: Diyelim ki siz günlük hayatta vereceğiniz herhangi bir karar için birkaç arkadaşınıza fikir danışıyorsunuz. Eğer "istişare sonucu" dediğimiz şey, yaptığınız bu faaliyet sonucunda sizde hasıl olan kanaat ise, burada kimsenin müdahale veya zorla yönlendirme hakkı ve yetkisi olamaz. Eğer "iş bu kadar basit mi?" diyerek, Kur'an'daki şura ilkesinden devlet yönetiminde izlenmesi gereken yöntemin kastedildiğini söylerseniz, burada birkaç durum ortaya çıkar:

1. Eğer böyleyse bu durum, Efendimiz (s.a.v) bakımından vahiyle bildirilen, bizim için ise Kur'an ve Sünnet'te açıkça belirtilen bağlayıcı (yapılması veya yapılmaması emredilen) hususlar dışında kalan alan ile sınırlıdır.

2. Böyle bir alanda yapılan iştişare sonucunda aynı ağırlıkta iki farklı görüşün ortaya çıktığını düşünelim. Hangisinin uygulanması gerektiğine kim karar verecek? Ve hangisi uygulanırsa uygulansın, neticede terk edilen görüşün sahipleri "aldatıldıklarını" mı düşünecekler? Yahut diyelim ki yönetici/ler, istişare sonucu ortaya çıkan iki görüşten, –maslahata uygunluk ve daha başka zorlayıcı sebepler dolayısıyla– daha az sayıda kişi tarafından tavsiye edileni benimsediler; ne diyebiliriz?

3. Yukarıdaki iki maddeyi de behemehal akılda tutarak söylemek zorundayız ki, Kur'an'ın öngördüğü şura ile bir yönetim biçimi olan demokrasinin, birbirinin tıpkısının aynısı olduğunu söyleyenler ikisinden birini deforme ediyorlar. Ve bu genellikle şura oluyor. Her ne kadar "o çok demokrat bir insandır" veya "biz aile içi demokrasiye önem veririz" gibi cümleler, anlam boşalmasına uğrayanın sadece şura olmadığını gösteriyor ise de, dinî bir kavramın alan değiştirerek seküler bir duruma temel teşkil etmesi elbette daha ciddi bir problemi işaretlemektedir.

4. Ve nihayet şuranın demokrasi ile özdeşleştirilerek idari alan ile tahdit edilmesinin İslamî bir temeli yoktur. Bu tamamen modern zamanların bir "keşfi"dir.

4. İsimler ve Bilinçaltı Atraksiyonları

Türk filmlerindeki "imam" tiplemesini bilirsiniz. Eciş-bücüş, şehvet düşkünü, biraz şizofren, dünyaperest, kesinlikle güvenilmez... İdeolojik "dürtü"lerle ısrarlı bir şekilde sürdürülen imajinatif beyin yıkama faaliyetinin beş para etmez malzemelerinden biridir o. İslam coğrafyasından başka herhangi bir kültür havzasında (komünist ve faşist uygulamalar hariç) öz kimlik kodlarıyla bu derece hoyratça "oynandığını" göremezsiniz. Filmlerdeki bu tiplemenin, topluma, dine ve din adamına nasıl bakması gerektiğini dikte etme çabasının ürünü olduğunu kim inkâr edebilir?..

İşin "görünen" yanını teşkil etmesi sebebiyle madalyonun bu yanı, dinî hassasiyet sahibi insanların tepkisini kolayca çekiveriyor. Bir de "görünmeyen" alanda cereyan eden bir olay var: İsimler üzerinden yürütülen imajinatif propaganda.

Hatırlarsınız, Metin Akpınar'ın başrolünü oynadığı bir film vardı. Birisi bir üniversite hocası, diğeri ünlü bir şarkıcı olmak üzere iki tipi canlandırıyordu Akpınar. Üniversite hocasının adını belki de hiçbirimiz hatırlamıyor. Ama şarkıcının adı unutulacak gibi değil: "Abuzer Kadayıf." Filme adını verecek kadar güçlü bir imajinatif keşif...

Zevksiz, görgüsüz, kaba-saba, kıllı göğsünün yarısına kadar düğmeleri çözük allı pullu bir gömlek, boynunda ve bileğinde kalınca altın zincir ve künye... Bu tipe başka hangi isim yakışırdı ki!..

Oysa büyük sahabî Ebû Zerr el-Ğıfârî (r.a)'den beri "bizim" olan bu isim diğergâmlığın, kanaatin, zühdün ve erdemin sembolü idi...

Mafya filmlerinde canlandırılan tiplerin isimlerine bakın bir de: Davut, Beşir, Abbas, Gafur, Sarı İdris, Kara Hamit, bilmem nereli Rıza, Arnavut Remzi...

Yedibela Hüsnü, Arap Celal, Kıl Hamdi, Küçük Hüsamettin, İnek Şaban, Güdük Necmi... isimlerinin zihninizde hangi tipleri canlandırdığını da yoklayın.

Abdülcabbar, Abdullah (Abdo), Murtaza, Cafer... isimleri söylendiğinde hafızalarda ne tür çağrışımlar yapıyor? Milliyet'in Abdülcanbaz'ını ve Hasbi Tenbel Er'i de unutmayın...

Artık Abdülkerim yerine Kerim, Abdülbaki yerine Baki, Abdürrahim yerine Rahim, Abdülmetin yerine Metin, Abdülaziz yerine Aziz ile yetiniyoruz. Esma-i Hüsna'nın yüce sahibinin (c.c) "kulu" olduğumuzu saklama ihtiyacı hissediyoruz sanki...

Yukarıda örnek olarak sıraladığım –ve şüphesiz daha da çoğaltılabilecek– isimlerin çağrışım alanı ile Berk, Tuğrul, Kaya, İmren, İlayda, Yıldız, Tarkan, Sarp, Seren, Serpil... gibi isimlerinkini karşılaştırın. Neden ilk gruptakiler kabalığın, kültürsüzlüğün, sonradan görmüşlüğün, magandalığın simgesi haline gelmişken diğerleri bizde böyle çağrışımlar yapmaz?

Burada hırpalanan, yıpranan ve örselenen sadece bu isimler değil, onların ait olduğu dünya ve onların bütünleştiği değerler sistemidir hiç şüphesiz...

Çocuklarına bir İslam büyüğünün adını koymakla ona çekmesini arzu edenler, bunda bir "teberrük" bulanlar nereye gitti? O güzel isimlerle birlikte, güzelliğini biraz da o isimleri taşımalarından alan (ismiyle müsemma) o güzel insanlar azaldıkça, büyüyen yalnızlığımız ve yabancılığımız oluyor.

5. Vahiy, Keşif, İlham

Kur'an, Yüce Allah'ın, peygamberler dışındaki bazı insanlara, hatta insan dışındaki bazı varlıklara da bir kısım şeyler vahyettiğini haber vermektedir. Ezcümle arzın[1], arının[2], Hz. Musa (a.s)'nın annesinin[3] ve Hz. İsa (a.s)'nın havarilerinin[4] vahye muhatap olduğu kesindir.

Peygamberler dışındaki insanlara iletilen vahiyle insan olmayan varlıklara iletilen vahiy arasında –tıpkı peygamberlerle bunların tümüne gönderilenlerde olduğu gibi– fark bulunması tabiidir.

Peygamberlere gönderilen vahiyler genel olarak başta itikadî ilkeler olmak üzere ibadât/ahkâm ve dünya hayatının çeşitli veçheleri ile gaybe ilişkin hususları ihtiva ederken, peygamber olmayan insanlara gönderilen vahiylerin tekil konularla sınırlı olduğu görülmektedir. Ayrıca peygamberlikle vahiy arasında bir lazım-melzum ilişkisi mevcut iken, diğer insanlar için böyle birşey söz konusu değildir. Terminoloji, bu vahyi peygamberlere gelen vahiyden ayırmak için ona "ilham" demiştir. Bu, aynı zamanda vahiyle ilham arasında bir "umum-husus" ilişkisi bulunduğunun da ifadesidir. Yani her ilham bir tür vahiydir, ama her vahiy ilham değildir.

İnsan dışındaki varlıklara (arıya, arza) vahyedilmesine gelince, bu, Allah Teala'nın onların yaratılışına koyduğu fıtrat kanunu ve haklarında takdir buyurduğu tarzı harekettir. Bu anlamda ilham, bilgi ve haber iletiminden ziyade, bir takdir, sevk ve ontik yasa demektir. 91/eş-

---

[1] 99/ez-Zilzâl, 5.
[2] 16/en-Nahl, 68.
[3] 28/el-Kasas, 7.
[4] 5/el-Mâide, 111.

Şems, 8'de zikredilen "nefse fücur ve takvanın ilhamı"nı da bu bağlamda değerlendirmek mümkündür. Zira burada nekire olarak geldiği için cins ifade eden "nefs"in ontik durumu bahis konusudur ve spesifik bir olay hakkındaki bilgi/haber iletimi değil, hilkat özelliği dikkate sunulmaktadır...

Peygamberler dışındaki insanlardan ilhama mazhar olanlar bulunmuştur, bulunacaktır. Böyle bir ilhama muhatap olanlar, dinin ölçüleri ile çelişmemesi şartıyla ilham sonucu kendilerinde hasıl olan bilgiyle amel edebilir. Ancak bu ilham ve bu bilgi başkasını bağlamaz.

Allah Teala'nın, katında derecesi yüksek kullarına ilham yoluyla bazı bilgiler aktardığına prensip olarak inandıktan sonra şu veya bu şahıs ilham sahibidir/değildir şeklinde bir tartışmaya girmeyi gereksiz ve spekülatif bulurum. İşin bu yanının kimseye bir fayda sağlaması da söz konusu değildir.

Dolayısıyla bir kimsenin ilhama muhatap olduğu söylenirse –ki esasen ilham da bir "keramet" tezahürüdür ve Ehl-i Tasavvuf'a göre aslolan kerametin izharı değil saklanmasıdır– ve bu kişi zahiri durumuyla zühd ve takva ehli birisi olarak biliniyorsa, "mümkündür" denir ve bu durum onun "istikamet"ine hamledilir. Böyle spesifik bir durumda aksinin söylenebilmesi için, ilham aldığı söylenen kişinin dinin ölçüleri ile açıkça çelişki arz eden söz veya davranışlarının kesin olarak bilinmesi gerekir.

Bu ölçülerle açık çatışma içinde olan kimselerin keramet veya ilham sahibi oldukları iddiasının –ne kadar yaygın olursa olsun– kale alınmayacağı ise izahtan varestedir.

"Mü'minin firasetinden sakının. Zira o, Allah'ın nuruyla bakar"[5] hadisinde geçen "firaset"in keşif ve ilhama delalet ettiğini söylemek yanlış olmaz. Zira bütün varlığıyla Yüce Allah'a yönelen bir kimsenin, iktisap yollarından birisi olan bu mücahede ile bir ilim elde etmesinde şaşılacak bir husus yoktur.

---

5 et-Tirmizî, "Tefsîru Sure 15 (el-Hicr)", 6.

Keza Efendimiz (s.a.v)'in, salih rüyanın nübüvvet şubelerinden bir şube olduğunu haber verdiğini de biliyoruz: *"Mü'minin rüyası, nübüvvetin kırk altı cüzünden bir cüzdür"*[6]

Ulema rüyayı üç kısma ayırarak ele almıştır:

1. Peygamberlerin rüyası. Bu rüyaların hepsi doğrudur. Bazan tabir gerektiren şeyler görebilirler.

2. Salih kimseler: Bunların rüyaları çoğunlukla doğru çıkar. Bazen tabir gerektirmeyecek açıklıkta rüya görebilirler.

3- Diğer insanlar: Bu gruba giren insanların rüyaları karışıktır. Doğru rüya görebilecekleri gibi, doğru olmayan (anlamsız, bir şeye delalet etmeyen) rüyalar da görebilirler. Ulema bu üçüncü kategoriyi de kendi arasında alt gruplara ayırmıştır.

Efendimiz (s.a.,v) şöyle buyurmuştur: *"Güzel rüya Allah'tan, sıkıntılı rüya şeytandandır. Sizden biriniz hoşlanmadığı bir rüya gördüğünde sol tarafına tükürsün ve ondan Allah'a sığınsın. Böyle yaparsa şeytan ona bir zarar veremez."*[7]

Yine hadislerde kişinin gördüğü güzel rüyanın Allah Teala'dan olduğu haber verilmiş ve onu sevdiği, bilgi sahibi ve yakını olanlara anlatması tavsiye edilmiş, hoşuna gitmeyen rüyaların ise şeytandan olduğu haber verilerek onu başkasına anlatmaması tavsiye edilmiştir.

Yine et-Tirmizî ve Ebû Dâvûd'un naklettiği bir rivayette Efendimiz (s.a.v), rüyanın anlatılmadığı sürece gerçekleşmeyeceğini, anlatıldığı zaman ise gerçekleşeceğini haber vermiştir. Bir önceki paragrafta sözünü ettiğim rivayetlerde kişinin hoşuna giden bir rüya gördüğünde onu sevdiklerine ve bilgi sahibi kimselere anlatmasının tavsiye edilmesi bundandır.

Keşif ve ilham olsun, rüya olsun, bu tür bir yolla elde edilen bilgi sadece sahibini bağlar. Dinin ölçülerine aykırı düşmedikçe kişinin keşif, ilham ve rüyasıyla amel

---

[6] el-Buhârî, "Ta'bîr", 2, 4, 10, 26; Müslim, "Ru'yâ", 6-9...
[7] el-Buhârî, "Ta'bîr", 2.

etmesinde bir sakınca olmadığını beyan eden ulemamız, bu yolların başkasını ilzam etmeyeceğini, dolayısıyla mesela bu yollardan birisiyle Efendimiz (s.a.v)'den hadis rivayet edilemeyeceğini söylemiştir.

Ancak Hadis ilminde kendine mahsus bir sistem oluşturmuş bulunan Muhyiddin İbn Arabî, keşif yoluyla hadis rivayet edilebileceğini ve kendisinin de bu yolla birçok hadisi doğrudan Efendimiz (s.a.v)'e sorarak tashih ettiğini söylemiştir.[8]

Burada akla şöyle bir soru gelebilir: Eğer keşif ve ilham Allah'ın nuru ve salih (sadık) rüya da nübüvvetten bir parça ise neden bu yollarla elde edilen bilgi herkesi bağlamasın?

Bu soruya kısaca, "bu yollarla elde edilen bilginin, hem sübut, hem de delaletinde kesinlik olmadığı için" tarzında cevap verilebilir.

---

[8] Bu konuda geniş bilgi için Dr. Ali Vasfi Kurt'un *Endülüs'te Hadis ve İbn Arabî* adıyla yayımlanan doktora tezine başvurulabilir.

6. İnsan, Özgürlük ve Mükellefiyet

Modernite'nin meydan okumaları karşısında Müslümanlar'ın "İslam mani-i terakki değildir" türünden, çaresizlik içinde ve alelacele kotarılmış savunmacı söylemlerinden biri olarak dikkat çeken "Gerçek özgürlük Allah'a kulluktadır" önermesi, sizi bilmem ama bana oldum olası saçma gelmiştir. Bu cümleyi telaffuz edenler, ya ne söylediğini bilmeyen veya "özgürlük" ve "kulluk" kavramlarının içini boşaltmak suretiyle kaş yapayım derken göz çıkaran kimse olarak nitelendirilmeyi hak etmişlerdir. Zira bu iki kavram, barışması asla mümkün olmayan iki temel tercihi kristalize ediyor. Kur'an'ın tabiriyle insan, hakikat karşısında ya kulluğu/ mükellefiyeti tercihle "şekûr" veya özgürlüğü/isyanı tercihle "kefûr" olarak pozisyon alır...

Öncelikle bahsimizin mevzuunu, "kölelik", "esaret" gibi herhangi türden bir "baskı altında olma hali"nin zıddı olan "hürriyet"in değil, "özel hayat" tanımına anlam veren "özgürlük"ün teşkil ettiğini belirtelim. İşbu özgürlüğü yaygın tanımına uygun olarak "başkasının özgürlük alanına tecavüz etmeden dilediği gibi yaşamak" şeklinde anlamak yanlış değilse eğer, kişioğlunun kendi sınırları içinde kalmak kaydıyla "sınır tanımaksızın" yaşayabileceği sonucunu çıkarmak da yanlış olmaz.

Kendi özgürlüğünün temin ve bekası için "öteki"nin özgürlüğüne müdahaleyi mübah, hatta zorunlu görmesini bir an için parantez içine alarak konuşursak, "özgürlük" kavramını ontolojik olarak hayatın temeline yerleştiren Batılı için, ona "tapınma"nın, hayatın anlamıyla köklü bir irtibatı vardır. "Sosyal Mukavele"ye gelene kadar birbirinin gırtlağını sıkmayı "özgürlük" sayan

Batılı, "özgürlük"ün anlamını bu ikinci aşamada "hayatına hiçbir gücün müdahale etmesine izin vermeme"ye tahvil etmiştir. Yani artık başkasının gırtlağına çökmemek şartıyla herkes kendi çöplüğünde/bireysel alanında dilediği gibi eşinecektir. Eğer bir "hesap verme"den söz edilecekse bu, ancak hak ve özgürlük ihlali durumunda bahis konusu olabilecektir. Batılı insanı bencil, acımasız, menfaat düşkünü ve "sömürgen" yapan da temelde bu "özgürlük tutkusu"dur.

"Bireysel alan"ı dışarıya tam anlamıyla kapatan bu anlayışı İslam, "hevaya kulluk" olarak tanımlıyor. Efendimiz (s.a.v)'in, *"Hevasını benim getirdiğim ölçülere uydurmayan iman etmiş olamaz"* buyurduğunu hatırlarsak, bir Müslüman'ın böyle bir "özgürlük" kavramına bilincinde yer açmasının mümkün bir iş olmadığını kavramamız kolaylaşır.

İkinci olarak, bu tanım ve muhtevadaki "özgürlük", tabiatı gereği sekülerdir ve ona perestişte bulunmak, hayatı, yüzü ahirete dönük olarak yaşama vasfıyla muttasıf olan Müslüman'dan –modern zamanları dışarıda tutarsak– sadır olmuş değildir. Zira iman, ilahî teklifi kabulleniştir ve özünde "feragat" vardır; "nefs-i emmâre"nin özgürlüğü anlamlı kılan taleplerinden, dünyanın aldatıcı süslerinden ve "kalıcı" olan için "geçici" olan her şeyden...

İslam uleması "zulm"ü, kişinin Allah hukukuna, kul hukukuna ve kendi nefsine zulmü olarak üçlü bir tasnifle ele almış, üçüncüyü, "başkasına zarar vermeden işlenen her türlü günah"ın oluşturduğuna dikkat çekmiştir. İşte burası tam da "özel hayat"ın anlamını belirleyen "özgürlük" ile "mükellefiyet"in çatıştığı alandır...

7. ed-Devvânî'nin Ruh Hakkındaki Görüşü

Felsefî Tasavvuf'un önemli isimlerinden Celâluddîn ed-Devvânî'yi (908/1502), *Şerhu'l-Akâidi'l-Adudiyye* isimli eseri ile tanırız. Bugün onun, M. Zâhid el-Kevserî merhumun takdim ve ta'likatıyla neşredilen *Hakîkatu'l-İnsân ve'r-Rûhu'l-Cevvâl fi'l-Avâlim* adlı küçük risalesinde "ruh" hakkında ortaya koyduğu yaklaşımını paylaşmak istiyorum sizinle.

Yaygın kanaat, insanın ruh ve beden ikilisinden mürekkep olduğu tarzındadır. ed-Devvânî ise, peygamberlerin mucizelerini ve evliyanın kerametini muarızlara aklî bir yaklaşımla ispat maksadıyla 5 yıllık yorucu bir mesai sonunda kaleme aldığını söylediği mezkûr risalede (ki naşirin önsözü, el-Kevserî'nin takdim ve ta'likatıyla sadece 19 sayfalık bir hacme sahiptir) insanın üç unsurdan mürekkep olduğunu söyler: Kesif cisim, latif cisim ve ruh.

"Kesif cisim", "beden"dir. "Ruh" da bellidir. "Latif cisim" dediği ise, "kesif cisim" ile merbutiyeti ruh tarafından sağlanan cisimdir ki, anlaşıldığı kadarıyla o da ruh gibi "maddî olmayan" bir yapıya sahiptir. Dilimizdeki "can" kelimesiyle karşılanabileceğini düşündüğüm bu "ara unsur", ed-Devvânî'nin yaklaşımını diğer ulemadan ayıran temel kategori olarak dikkat çekiyor.

ed-Devvânî'ye göre ölüm hadisesi, ruh ile latif cismin bedenden ayrılmasıyla vuku bulur. Beden uykuda olduğu halde insanın (rüya aleminde) uzak mesafelere gitmesi, aslında bu "latif cisim" tarafından gerçekleştirilen bir faaliyettir. İnsan uykudan uyandığı zaman, ölümden sonra kabir suali için ve sualden sonra "haşr" için "latif cisim" bedene tekrar hulul eder. Nitekim pek çoğumuzun, rüyasında gördüğü mekânları daha sonra maddî gözleriyle müşahede ettiği zaman aradaki benzerlikten, hatta aynılıktan hayrete düştüğü vakidir...

M. Enverşâh el-Keşmîrî'nin, hadislerde geçen "neseme" kelimesi hakkındaki yorumu, ed-Devvânî'nin bu yaklaşımını destekler mahiyettedir. el-Keşmîrî, şehitlerin ruhları hakkındaki hadiste, "rızıklanma, yeme, içme" gibi hususlardan bahsedilmesi dolayısıyla, bu eylemlerin toprakta yatan beden hakkında söz konusu olamayacağını, keza ruh için de böyle fiillerin söz konusu olmayacağını belirterek "neseme"nin beden ve ruhtan farklı bir unsur olduğuna dikkat çeker.

"*Allah ruhları, (bedenlerin) ölümü anında, ölmeyeni de uykusunda vefat ettirir. Bu suretle (hakkında) ölüme hükmettiği ruhu tutar, diğerini belli bir vakte kadar salıverir*" mealindeki 39/ez-Zümer, 42. ayeti de bu yaklaşımı destekler mahiyettedir. Zira uyku halinde ruh bedenden ayrılıyorsa, kişinin ölmüş olması gerekir. Oysa durumun böyle olmadığı bedihidir. Öyleyse bu ayetten, bedenden ayrılanın ruh değil, "latif cisim" olduğu istidlal edilebilir diye düşünmek mümkün görünüyor. Zaten ed-Devvânî de "latif cisim"e "ıstılahta "ruh" dendiğinin altını çizmektedir.

Ne dersiniz, düşünmeye değer değil mi?...

8. Sahabe

Sahabe'nin "sahih İslam" çizgisinin tayin ve muhafazasında "ikamesiz" kilit bir rolü vardır. Bu husus, tırnak içine aldığım iki noktanın açılımı ile şöylece netleştirilebilir: Sahih İslam çizgisi tabiri, ilahî mesajın, Hz. Peygamber (s.a.v)'in tebliğ ve pratize ettiği şekliyle anlaşılıp yaşanmasına işaret etmektedir. Bir diğer deyişle Hz. Peygamber (s.a.v)'in neyi nasıl anlayıp yaşadığını öğrenmek isteyen kimse için başvurulacak temel merci Sahabe'dir. Son Peygamber'in oluşturup şekillendirdiği bireylerden teşekkül eden toplum, işin doğası gereği O'nun arzu ettiği kıvamda olmak durumundadır.

Hadis, Tefsir, Fıkıh... ilimlerinde Sahabe'ye niçin müstesna bir mevki tanındığının tesbiti ise ikinci noktanın açılımını oluşturmaktadır. Hz. Peygamber (s.a.v) terk-i dünya ettikten sonra, O'nun bıraktığı miras (Kur'an ve Sünnet), Sahabe tarafından sonraki kuşağa (Tabiun) aktarılmış, Tabiun da bu ilahî emaneti kendisinden sonraki kuşağa aynı hassasiyetle nakletmiş ve bu faaliyet günümüze kadar bu şekilde sürmüştür. Bu zincirin Sahabe halkası devreden çıkartıldığında yerini doldurabilecek bir halka bulunmadığı için Sahabe'nin "ikamesiz" bir nesil olduğunu söylemek durumundayız.

Oryantalistler'in Eski ve Yeni Ahit'e uyguladıkları "tarihsel tenkit" metodunun Kur'an ve Sünnet'e (hadislere) de uygulanmasını teklif etmesinin (bu doğrultuda çeşitli çalışmalar yapmışlardır) ve Modernistler'in bu faaliyete gönüllü olarak iştirakinin, Sahabe hakkında ortaya atılan soru işaretleri üzerinde yoğunlaşması elbette tesadüf değildir. Modernistler tarafından Sahabe'nin Kur'anın naklinde üstlendiği kilit rol, "Kur'an'ın korunmuşluğu" ile perdelenmek istenirken Sünnet konusunda böyle bir ilahî vaat bulunmadığı gerekçesiyle Sünnet'in otoritesi zedelenmekte, böylece Sahabe'nin konumu da dolaylı biçimde örselenmiş olmaktadır! Oysa şu sorunun cevabı verilmeden bu konudaki tereddütlerin haklılığı hiçbir zaman ispatlanamayacaktır: Eğer Kur'an'ın korunmuşluğu Sahabe neslinin yeri doldurulamayacak gayret ve hassasiyeti üzerinden sağlanmış ise –ki öyledir– ve dahi Sahabe, Kur'an'ı, –muhal farz– korunacağını bildiren ayet olmasa da aynı hassasiyetle koruyacak idiyse –elhak bu da öyledir–, aynı gayret ve hassasiyetin Sünnet hakkında da cari olduğunu niçin söyleyemeyelim?..

Meselenin pratik veçhesi kısaca budur ve gerek tarihsel gerekse çağdaş bid'at mezheplerin bu "realite"yi bir "kurgu", sadece bir "önerme" olarak görüp reddettiği de bir vakıadır. Öyleyse Sahabe'nin bu mevkiinin tartışılabilirler alanından çıkarılabilmesi, meselenin vahyî temellerinin ortaya konmasına bağlıdır.

Dr. Ergün Çapan da bunu yapmış ve *Kur'an-ı Kerim'de Sahabe* adlı doktora tezinde meselenin bu yönünü ele almış. Çapan'ın şayan-ı tebrik çalışması "sahabî" kavramının izahıyla başlıyor. Ardından gelen dört bölüm şu başlıkları taşıyor: Kur'an'da Çizilen Sahabe Portresi, Kur'an'da Bahsedilen Sahabîler, Kur'an'da Sahabe'nin Yaptığı Savaşlar ve Kur'an'ın İntikalinde Sahabe'nin Yeri ve Önemi. Kısa bir Sonuç ve Bibliyografyayla biten çalışma hakkında teknik açıdan –bölüm başlıklarının daha titiz ifadelendirilmesi, kullanılan Türkçe, indekssiz olması gibi hususlarda– söylenebilecek şeyler var ise de, konuyu Kur'an temelinde enine boyuna ele alan en hacimli Türkçe eser olması dolayısıyla önemli bir boşluğu doldurduğu izahtan varestedir.

Bölüm başlıkları altına serpiştirilen ara başlıklarda, Sahabe'nin "adil" kabul edilmesinin anlamı, aralarında münafık olup olmadığı, hayırla yad edilmeleri tavsiyesinin esprisi, Kur'an'ın hayata taşınmasındaki fonksiyonları... gibi (tezin çerçevesini zorlar mıydı bilmiyorum ama, "bu konular biraz daha genişçe işlenseydi" demekten kendimi alamadığım) önemli noktalara parmak basması, çalışmayı, klasik bilgilerin bir araya toplandığı basit bir tekrar görüntüsü vermekten kurtarmış.[1] (Işık yay. (0216) 474 01 96; www.isikyayinlari.com)

---

[1] Sahabe hakkında detaylı bilgi için bkz. *İnkişaf* dergisi, Mayıs-Temmuz 2005 (3. sayı).

9. Tevakkuf

"Her şeyi bilen" tiplerin sayısının –gördükleri rağbetle orantılı biçimde– gün geçtikçe arttığı bir zaman diliminde "tevakkuf"tan söz etmenin ne kadar "aykırı" kaçtığının farkındayım. Ne de olsa "bilgi çağı"nda yaşıyoruz değil mi?!

Bunu bile bile, yaşadığımız çağın "bilgi çağı" olması dolayısıyla bilgisizliğin her türünün "kötü" kabul edilmesi gerektiğini telkin eden yaklaşım konusunda tevakkuf etmenizi önereceğim. Eğer "Müslümanca düşünmek" diye bir şeyden söz etmek doğruysa, bunun ilk şartının, yerinde ve zamanında "tevakkuf"u işletmek olduğunu biliyorum çünkü...

Hakkında "yeterli" bilgiye sahip olmadığımız hususlarda susmayı tercih etmek, hüküm vermeyi ertelemek ya da meseleyi bilenlere havale etmek sadece bir "hak" değil, aynı zamanda "görev" olarak telakki edilmelidir diye düşünüyorum. Hele üzerinde konuşulan şey, bir yönüyle de olsa Din'i ilgilendiriyorsa, bu davranışla sadece edebe uygun hareket etmiş olmakla kalmaz, aynı zamanda vebalden de kurtulmuş oluruz. Zira inancımız bize, söylediğimiz her sözün bir hesabı olduğunu söylüyor.

Makul ve makbul bir açıklaması yapılamadığında, "zaten haber-i vahid'dir" gerekçesiyle birçok sahih rivayetin üstünün çizilmesi "Müslümanca" bir tavır olarak onaylanabilir mi?

Bu tavrı benimseyenlerin, İmam Ebû Hanîfe'nin ve genelde Hanefî ekolünün tavrına atıf yapmaları karşısında, Hanefîler'in muttarid olarak böyle bir tavır benimseyip benimsemediği konusunda da tevakkuf etmelidir. Yoksa mesela "içki içen kimsenin kırk gün veya kırk gece kıldığı namazın kabul edilmeyeceği"ni bildiren rivayet karşısında İmam Ebû Hanîfe'nin tevakkufunu ve "Hilâfiyât" türü kitaplarda (muarız rivayetleri reddetmek yerine) örneklerini bolca gördüğümüz "tevil" tavrını açıklamak mümkün olmaz.

Efendimiz (s.a.v)'in, cevabını bilmediği sorular karşısında vahiy bekleyerek tevakkuf etmesi bize, "bilmediğini itiraf etme"nin, kötülenmesi gereken değil, benimsenmesi gereken bir tavır olduğunu anlatmaktadır. Şu şartla ki, kişi, kendisi için gerekli ise, cahili olduğu konuyu öğrenmenin peşini bırakmamalı ve içinde bulunduğu halin bilgisini elde etmenin yolunu aramalıdır.

"Hocanın talebesine bırakacağı en değerli miras, "bilmiyorum" demeyi öğretmesidir" diyen ulema, bunu, "lâ edrî" demenin sadece ilim öğrenmenin ilk basamağı olduğunu vurgulamak için değil, aynı zamanda sorumluluk duygusunun da gereği olduğu için yapmıştır.

10. Alim ve Rüya

Modernite'nin rüya hakkındaki profan tesbitleri ile Müslüman'ın rüyaya atfettiği değer arasında bariz farklılıklar bulunması tabiidir. İkincisini, Efendimiz (s.a.v)'in rüya hakkında söylediklerinden başka birşeye dayandıramayacağımız açık.

Her ne kadar hangi rüyaların makbul ve itimada şayan olduğu ve hangilerinin böyle olmadığı yolunda elimizde bir kısım ölçüler var ise de, kimi spesifik durumlarda rüyanın bundan fazla belirleyici kılındığı da dikkat çekici bir husus.

Menakıb ve Teracim türü kitaplarda zikri geçen rical hakkında görülen rüyalara ayrı bir ihtimamla yer verilmesi çağdaş biyografi yazarlarının pek iltifat ve hazzetmediği bir durum olmakla ve dahi "bilimsel" sayılmamakla birlikte, rüya, gerçek hayatın ayrılmaz bir parçası olarak varlığını sürdüregelmiştir.

Bilhassa "istihare" babında kendisine başvurduğumuz rüya, aşağıda zikredeceğim örneklerde görüldüğü gibi daha farklı bir fonksiyon üstlenerek belirleyiciliğini sürdürmüştür.

Rivayete göre Sadru'ş-Şeria el-Asgar diye bilinen ünlü Hanefî alimi Ubeydullah b. Mes'ûd, mutlak içtihad mertebesine ulaştığı kanaatiyle yeni ve müstakil bir Usul tesisine karar verme aşamasındayken bir gece rüyasında kendisini, her birinin üzerinde birer pencere bulunan dört kapılı ve dört köşeli bir mescitte görür. Burada kendisine Cebrail (a.s) görünerek, bu muntazam binanın ahenk ve nizamını bozmadan beşinci bir kapı ve pencere açıp açamayacağını sorar, Sadru'ş-Şeria bunun mümkün olmadığını söyleyince kendisine, yeni bir mezhep tesisi düşüncesinin de İslam Hukuk sistemindeki intizam ve ahengi bozmadan hayata geçirilemeyeceğini söyler. Sadru'ş-Şeria'yı yeni bir Usul ve yeni bir mezhep tesisi düşüncesinden vaz geçiren bu rüyadır.

Zikredeceğim ikinci örnek daha enteresandır ve bizzat gören tarafından nakledilmiştir. Meşhur Buhârî şarihi İbn Hacer el-Askalânî, *el-Mecmau'l-Müesses*'te belirttiğine göre kendisi Hanefî mezhebinde fer'î meselelerin Usul'e mebni olmaması dolayısıyla bu mezhebe karşı içinde bir meyil duymaktadır. Bir gece rüyasında, daha önce vefat etmiş olan ve kendisine karşı derin bir sevgi ve saygı beslediği İbn Burhan'ı görür. Ona ne durumda olduğunu sorar. Aldığı cevap, "Biz şu anda hayır içindeyiz. Ancak Hz. Peygamber (s.a.v), Hanefî mezhebine meyyal olduğun için seni kınayıp ayıplamaktadır" şeklindedir. Bunun üzerine İbn Hacer, Hanefî mezhebi hakkında içinde taşıdığı bu meyilden pişman olur.

el-Kevserî merhum, *Zuyûlu Tezkireti'l-Huffâz*'a yazdığı ta'likler meyanında İbn Hacer'e bu tutumu sebebiyle ve rüyanın aksam ve ahvalinden bahisle hafifçe yüklenmekte ise de, bu durum, İsmail Kara'nın *Şeyh Efendinin Rüyasındaki Türkiye*'sine kadar böyle gelmiştir ve böyle de devam edeceğe benzer.

11. İlim Talebi

Bundan bir süre önce e-posta adresime yazan bir kardeşim, bir grup arkadaşıyla birlikte Usul-i Fıkıh, Usul-i Hadis ve Usul-i Tefsir okumak istediklerini belirterek benden eser tavsiyesi istedi. Ben de cevaben yaş ortalamalarını, tahsil ve eğitim durumlarını bildirmeleri halinde eser seçiminde daha isabetli davranabileceğimi yazdım. Gelen cevap üzerine de Türkçe'de bulunan birkaç eser ismi verdikten sonra Arapça bazı kaynakların adını sıraladım. Bunun üzerine aynı kardeşimden gelen cevap karşısında doğrusu ne söyleyeceğimi bilemedim. Onun için de şu ana kadar kendisine herhangi bir şey yazamadım. Bu yazı onun (ve varsa benzer durumdaki diğer kardeşlerimin) beklentisine bir mukabele olsun...

Mesaj sahibi kardeşim ve adına konuştuğu grubu oluşturan kardeşlerim, benim Usul'e yaptığım vurgudan hareketle böyle bir karar aldıklarını belirtmekle, büyük bir sorumluluk altında bulunduğumu hatırlatıyor. Bu hatırlatmadan şahsen çıkardığım sonuç şu: Yapmaya çalıştığım şey, insanları, benim –birey olarak– altından kalkamayacağım bir yükü taşımaya çağırmak...

Evet bu yükün omuzlanması gerekiyor. Zira karşı karşıya bulunduğumuz devasa problemlerin biricik çözümü burada. Ama gelin görün ki, bu yükü bireylerin omuzlaması nihai çözümün elde edilmesi anlamına gelmiyor. Zira bu –daha önce de pek çok kere vurgulamaya çalıştığım gibi– bir "sistem" meselesi ve ancak kolektif ve uzun soluklu bir çaba ile altından kalkılabilir.

Ama bu çağrı ancak bireysel ölçekte karşılıklar bulabiliyor ve ötesini beklemek de eşyanın tabiatine aykırı. Öyleyse ne yapmalı?

Öncelikle altının çizilmesi gereken nokta şu: Allah Teala bir göğüste iki kalp yaratmamış. Tercihini "ilim talebi"nden yana koymuş olan kimseler, kalplerinden diğer alakaları söküp atmak gibi zorlu bir başlangıç yapmak durumundalar. Kâtip Çelebi'nin de vurguladığı gibi geceleri uyanık kalmayı göze almak ve hatta ölüm korkusunu def etmek ilim taliplisi için önşartlardır.

Yaşadığımız hayat bizi dört koldan farklı zorunlulukların kıskacında presleyip duruyorken kendimizi ilim talebine "adamak" nasıl mümkün olacak? Sıkça karşılaştığım sorulardan birisi şu oluyor: "Gündüz 8-9 saat çalışma hayatının hay-huyu arasında geçiyor. Akşam eve geldiğimizde yemek, çoluk-çocukla hasbihal ve biraz televizyon temaşası; ardından da uykuya yorgun düşen gözler... İlim tahsiline nasıl zaman ayırabiliriz?"

İnsan dilerse bu şartlar altında da "okumaya" zaman ayırabilir elbette. Ve bu şartlar altında kitap okumaya zaman ayırabilenlerimiz yok değil. Ama "kitap okumak"tan çok farklı bir eylemden bahsediyoruz! "Edep öğrenmek"le başlayan ve bir ömür devam eden bir faaliyet. Ulema, ilim öğrenmenin şartları arasında "ömrün sonuna kadar öğrenmekte azim ve sebat etme"yi zikreder ki, başka türlüsü düşünülemez.

Kısaca ifade etmem gerekirse, "ilim talebi" bir "hayat tarzı"dır ve "bilgilenmek"ten yahut "malumat edinmek"ten çok çok farklıdır. Günümüzde sık sık "okumayan bir toplum" olduğumuzdan şikâyet edilir ya; şartlar elverdiğinde yoğun bir yönlendirme ve teşvikle, okumayan bir toplumu "okuyan" bir toplum haline getirmek mümkündür. Ancak cahil bir toplumu alim bir topluma dönüştürmek, hiçbir zaman mümkün olmamıştır, olamaz da.

Söylediklerime, "hem ilme teşvik ediyorsun, hem de işi yokuşa sürüyorsun" diyerek itiraz edenler olabilir. Hemen belirteyim ki, amacımız, bahse konu ilim dallarının "neden bahsettiğini" öğrenmek ise bu çok kolaydır. Konuyla ilgili eserleri elde edip "zaman buldukça" göz atarak da bu maksadı hasıl edebiliriz. Ama maksat, bir başka yazıya konuk ettiğim[1] Takiyyuddîn es-Sübkî gibi, yaptığı bir icraatın Kur'an, Sünnet, İcma ve Kıyas'tan dayanaklarını ortaya koyabilecek bir "alim" seviyesine yükselmek ise bunun, her şeyden önce bir "sistem" işi olduğunu ve bu "sistem"e de ancak, mum gibi kendisi erirken çevresine ışık veren bireyler yetiştirmekten geçtiğini bilmemiz gerekiyor...

---

[1] Elinizdeki kitabın 7. Bölüm'ünün 3 numaralı yazısı

12. Tabakat Kitapları

"İmam Ebû Hanîfe'yi nasıl bilirsiniz?" diye bir soruya muhatap olsak, sanıyorum çoğumuzun ilk etapta yaşayacağı durum "şaşkınlık" olacaktır. Zira ondan bize kadar intikal eden Fıkhî ve Kelamî miras, Ümmet'in çoğunluğunu teşkil eden kitlede ortak bir "Ebû Hanîfe imajı" oluşturmuştur: O, yaşayan Sünnî Fıkıh mezhepleri içinde en kadim ve yaygın olanın kurucusu ve Ehl-i Sünnet'in itikadî çizgisini yansıtan –ve alanında yine "en kadim" olma vasfını taşıyan– risalelerin sahibidir.

Ondan tevarüs ettiğimiz Fıkhî ve Kelamî mirasın, yukarıdaki soruyu "anlamsız" kılmaya yeterli olduğunu düşünsek de, "azınlık" tarafında bulunan iki kesimin oluşturmaya/yaşatmaya çalıştığı ikinci bir "Ebû Hanîfe imajı" daha bulunduğunu biliyoruz. Bu kesimlerden ilkini, kendisine "Selefî" diyenler oluşturuyor. İmam Ebû Hanîfe'yi, hadislerle amel konusunda gerekli titizliği göstermediği ve re'ye/Kıyas'a abartılı bir mevki tanıdığı gerekçesiyle itham eden bu kesime teşhiste katılmakla birlikte istintaçda onlardan ayrılan Modernistler nazarında ise bu müddea bir "olumsuzluğu" değil, "örnekliği" işaret etmektedir.

Her halukârda yukarıda sözünü ettiğim imaj, İmam Ebû Hanîfe'nin Fıkhî ve Kelamî/İtikadî mirası üzerine kuruludur ve onun "Hadis'e bağlılığı" ile "zühd ve takva" yönünün genellikle görmezden gelinmesi veya yeterince dikkate alınmamasının yansımasıdır.

Bize bu sahalarda mütemmim malumatı veren menba, "Tabakat/Teracim/Menakıb kitapları"dır. Onun Hadis'le amel noktasındaki titizliği ve zühd, vera ve takvası konusunda bize ancak bu tarz kitaplar doyurucu bilgi vermektedir ve ancak bu bilgilerin devreye sokulmasıyla mütekâmil bir "Ebû Hanîfe portresi"ne ulaşılabilir...

Yine bu tarz kitaplar bize, İmam Ahmed b. Hanbel'in durduğu yerin, "Selefî".kardeşlerimizin çizgisiyle örtüşmediğini görme imkânı veriyor. Mesela ez-Zehebî'nin *Siyeru A'lâmi'n-Nübelâ*'sında (XI, 212) naklettiğine göre İmam Ahmed'in oğlu Abdullah, babasının, Efendimiz (s.a.v)'in saçıyla "tevessül"de bulunduğunu; onu öptüğünü ve içine daldırdığı kaptaki suyu şifa niyetiyle içtiğini söylemiştir.

Söz "tevessül"den açılmışken yine aynı kaynaktan (XVI, 400-1) bir anekdot daha nakledelim: İmam et-Tebarânî ile –kendisi gibi Hadis imamı olan– Ebû Bekr b. Mukrî ve Ebu'ş-Şeyh, Medine'de bulundukları zamanlardan birinde, açlık içinde geçen birkaç günün sonunda Ebû Bekr b. Mukrî, "kabr-i saadet"e giderek, "Ey Allah'ın Resulü! Açlık bizi perişan etti!" diye serzenişte bulunur. Medine'de oturanlardan birisi aynı günün akşamı kapılarını çalar ve "Bizi Hz. Peygamber (s.a.v)'e şikâyet etmişsiniz. Rüyama geldi ve size yardım etmemi emir buyurdu" diyerek elindeki yiyecek dolu sepeti kendilerine verir...

"Tabakat/Teracim/Menakıb kitapları" sadece, "baskın" yönleriyle, dolayısıyla "eksik" tanıdığımız tarihî şahsiyetlerin bütün yönleriyle resmedildiği eserler olarak değil, ilgilendikleri şahsiyetlerin dönemleri hakkında tarihsel, kültürel, sosyolojik, antropolojik... bilgiler sunan kaynaklar olarak da ayrı bir öneme sahiptir. Bu sebeple bu kitapların ihmal edilmesi, hoş görülemeyecek bir eksikliktir.

13. "Tasavvur Kitabı

Geçen hafta İstanbul'daydım. Zamanımın çoğunu geçirdiğim Daru'l-Hikme'de gerçekten faydalı oturumlar yaptık. Bu köşenin müdavimleri, daha önce Daru'l-Hikme hakkında yazdıklarımı hatırlayacaklardır. İstanbul'da bulunanlarınıza orayı mutlaka ziyaret etmelerini öneririm. Daru'l-Hikme'deki bu oturumların bende bıraktığı doyumsuz tat hakkında ne kadar uzun yazsam yeridir. Ancak bu yazıda bir başka hazdan söz etmeyi tercih edeceğim. Orada kaldığım gecenin ilerleyen saatlerinde sevgili Hakan hocam, "Muhtevası itibariyle İslamî ilimlerin herhangi bir dalına sokulması müşkil olan kitaplardan bahisle, örnek olması kabilinden iki kitap gösterdi. *el-Emedu'l-Aksâ* ve *Fehmu'l-Kur'an* isimlerini taşıyan bu kitaplardan ilkine o gece şöyle bir göz gezdirdim.

Gerçekten de "çarpıcı" bir muhtevası vardı. Ankara'ya döndükten sonra kitabı temin ettim ve okumaya başladım. el-Hâris b. Esed el-Muhâsibî'nin *Risâletu'l-Müsterşidîn*'i ve İmam el-Gazzâlî'nin *İhyâ*'sı ile benzerlik arz eden yanları bulunduğuna eserin muhakkiki de dikkat çekiyor. Evet, "zühd"den, "fakr"dan, "ibadet" ve "ubudiyet"ten bahsediyor; ancak yine de bu, alışılagelmiş bir Tasavvuf kitabı değil.

el-Emedu'l-Aksâ'nın bir "Tasavvuf kitabı" olarak nitelendirilmesi, muhtevasının "tüketilmesi" anlamına geleceği için ben ona "Tasavvur kitabı" demeyi tercih edeceğim. Yazarı, *Te'sîsu'n-Nazar* isimli risale hacmindeki eseriyle tanıdığımız, 5/11. asır Hanefî ulemasından Ebû Zeyd ed-Debûsî.

Her ne kadar Usul ihtilaflarının fer'î meselelere taallukunu işleyen muhtevasıyla kendi dönemi için gerçekten özgün bir "bakış açısı" tesis ettiği müsellem ise de, *Te'sîsu'n-Nazar* isminin bugün bizler için gerçek müsemmasının –müellifinin ruhaniyetinden i'tizar ederek– *el-Emedu'l-Aksâ* olduğunu söylersem fazla ileri gitmiş olur muyum, bilmiyorum ama, en azından "benim için" durumun böyle olduğunu söylemeliyim.

Zira *el-Emedu'l-Aksâ*, insanın varoluşsal yapısından hayatın mahiyetine kadar Müslüman bilincinin yeniden inşası için ihtiyaç duyduğumuz temel ontolojik gerçekleri, hikmet ve derin bir vukufiyetle ele alıyor; yani gerçekten de tam anlamıyla bir "te'sis-i nazar" faaliyeti gerçekleştiriyor.

"Güzel olan hiçbir şey hülasa edilemez" fehvasınca bu kısa yazı çerçevesinde *el-Emedu'l-Aksâ*'nın muhtevasından bahsetmeye kalkışarak, diğer pek çok "değer"e reva görülen türden bir "tüketilme"ye kurban gitmesine gönlüm razı olmadığı için, sadece ilgililerine bir "hatırlatma" olsun istedim. Daha önce okumuş olanlara onu bir kere daha okumalarını, benim gibi onunla tanışma bahtiyarlığına henüz ermemiş olanlara da en kısa zamanda temin edip bu eseri "sindire sindire" okumalarını tavsiye ederim.

Görünen o ki, bu eser bundan sonra, bu köşede yapmaya çalıştığım şeyin temel referanslarından birisini oluşturacak. Teşekkürler Dâru'l-Hikme, teşekkürler Hakan hocam!..

14. "Veren El-Alan El"

Genellikle *"Veren el-alan el"* tarzında çevrilen "el-Yedu'l-Ulyâ-el-Yedu's-Süflâ" tabiri –ki başta el-Buhârî ve Müslim olmak üzere pek çok Hadis imamı tarafından nakledilen bir hadiste geçmektedir–, zenginliğin yoksulluğa mutlak üstünlüğünü ispat sadedinde kullanılmakta.

Doğrusu Efendimiz (s.a.v)'in ve Sahabe'nin ileri gelenlerinin, sırf "veren el" olmak için herhangi özel bir gayret sarf etmediği yolunda bende mevcut bulunan kanaatin, ed-Debûsî'nin *el-Emedu'l-Aksâ*'sını okuduktan sonra kesin yargı haline dönüştüğünü söylemem gerekiyor.

Hadisin muhtelif varyantlarının bir arada değerlendirilmesi sonucu anlıyoruz ki, Efendimiz (s.a.v) –evet bu hadisi infak, tasadduk ve kişinin, kendi alın teriyle geçimini teşvik bağlamında irat buyurmuştur, ama–, burada zenginliği iffet ve kanaatkârlıkla yaşanan fakirliğe mutlak bir biçimde üstün tutmuş değildir. Burada olumsuzlanan, kişinin, kazancını kendi emeğiyle sağlamak yerine, başkalarına el açmayı tercih etmesidir; yerilen budur. Nitekim hadisin sonunda Efendimiz (s.a.v)'in, üstteki eli (veren el) "infak eden el", alttaki eli (alan el) de "isteyen el" diye açıklamış olması, bu istintacı doğrulamaktadır.

Bu hadisten, zenginliğin (izzet ve kanaatkârlıkla yaşanan) "kendine yeterliliğe" mutlak tefevvuku hükmünü çıkarmanın yanlışlığını ed-Debûsî şöyle delillendirir: Dünyayı terk ederek kendisini ilim ve amele adayan, böylece (kendisini kurtarması yanında) yaydığı ilimle başkalarının hidayet ve istikametine vesile olan kişi mi, yoksa onun "tamamını" terk ettiği şeylerin sadece "bir kısmını" (kendisine veya başkasına) veren kişi mi "üstteki el"in sahibi olarak nitelendirilmelidir?"

Evet gerek hadisin bütününün göz önüne alınması, gerekse Efendimiz (s.a.v) ve Selef'in tavrı, modern çağın herkes için mutlak hedef haline getirdiği "servete perestiş"i "veren el" metaforuyla meşrulaştıramayacağımızı; aynı şekilde izzet, kanaat, rıza ve iffet ile süslenmiş "dünya terki"nin de "alan el"e indirgenmesinin yanlış olacağını açık biçimde gösteriyor. ed-Debûsî'nin konuya getirdiği açılım ise dikkatlerimizi bambaşka bir noktaya sevk ediyor.

İşin esprisi burada. "Dünya varlığı gölge gibidir. Sen onun peşine takılırsan yakalayamazsın. Ama onu arkana alırsan, o senin peşinden gelir." Geçmişimizi muhteşem kılan da –hiç şüpheniz olmasın bu espriydi. Şimdi biz dünyanın peşinden koştuğumuz için, kendimizi heder etmemize rağmen onu yakalayamıyoruz.

Yani bir "merkez kayması"na bağlı "hedef kayması" söz konusu. İslam dünyası olarak izzete kavuşma yolunda bir arpa boyu mesafe alamayışımızın, hatta "mesafe almak" ne kelime, gittikçe batışımızın, atı arabanın arkasına koşmamızdan ileri geldiğini bir fark edebilsek...

15. Mü'min'in Hürmeti

7/13. asır ulemasından İzzuddîn b. Abdisselâm (ö. 661/1262) ile döneminin bazı Hanbelîleri arasında geçen, hatta Eyyubî sultanlarından bazılarının da müdahil olduğu –önemli bir itikadî ihtilaftan kaynaklanan– gerginlik meşhurdur. Oğlu tarafından kaleme alınan *İdâhu'l-Kelâm* isimli küçük risalede ve Tâcuddîn es-Sübkî tarafından *Tabakâtu'ş-Şâfi'iyye*'de tafsilatıyla zikredilen bu gerginlik uzun bir süre devam etmiş, bu arada sultanla İbn Abdisselâm arasında bazı yazışmalar olmuştur.

Bu süreçte Eyyubî sultanı el-Melikü'l-Eşref'e, konu hakkındaki görüşünü yazan İbn Abdisselâm, fetvasının bir yerinde şöyle der: "Mushaflarda yazılı olan Kur'an metnine, Allah Teala'nın zatına delalet etmesi dolayısıyla ihtiram gösterilmesi gerekir; tıpkı Allah Teala'nın sıfatlarına delaleti dolayısıyla ihtiram gösterilmesi gerektiği gibi. Delalet ettiği ve mensup olduğu merci sebebiyle bu metin, azametine inanmaya ve hürmetine riayete müstehaktır. Kâbe'ye, peygamberlere, abidlere ve ulemaya ihtiram da böyledir..."

Daha sonra Hacer-i Esved'in öpülmesinin ve taharet üzere bulunmayanların mushafa el sürememesinin de aynı gerekçeyle izah edileceğini vurgulayan İbn Abdisselâm, aslında bu istitradıyla müslümanın varlığa bakışındaki farklılığı ortaya koymaktadır ki, bu izah tarzının ona mahsus olmayıp, kendisinden önceki ve sonraki pek çok İslam alimi tarafından paylaşıldığını ve açık bir şekilde ifadeye konduğunu biliyoruz.

İbn Abdisselâm'ın örnek kabilinden zikrettiği hususlara şu noktanın da eklenebileceğini düşünüyorum: Özellikle Usul-i Fıkıh ulemasınca ilim gerektirmese de amel gerektirdiği söylenen haber-i vahidler, –ilmin kalbin ameli olduğunu, dolayısıyla bu kategorideki haberlerin ilim bildirdiğinin bu cihetten söylenmesi gerektiğini ileri sürenlerin bu yaklaşımından sarf-ı nazar ederek söyleyelim–, bu mevkii, sadece Din'in füruatının bilinmesinin büyük ölçüde kendilerine mütevakkıf olmasından değil, aynı zamanda delalet ettikleri merciin şayan-ı ihtiram olmasındandır...

Burası tam da Modernistler'in "gelenek ve kutsallık" başlığı altında söylediklerinin kıymet-i harbiyesi üzerinde durulacak noktadır.

"Kutsallık"tan söz açıldığında büyük ölçüde insan kaynaklı din ve inanç sistemlerinin telakkileri üzerinden hareket etmekle bu kesim, hayatî yanılgıya daha baştan düşmüş oluyor. Bu temel çarpıklık üzerine kurgulanan bir bakış açısından, "Edisyon-kritikli bir baskısı yapılarak Kur'an metninin yeniden inşa edilmesi gerektiği"ni ileri sürmek, ya da Hz. Peygamber (s.a.v)'in elçiliğinin "postacılık"tan öte bir anlam ifade etmediğini söylemek normal, hatta kaçınılmazdır...

"Kutsal" nedir ve kutsallıkla tavsif edilen varlıklar bu özelliği nereden alır? Bu sorular cevaplandırılmadan konu hakkında cefvel kalem yazılanlara hiçbir kıymet atfedilemez.

Öte yandan F. Schuon ve S.H. Nasr çizgisinde tebellür ettiği şekliyle Modernizm öncesi zamanlara aidiyeti bulunan her yapıya/anlayışa salt bu özellikleri sebebiyle "kutsallık" atfedilmesinin de tefridin doğurduğu ifrat olarak tesbit edilmesi gerekir.

Abdullah b. Ömer, Abdullah b. Abbâs ve Abdullah b. Amr'ın (r.anhum) Kâbe'ye bakarken dudaklarından dökülen "Senin hürmetin ne büyüktür! Ancak mü'minin hürmeti senden de büyüktür" sözü, bahse konu ifrat ve tefritteki aşırılıkları teşhiste önemli bir mihenk mesabesindedir. (İbn Kesîr'in belirttiğine göre (*Müsnedu'l-Fârûk*, I, 320) bu söz Hz. Ömer (r.a)'den de rivayet edilmiştir; ancak senedinde kesinti vardır.)

Mü'minin hürmetinin, şayan-ı ihtiram olan şeylere hürmetiyle ilişkili olması, hadiseye yüzeysel bakanlar için paradoks gibi görünse de, aslında durum son derece açıktır. Zira neyin şayan-ı ihtiram olduğunu bilmek ve bu bilginin gerektirdiği davranışı sergilemek –burada mesela "turistlerin cami ziyareti" gibi bir şeyden bahsetmediğimi izaha gerek yok– ancak mü'mine mahsus bir özelliktir. Üstelik imanın tek anlamı ve yansıması bu değildir...

Eğer bir paradokstan söz etmek gerekli ise, başta Irak ve Filistin olmak üzere dünyanın muhtelif yerlerinde mü'minlerin harim-i ismeti çiğnenirken sus-pus olan ümmetin, kendine gelmesi için çağdaş bir Haccac'ın Kâbe'yi modern mancınıklarla yıkması gibi bir olayın vukuunu beklemesi zikredilebilir...

16. Muhasebe

Hz. Ömer (r.a) bir gün mescitte halka namaz kıldırdıktan sonra gusül abdesti alması gerektiğini hatırlamıştı. Arkasındakilere dönüp, "Gusül abdesti almamı gerektiren halde olduğumu unutmuşum. Yerinizden ayrılmayın; şimdi dönerim" dedi ve bir süre sonra geri gelip namazı yeniden kıldırdı. Giderken de "Rabbimin huzurunda mahcup olacağıma, insanlar nezdinde mahcup duruma düşmeyi yeğlerim" diyordu. (İmam es-Serahsî, el-Mebsût, XVI, 62)

Ben yazdıkça soruların ardı arkası gelmiyor: İbn Teymiyye hakkında ne düşünmeliyiz? Seyyid Kutup bid'at ehli midir? Muhyiddîn İbn Arabî hakkında ne dersiniz?...

Öylesine "dışa dönük" yaşıyoruz ki, bireysel sorumluluklarımız konusunda karnemizin ne ahvalde olduğuna dönüp bakmak aklımıza bile gelmiyor. Böyle bir "bilme arzusu"nun şeytanî mi, Rahmanî mi olduğu sorusuna bilmem kaçımızın verecek "net" bir cevabı var?!

Belki yazmıştım, tekrarı faydadan hali değil: Birkaç yıl önce bir kitapçıda tanıştığım bir genç arkadaş ısrarla beni evine davet etmişti. Israrının sebebi, birkaç arkadaşıyla birlikte yürütmekte oldukları Tefsir dersi konusunda yaşadıkları bir sıkıntı idi. 2,5 yıl önce kendilerine 5 yıllık bir süre tayin etmişler ve yolun tam ortasında anlaşmazlığa düşmüşlerdi.

Çoğunluğu Üniversite öğrencisi idi ve telif-tercüme birkaç tefsir belirleyip okumaya başlamışlardı. Bir süre sonra dersi yürüten arkadaşlarından Mu'tezile'nin çizgisini andıran görüşler sudur etmeye başlamıştı.

Bir akşam bu davete icabet ettim. Gittiğimiz evde 15-20 kadar genç vardı. Duruma vakıf olduktan sonra niçin Tefsir dersi yapmaya karar verdiklerini sordum. "Tabii ki Allah'ın Kitabı'nı öğrenmek için" dediler. Allah'ın

Kitabı'nı niçin öğrenmek istediklerini sordum. "Allah'ın dinini tebliğ etmek için" dediler. "Peki size kim böyle bir görev verdi?" dedim. Ortalık birden buz kesti. Kendilerine şu anlamda bir şeyler söyledim:

Yanlışlığı tam da burada yapıyoruz. Görev ve sorumluluklarımız arasında bir hiyerarşi gözetmeden yola çıkıyor ve çıktığımız yolun yarısında kala kalıyoruz. Bu durum sadece size özgü değil. Ben bugüne kadar bu tarz derslerin bitirildiğine ve katılanları başladıkları noktanın ötesine taşıdığına tanık olmadım. Bizim, Müslüman bireyler olarak ilk ve en büyük sorumluluğumuz, iman, amel ve ahlakta kemal için gayret göstermektir. Bize bunu sağlayacak olan ne ise öncelikle ona yönelmemiz gerekir. Bana sorarsanız bu dersi burada kesin ve her biriniz, Ömer Nasuhi Bilmen merhumun *İlmihal*ini alarak içindekileri sindire sindire bir güzel okuyun; yaşantınızı ona göre ayarlayın...

Geçenlerde o mecliste bulunanlardan biriyle karşılaştım. Tefsir dersinin encamını sorduğumda, "Yürümedi; bıraktık" dedi. Yürümezdi de...

Başkalarını, hele göçüp gitmiş olanları Rableriyle baş başa bırakıp, hiç olmazsa şu Üçaylar'da bir "iç muhasebe"ye yönelsek?! Mesela namazlarımızı noksansız ve ta'dil-i erkâna riayetle kılıp kılmadığımızı kontrol etsek; insanî ilişkilerimizi ve ahlakî yapımızı kontrolden geçirsek? Hz. Peygamber (s.a.v) bugün aramızda olsaydı, gidişatımızın ne kadarını onaylardı, buna baksak?..

BİBLİYOGRAFYA

Kur'an-ı Kerim

Kütüb-i Sitte

ABD b. HUMEYD, Ebû Muhammed el-Keşşî, "el-Müsned" (Müntehab), (Subhî el-Bedrî es-Samerrâî – Mahmud Muhammed Halîl es-Sa'dî tahkikiyle), Mektebetu's-Sünne, Kahire-1408/1988.

ABDÜRREZZÂK b. Hemmâm es-San'ânî, "el-Musannef", (Habîburrahmân el-A'zamî tahkik ve ta'likiyle), el-Meclisu'l-İlmî, Beyrut-1390-1392/1970-1972, I-XI. (Ayrıca 4 cilt fihrist.)

el-ACLÛNÎ, İsmail b. Muhammed, "Keşfu'l-Hafâ ve Müzîlu'l-İlbâs Amme'ştehera mine'l-Ahâdîs alâ Elsineti'n-Nâs", (Ahmed el-Kallâş tahkikiyle), Müessesetu'r-Risâle, Beyrut-1408/1988, I-II.

AHMED b. HANBEL, "el-Müsned", (Ahmed Muhammed Şâkir (I-VIII. ciltler) ve Hamza Ahmed ez-Zeyn (IX-XVIII. ciltler) tahkikiyle), Dâru'l-Hadîs, Kahire-1416/1995, I-XX (son iki cilt fihrist).

AKGÜNDÜZ, Ahmed, "Belgeler Gerçekleri Konuşuyor", OSAV (Osmanlı Araştırmaları Vakfı), İstanbul-1997, I-V.

el-ALBÂNÎ, Muhammed Nâsıruddîn, "Silsiletu'l-Ahâdîsi'd-Da'îfe ve'l-Mevdû'a", Mektebetu'l-Ma'ârif, Riyad-1412/1992-1421/2000, I-VII.

ALİ HAYDAR Efendi, Hoca Emin Efendizade, "Düreru'l-Hükkâm Şerhu Mecelleti'l-Ahkâm", İstanbul-1330/1914.

el-AYNÎ, Bedruddîn Mahmûd b. Ahmed, "Umdetu'l-Karî Şerhu Sahîhi'l-Buhârî", Dâru İhyâi't-Turâsi'l-Arabî, Yersiz-Tarihsiz, I-XXIV.

el-BEZZÂR, Ebû Bekr Ahmed b. Amr, "el-Müsned", (Mahfûzurrahman Zeynullah tahkikiyle), Müessesetu Ulûmi'l-

Kur'ân – Mektebetu'l-Ulûm Ve'l-Hikem, Beyrut – Medine-1409/1988, I-X.

BİLMEN, Ömer Nasuhi, "Hukukı İslamiyye Ve Istılahatı Fıkhiyye Kamusu", Bilmen Yayınevi, İstanbul-1985, I-VIII.

ed-DÂREKUTNÎ, Ali b. Ömer, "Sünenu'd-Dârekutnî", (Ebu't-Tayyib Muhammed Şemsulhak el-Azîmâbâ-dî'nin "et-Ta'lîku'l-Muğnî"si ile birlikte), Âlemu'l-Kütüb, Beyrut-1406/1986, I-IV.

ed-DÂRİMÎ, Ebû Muhammed Abdullah b. Abdirrahman, "Sünenu'd-Dârimî", (M. D. el-Buğâ tahkik ve ta'likiyle), Dâru'l-Kalem, Dimeşk, 1412/1991.

DİA, Türkiye Diyanet Vakfı İslam Ansiklopedisi, İsam, İstanbul-1988-..., I-...

EBÛ DÂVÛD, Süleyman b. Eş'as es-Sicistânî, "el-Merâsîl", (Abdülmu'tî Emîn Kal'acî tahkikiyle, İbn Hacer'in "Silsiletu'z-Zeheb"i ile birlikte), Dâru'l-Ma'rife, Beyrut-1406/1986).

EBÛ NU'AYM, Ahmled b. Abdillah el-İsfehânî, "Hilyetu'l-Evliyâ Ve Tabakâtu'l-Asfiyâ", (Mustafa Abdülkadir Atâ tahkikiyle), Dâru'l-Kütübi'l-İlmiyye, Beyrut-1418/1997, I-XII (son iki cilt fihrist).

EBÛ YA'LÂ, Ahmed b. Ali b. el-Müsennâ el-Mavsılî et-Temîmî, "el-Müsned", (Hüseyin Süleyman Esed tahkikiyle), Dâru'l-Me'mûn Li't-Turâs, Dimaşk-1404/1984, I-XII.

el-HÂKİM, Ebû Abdillah Muhammed b. Abdillah en-Nîsâbûrî, "el-Müstedrek Ale's-Sahîhayn" (ez-Zehebî'nin "Telhîsu'l-Müstedrek"i ile birlikte, Hindistan-1334/1915 baskısının tıpkıbasımı), Dâru'l-Ma'rife, Beyrut-tarihsiz, I-V.

el-HATÎBU'L-BAĞDÂDÎ, Ebû Bekr Ahmed b. Ali, "Târîhu Bağdâd Ev Medîneti's-Selâm", (Mustafa Abdülkadir Atâ tahkikiyle), Dâru'l-Kütübi'l-İlmiyye, Beyrut-1417/1997, I-XXIII (XV-XXII. ciltler arası zeyller, son cilt fihrist).

el-HEYSEMÎ, Nûruddîn Ali b. Ebî Bekr, "Mecmau'z-Zevâid ve Menbau'l-Fevâid", Dâru'l-Kütübi'l-İlmiyye, Beyrut-1408/1988, I-X.

el-HUMEYDÎ, Eb Bekir Abdullah b. ez-Zübeyr,

"Müsnedu'l-Humeydî", (Hüseyin Selim Esed tahkik ve tahriciyle), Dâru's-Sakkâ, Dimeşk-1996, I-II.

İBN ABDİLBERR, Ebû Ömer Yûsuf b. Abdillâh en-Nemerî el-Kurtubî, "Câmi'u Beyâni'l-İlm ve Fadlih ve Mâ Yenbeğî fî Rivâyetihî Ve Hamlih", Dâru'l-Kütübi'l-İslâmiyye, Kahire-1402/1982.

..........., "el-İstî'âb Fî Ma'rifeti'l-Ashâb", (Ali Muhammed el-Becâvî tahkikiyle), Beyrut-1412/1992, I-IV.

İBN ÂBİDÎN, Muhammed Emîn b. Ömer ed-Dimaşkî, "Reddu'l-Muhtâr Ale'd-Dürri'l-Muhtâr", (Tercüme: I'den X. cilde kadar Ahmed DAVUDOĞLU, XI ve XII. ciltler Mehmet SAVAŞ, XIII'ten XVII. cilde kadar Mazhar TAŞKESENLİOĞLU), Şamil yay., İstanbul-1982-1988 (Ayrıca Dr. Hamdi DÖNDÜREN tarafından hazırlanan "Fihrist ve İbn-i Âbidîn'in Kaynakları" cildi: İstanbul-1988).

İBN EBÎ ŞEYBE, Eb Bekir Abdullah b. Muhammed el-Kûfî, "el-Musannef", (Sâ'îd el-Lahhâm ta'likiyle), Dâru'l-Fikr, 1414/1994, I-VIII. (Ayrıca fihrist cildi.)

İBN HACER, Ahmed b. Ali el-Askalânî, "Fethu'l-Bârî bi Şerhi Sahîhi'l-Buhârî", Dâru'l-Ma'rife, Beyrut-tarihsiz, I-XIII.

..........., "Lisânu'l-Mîzân", Menşûrâtu Müesseseti'l-A'lemî li'l-Matbû'ât (Dâiretu'l-Ma'ârifi'n-Nizâmiyye, Haydarabad-1331/1912 baskısının tıpkıbasımı), Beyrut-1406/1986, I-VII

İBN HİBBÂN, Ebu Hâtim Muhammed b. Hibbân b. Ahmed et-Temîmî, "el-İhsân" ("Sahîhu İbn Hibbân bi Tertîbi İbn Belebân"), (Şu'ayb el-Arnaût tahkik, tahriç ve ta'likiyle), Müessesetu'r-Risâle, Beyrut-1418/1997, I-XVIII (Son iki cilt fihrist).

İBN HUZEYME, Muhammed b. İshak b. Yesâr, "Kitâbu't-Tevhîd Ve İsbâti Sıfâti'r-Rabb", (Muhammed Halîl Herrâs ta'likiyle) Dâru'l-Kütübi'l-İlmiyye, Beyrut-1403/1983.

İBN KESÎR, Ebu'l-Fidâ İmâduddîn İsmail b. Ömer, "el-Bidâye Ve'n-Nihâye", (Ahmed Abdülvehhâb Fetih tahkikiyle), Dâru'l-Hadîs, Kahire-1414/1993, I-XV (son cilt fihrist).

İBN RECEB, Ebu'l-Ferec Abdurrahman b. Ahmed b. Receb el-Hanbelî, "Câmi'u'l-Ulûm Ve'l-Hikem", Dâru'l-Ma'rife, Beyrut-Tarihsiz.

İBN TEYMİYYE, "Mecmû'u Fetâvâ Şeyhilislâm Ahmed b. Teymiyye", (Abdurrahman b. Muhammed b. Kasım el-Âsımî cem ve tertibiyle), Yersiz-Tarihsiz, I-XXXVII. (Son iki cilt fihrist.)

..........., "es-Sârimu'l-Meslûl Alâ Şâtimi'r-Resûl", el-Mektebu'l-İslâmî, Beyrut-1414/1994.

İBNU'L-CEVZÎ, Ebu'l-Ferec Abdurrahman b. Ali, "el-Muntazam Fî Tevârîhi'l-Mulûk Ve'l-Umem", (Süheyl Zekkâr tahkikiyle), Dâru'l-Fikr, Beyrut-1415/1995, I-X (Ayrıca üç cilt fihrist).

İBNU'L-CEZERÎ, Şemsuddîn Muhammed b. İbrahim el-Cezerî, "Târîhu İbni'l-Cezerî (Târîhu Havâdisi'z-Zemân Ve Enbâihî Ve Vefeyâti'l-Ekâbir Ve'l-A'yân Min Ebnâih)", (Ömer Abdüsselâm Tedmûrî tahkikiyle), el-Mektebetu'l-Asriyye, Beyrut-1419/1998, I-III.

İBNU'L-KAYYIM, Şemsuddîn Muhammed b. Ebî Bekr, "Hidâyetu'l-Hayârâ Fî Ecvibetu'l-Yehûd Ve'n-Nasârâ", (Muhammed Ahmed el-Hâc tahkikiyle), Dâru'l-Kalem–ed-Dâru'ş-Şâmiyye, Dimaşk–Beyrut-1416/1996.

..........., "İ'lâmu'l-Muvakkı'în An Rabbi'l-Âlemîn", (Muhammed Muhyiddîn Abdülhamîd tahkik ve ta'likiyle) Dâru'l-Fikr, Beyrut-1374/1955, I-IV.

İBNU'N-NEDÎM, İshak b. İbrahim el-Mavsılî, "el-Fihrist", (İbrahim Ramadan tashih ve ta'likiyle), Dâru'l-Ma'rife, Beyrut-1415/1994.

KADI IYÂD, Ebu'l-Fadl Iyâd b. Musa el-Yahsubî, "eş-Şifâ Bi Ta'rîfi Hukûki'l-Mustafâ", Dâru'l-Kütübi'l-İlmiyye, Beyrut-Tarihsiz, I-II.

KÂTİP ÇELEBİ, Mustafa b. Abdillah, "Keşfu'z-Zunn An Esâmi'l-Kütüb Ve'l-Funûn", Dâru'l-Fikr, Beyrut-1402/1992, I-VI.

el-KEŞMÎRÎ, Muhammed Enverşâh, "Feydu'l-Bârî Alâ Sahîhi'l-Buhârî", el-Meclisu'l-İlmî, Kahire-1337/1918, I-IV.

el-KETTÂNÎ, Muhammed b. Ca'fer, "er-Risâletu'l-Müstatrefe fî Beyâni Meşhûri Kütübi's-Sünneti'l-Müşerrefe", Dâru Kahraman, İstanbul-1986.

el-KEVSERÎ, Muhammed Zâhid, "Makâlâtu'l-Kevserî", Râtib Hâkimî neşri, Yersiz-1388/1968.

"Kitab-ı Mukaddes" (Eski ve Yeni Ahit), Kitab-ı Mukaddes Şirketi, İstanbul-1988.

MÂLİK b. ENES, İmam, "el-Muvatta", (Muhammed Fuad Abdülbâkî tahkikiyle), Kahire-1370/1951, I-II.

........., "el-Müdevvenetu'l-Kübrâ", (Ahmed Abdüsselâm zabt ve tashihiyle), Dâru'l-Kütübi'l-İlmiyye, Beyrut-1415/1994, I-V

MA'TÛK, Sâlih Yusuf, "Cuhûdu'l-Mer'e Fî Rivâyeti'l-Hadîs –el-Karnu's-Sâmin el-Hicrî–, Dâru'l-Beşâiri'l-İslâmiyye, Beyrut-1418/1997.

el-MUNÂVÎ, Abdurraûf, "Feydu'l-Kadîr Bi Şerhi'l-Câmi'i's-Sağîr", Dâru'l-Ma'rife, Beyrut-1391/1972, I-VI.

en-NESÂÎ, Ebû Abdurrahman Ahmed b. Şu'ayb, "es-Sünenu'l-Kübrâ", (Abdülğaffâr Süleyman el-Bündârî ve Seyyid Kisrevî Hasan tahkikiyle), Dâru'l-Kütübi'l-İlmiyye, Beyrut-1411/1991, I-VI. (Ayrıca fihrist cildi.)

el-OSMÂNÎ, Şebbîr Ahmed, "Fethu'l-Mülhim Bi Şerhi Sahîhi'l-İmâm Müslim", Mektebetu Dâri'l-Ulûm, Karaçi-1423/2002, I-VI.

es-SAYMERÎ, Ebû Abdillah Hüseyin b. Ali, "Ahbâru Ebî Hanîfe Ve Ashâbih", Dâru'l-Kitâbi'l-Arabî, Beyrut-1396/1976.

es-SERAHSÎ, Şemsüleimme Ebû Bekr Muhammed b. Ahmed b. Ebî Sehl, "el-Mebsût", Dâru'l-Fikr, Beyrut-1409/1989, I-XXX.

SİFİL, Ebubekir,"Modern Fetvalar Çağdaş Hurafeler, Alperen Yayınevi, Ankara-2001.

es-SÜBKÎ, Tâcuddîn Abdülvehhâb b. Ali el-Mısrî, "Tabakâtu'ş-Şâfi'iyyeti'l-Kübrâ", Dâru'l-Ma'rife, Beyrut-Tarihsiz, I-VI.

es-SÜYÛTÎ, Celâluddîn Abdurrahmân b. Ebî Bekr, "Menâhilu's-Safâ Fî Tahrîci Ahâdîsi'ş-Şifâ", (Semîr el-Kâdî tahkikiyle), Müessesetu'l-Kütübi's-Sekâfiyye-Dâru'l-Cinân, Beyrut-1408/1988.

........., "et-Tahaddüs Bi Ni'metillâh", (E.M. Sartain tahkikiyle), Cambridge University Press, Cambridge-1975.

et-TABERÂNÎ, Ebu'l-Kasım Süleyman b. Ahmed, "el-Mu'cemu'l-Evsat", (Mahmûd et-Tahhân tahkik ve tahriciyle),

Mektebetu'l-Ma'ârif, Riyad-1406/1986, I-XI (Son cilt Fihrist.)

..........., "el-Mu'cemu'l-Kebîr", (Hamdî Abdülmecîd es-Silefî tahkik ve tahriciyle), Dâru İhyâi't-Turâsi'l-Arabî, Beyrut-1404/1984, I-XXV (XIII, XIV, XV, XVI, XXI. ciltler Fihrist).

..........., "el-Mu'cemu's-Sağîr", Müessesetu'l-Kütübi's-Sekâfiyye, Beyrut-1406/1986, I-II.

..........., "Müsnedu'-Şâmiyyîn", (Hamdî Abdülmecîd es-Silefî tahkikiyle), Müessesetu'r-Risâle, Beyrut-1405/1984, I-II.

et-TAYÂLÎSÎ, Ebû Dâvûd Süleyman b. Dâvûd el-Basrî, "el-Müsned", Dâru'l-Ma'rife, Beyrut-Tarihsiz.

et-TEHÂNEVÎ (Tânevî), Zafer Ahmed, "İ'lâu's-Sünen", İdâretu'l-Kur'ân ve'l-Ulûmu'l-İslâmiyye, Karaçi-1414/1993, I-XXII (son cilt fihrist).

WENSINCK, A.Y. "Concordance Et Indices De La Tradition Muslumane" ("el-Mu'cemu'l-Müfehres Li Elfâzı'l-Hadîsi'n-Nebevî"), Çağrı Yayınları, İstanbul-1988, I-VIII.

..........., "Miftâhu Kunzi's-Sünne", (Arapça'ya Tercüme: Muhammed Fuâd Abdülbâkî), Dâru'l-Kalem, Beyrut-1988.

YAHYÂ b. ÂDEM, "Kitâbu'l-Harâc", (Ebû Yûsuf'un "Kitâbu'l-Harâc"ı ve İbn Receb'in "el-İstihrâc li Ahkâmi'l-Harâc"ı ile birlikte), Dâru'l-Ma'rife, Beyrut-tarihsiz.

ez-ZEHEBÎ, Ebû Abdillâh Muhammed b. Ahmed b. Osmân,"Siyeru A'lâmi'n-Nübelâ", (Şu'ayb el-Arnâût-Muhammed Nu'aym el-Arkûsî tahkik, tahriç ve ta'likiyle), Müessesetu'r-Risâle, Beyrut-1417/1996, I-XXVI (son iki cilt fihrist).

..........., "Tezkiretu'l-Huffâz", Dâru İhyâi't-Turâsi'l-Arabî (Dâiretu'l-Ma'ârifi'l-Osmâniyye, Haydarabad, 1376/1956 baskısının tıpkıbasımı), Beyrut-tarihsiz, I-IV.

ez-ZERKÂ, Ahmed b. Muhammed, "Şerhu'l-Kavâ'idi'l-Fıkhiyye", Dâru'l-Kalem, Dimaşk-1414/1993.

ez-ZEYLA'Î, Cemâluddîn Ebu Muhammed Abdullah b. Yûsuf, "Nasbu'r-Râye li Ahâdîsi'l-Hidâye", Dâru İhyâi't-Turâsi'l-Arabî, Beyrut-1407/1987, I-IV.

..........., "Tahrîcu'l-Ahâdîs ve'l-Âsâr" ("el-Keşşâf" Hadislerinin Tahrici), Dâru İbn Huzeyme, Yersiz-1414/1993, I-IV.

KARMA İNDEKS

A

A. Tahir Dayhan, 32
A'lâmu'n-Nisâ, 156
Abbasi devleti, 202
Abbasiler, 132, 183
Abbsasi hilafeti, 202
ABD, 185, 187, 193, 205, 206
Abd b. Humeyd, 29
Abdest, 22
Abdullah b. Abbâs, 260
Abdullah b. Ahmed, 254
Abdullah b. Amr, 39, 260
Abdullah b. el-Mübârek, 70
Abdullah b. Ömer, 260
Abdullah b. Übeyy b. Selûl, 212
Abdullah Bûbî, 121
Abdunnasîr b. İbrahim el-Kursavî, 121
Abdurrahîm b. Ali el-Beysânî, 176
Abdurrahim b. Osman Otuz İmenî, 121
Abdurrahman b. Mehdî, 21, 25, 26, 215
Abdülazîz b. el-Hasen b. Zebâle, 210
Abdülganî el-Makdisî, 173
Abdülkadir-i Geylânî, 193
Abdülmuttalip, 189
Abdünnasîr Kursavî, 123
Abdürrezzâk, 35, 36, 37, 38, 68, 85
el-Aclûnî, 216, 223, 227
Adalet, 165, 166, 169, 170
Adalet, 169
Âdem, 21, 22, 25, 26, 27
Afganistan, 205
Ahbâru Ebî Hanîfe, 59
Ahbâru'l-Musannifîn vemâ Sannefûhu, 176
Ahbâru's-Selçûkiyye, 176
Ahir zaman, 118
Ahiret, 111, 159, 242
Ahmed Akgündüz, 135
Ahmed b. Hanbel, 21, 25, 37, 39, 44, 69, 70, 94, 117, 118, 153, 192, 193, 212, 214, 254
Ahmed b. Muhammed b. el-Muzaffer er-Râzî, 16
Ahmed b. Muhammed ez-Zerkâ, 130
Ahmet Akgündüz, 133
Ahmet Erkol, 93
Aile Hukuku, 140, 145
Hz. Aişe, 212
Akaid, 79, 100

Akaid kitapları, 49
Akâid-i Nesefiyye, 193
Akif, 194
el-Albânî, 40
Alemin kıdemi, 122
Alemuddin es-Sehâvî, 173
Hz. Ali, 12, 111, 193
Ali b. el-Medînî, 70
Ali b. Fadlullah, 132
Ali b. Muhammed b. el-Feyyâd, 221
Ali Haydar Efendi, 130
Ali Vasfi Kurt, 240
Alimcan Bârûdî, 121, 123
Alimler, 34
el-Âlûsî, 194
Amerika, 195, 197, 201, 205
Amerikan yüzyılı, 197
Âmm, 47
Ammâr b. Yâsir, 36, 37
Amr b. Avf el-Müzenî, 39
Amr b. Osman el-Mekkî, 194
Anadolu, 115, 199
Ankara, 35, 75, 255
Arabistan Yahudileri, 219
Arafat hutbesi, 64
Arap dili, 80, 177, 180
Arap kabileleri, 55
Arapça, 27, 80, 88, 187, 251
Arapçılık zihniyeti, 55, 57
Araziyi milliye, 134
Ashab, 22
Aslî günah, 76
Asr-ı saadet, 60
Asrîleşmek, 113
Astronomi, 173
Asya, 113
Atom bombası, 112
Avrupa, 112, 192
Avrupa ülkeleri, 185
Avrupalılaşmak, 112
Ay hali, 153, 154

Ayetler, 13, 55, 83, 88
el-Aynî, 27, 28
Azimet, 68

B

Babil Gemarası, 127
Babil sürgünü, 127
Babil Talmudu, 127
Bağdat, 178, 191, 192, 193, 201, 205
Bağy ahkâmı, 133
Balkanlar, 205
Barthold, 132, 146
Basra, 193
Başkırdistan, 121
Batı, 69, 87, 108, 112, 113, 121, 123, 196, 197
Batı emperyalizmi, 197
Batı medeniyeti, 158, 205
Batı toplumları, 108
Batılı devletler, 109
Batılı ülkeler, 197
Batılılar, 206
Batılılaşma, 112, 116
Bayram hutbesi, 64
Bayram namazları, 63, 64
Bedâiu's-Senâyi', 173
el-Bedî', 223
Bekir Karlığa, 97, 98
Beklenen kurtarıcı" inancı, 85
Belgeler Gerçekleri Konuşuyor, 135
Benû Ümeyye, 64
Berlin, 75
Beşşar Esad, 198
Beyan dergisi, 88
el-Beyhakî, 39, 68
Beyrut, 70
Beytü'l-Hikme, 183
Beytülmal, 134, 135
el-Bezzâr, 39, 153, 212
Bid'at, 184, 263
Bid'at fırkalar, 49

Bid'at mezhepler, 246
Bidâyetu'l-Müctehid, 136
Bilgi çağı, 247
Bilmen, 16, 17
el-Birzâlî, 180
Bişr b. el-Hâris, 192
Bişr el-Hâfî, 193
Biyoloji, 103
Budistler, 98
Buğyetu't-Taleb, 173
el-Buhârî, 36, 65, 153, 156, 214, 215, 217, 218, 227, 250, 257
Bursa, 204
Bush, 185
Bünyamin Erul, 35
Bürokrasi, 112
Büyük İsrail projesi, 206
Büyük Meclis, 127
Büyük Mevzularda Ufak Fikirler, 125
Büyük Ortadoğu Projesi, 116, 185, 204

C

Câbir b. Abdillah, 39
Ca'fer-i Sadık, 225
Cahiliye Arapları, 185
Cahiliye dönemi, 164
el-Câmi', 35, 36, 37, 86
Câmi'u Abdirrezzâk, 38
Câmi'u Ma'mer, 36, 37
el-Câmi'u'l-Kebîr, 175
Câmi'u'l-Ulûm, 118
Câmi'u'l-Usûl, 173
el-Câmi'u's-Sahîh, 36
Cebrail, 161, 225, 226, 249
Cebriye, 49, 116
Ceditçilik hareketi, 122
Cehennem, 123, 166
Celâluddîn ed-Devvânî, 243, 244

el-Cem' Beyne't-Takvâ ve'l-Fetvâ fî Mühimmâti'd-Dîn ve'd-Dünyâ, 69
Cemaleddin Efgânî, 148
Cemâluddîn Ali b. Yusuf el-Kıftî, 176
Cemâluddîn el-Gaznevî, 173
Cemâluddîn Yusuf, İbn Şeddâd, 173
Cemil Meriç, 107, 112
Cenaze namazı, 223
Cennet, 40, 97, 98
Cerh, 156, 213
Cerh-Ta'dil otoriteleri, 32
Ceza Hukuku, 140, 145
CHP, 11
CIA, 186
Cihad, 201, 203
Cizye, 134
Cuhûdu'l-Mer'e fî Rivâyeti'l-Hadîs, 155
Cuma hutbesi, 63, 64, 65
Cuma namazı, 60, 63, 64, 65
Cündişapur Akademisi, 183
Cüneyd-i Bağdâdî, 193

Ç

Çağdaş anlayış, 33
Çağdaş Hadis antipatizanları, 34
Çağdaşçı Müslümanlar, 152
Çağdaşlaşma, 112, 113
Çağdaşlık, 113
Çarmıh, 77, 79
Çeçenistan, 204, 205
Çekirdek aile, 56
Çok eşlilik, 151, 163, 164, 166
Çuvaşistan, 121

D

Dalalet, 124
Daniel de Foe, 107
ed-Dârekutnî, 173
Dâru'l-Hadis, 173
Daru'l-Hikme, 255
Dâru'l-Kur'an, 172
Dâru'l-Kurrâ, 173
Davut İltaş, 31, 33
ed-Debûsî, 111, 257, 258
Deccal, 217, 218, 219
Değişim, 107, 108, 111, 138
Dehriyyun, 116
Demokrasi, 186, 234
Determinizm, 104
Dıhye b. Halîfe, 65
DİA, 76
Dil ve Tarih Coğrafya Fakültesi Kütüphanesi, 35
Dimaşk, 173, 176, 177
ed-Dimyâtî, 176
Din, 17, 49, 50, 108, 121, 188, 189, 247, 260
Din taassubu, 98
Dinî düşünce, 117
Dinî ilimler, 176
Dinin yenilenmesi, 124
Dinlerarası diyalog, 117, 185, 188
Dinlerin aşkın birliği, 117
Dinsizlik, 124
Dirayet tefsiri, 16
diyalog süreci, 108
Diyanet, 151
Diyanet Vakfı, 76, 123
Dokuz Eylül Üniversitesi İlahiyat Fakültesi, 32
Dört halife, 63
Dört kadınla evlenme, 165
Dört mezhep, 43
Dua, 132, 146
Dünyevi saltanat, 132
ed-Düreru'l-Kâmine, 155

Düreru'l-Hükkâm, 130

E

E. Boutroux, 103, 104
Ebced hesabı, 230
Ebrehe, 189
Hz. Ebû Bekr, 152, 212
Ebû Bekr b. Mukrî, 254
Ebû Bekr b. Sâbık el-Mâlikî, 222
Ebû Bekr el-Cassâs, 56, 68, 171, 172, 193
Ebû Bekr Muhammed b. Sâlih el-Ebherî, 171, 172
Ebû Ca'fer et-Tahâvî, 68
Ebu Cafer Muhammed b. Hüseyin el-Bağdadi, 214
Ebû Dâvûd, 39, 65, 153, 214, 239
Ebû Dâvûd es-Sicistânî, 193
Ebû Eyyûb el-Merâğî, 26
Ebû Hanîfe, 53, 56, 59, 60, 67, 70, 71, 94, 95, 174, 178, 179, 193, 247, 253, 254
Ebû Hâtim er-Râzî, 193
Ebû Hureyre, 26, 39, 117
Ebû İshâk es-Sebî'î, 37
Ebû Musa Yunus b. Abdi'l-A'lâ es-Sadefî, 69
Ebû Nasr b. es-Sabbâğ, 222
Ebû Sa'îd el-Harrâz, 193
Ebû Şâme, 173
Ebû Tâhir es-Silefî, 173
Ebû Ubeyde Ma'mer b. el-Müsennâ, 193
Ebû Ümâme, 39
Ebû Ya'lâ, 153, 161
Ebû Yusuf, 44, 53, 70, 193, 214
Ebû Zerr el-Ğıfârî, 235
Ebû Zeyd ed-Debûsî, 255
Ebu'l-Abbâs et-Tûsî, 193

Ebu'l-Ala Said b. Ahmed b.
　Ebî Bekr er-Râzî, 69
Ebu'l-Fida, 176
Ebu'l-Hasan el-Eş'arî, 193
Ebu'l-Hasan el-Kerhî, 56, 171
Ebu'l-Kasım es-Safrâvî, 175
Ebu'l-Mehâsin Yusuf, 176
Ebu'ş-Şeyh, 254
Edille–i Erbaa, 129, 130, 145
Edille-i şer'iyye, 44
Ef'al-i mükellefin, 11
Ehl-i Hadis, 44, 95, 100
Ehl-i Kitap, 34, 53, 84, 116, 185, 187, 189
Ehl-i Salib, 194
Ehl-i Sünnet, 83, 99, 100, 101, 124, 233, 253
Ehl-i Tasavvuf, 238
Ekim Devrimi, 122
Ekrem Kızıltaş, 75
el-Müdevvene, 54
el-Emedu'l-Aksâ, 255, 256, 257
Emevi bid'atı, 63
Emeviler, 60, 63, 64
Emile Boutroux'da Zorunsuzluk Doktrini, 104
Endülüs'te Hadis ve İbn Arabî, 240
Enes b. Mâlik, 39, 193
Enis Soros, 187
Ensâb, 174
Erciyes Üniversitesi İlahiyat Fakültesi, 31
Ergün Çapan, 246
Erkek egemen gelenek, 162
Ernest Renan, 148
Eski Ahit, 245
Esma-i Hüsna, 236
Esme'l-Mesâlik, 88, 89
el-Eş'arî, 93, 94, 103
Eş'arî kelamcılar, 103
Eş'arî otomculuğu, 104

Eş'arî-Maturîdî Kelamî çizgi, 100
Eşcinsellik, 162
Etbau't-Tabiin, 34
Evlilik, 164
Evliya, 243
el-Evzâ'î, 70, 71
Eyyubî sultanları, 259
Eyyubiler, 172, 173, 174, 175, 176
Ezra, 127

F

F. Schuon, 260
Faiz, 151
Fakr, 255
Farsça, 183
Farz, 61, 63
Farziyet, 11
el-Fasl, 220, 221
Faslu'l Makâl, 135
Fatımî devleti, 172
Fatih, 132, 134, 135
Fatih dönemi, 133
Fatih Kanunnamesi, 132, 133, 134, 135, 139
Fatih Sultan Mehmed, 133
Fazlur Rahman, 53, 115
Fehmu'l-Kur'an, 255
Felsefe, 104, 135, 136, 176
Felsefî Tasavvuf, 243
Fer'î meseleler, 250
el-Fetâvâ, 177
Fethu'l-Bârî, 21, 25, 37
Fethullah Gülen, 97, 185
Fethu'l-Muğîs, 214
Fethu'l-Mülhim, 118
Fetva, 45, 68, 201
Fey, 191
Feydu'l-Kadîr, 118, 169
Fıkh, 55, 140, 229
Fıkhî içtihadlar, 69, 128
Fıkıh, 17, 43, 49, 57, 93, 100, 123, 129, 130, 131,

136, 138, 139, 140, 145, 148, 173, 174, 175, 177, 179, 180, 245
Fıkıh ekolleri, 93
Fıkıh kaynakları, 16
Fıkıh kitapları, 56
Fıkıh literatürü, 17
Fıkıh Usulü, 53
Fıtrat, 169
fıtrat kanunu, 237
el-Fihrist, 35, 38
Fikir özgürlüğü, 12
Filistin, 127, 203, 204, 205, 261
Firaset, 238
Fitne, 119
Fizik, 103
Fransa, 108
Frengi, 113
Fuat Sezgin, 35, 37
Fudayl b. Iyâd, 192, 193
Fukaha, 51, 123, 139
Furkânu'l-Hakk, 185, 188

G

Gâvurlaşmak, 113
Gayb alemi, 17
Gayrimüslimler, 192
el-Gazzâlî, 75, 103, 122, 179, 255
Geleneğin kutsallaştırılması, 128
Gelenek, 127, 260
Geleneksel İslam, 151
Gemara, 127
Gerçek Furkan, 185
Gusül abdesti, 263
Günah, 242

H

Haber-i vahid, 31, 247, 259
Habîb-i Acemî, 193
Hacc, 13
Hacc menasiki, 12
Haccac, 261
Hacer-i Esved, 259
Haçlı seferleri, 186
Hadd cezası, 31
Hadis, 15, 21, 25, 43, 44, 45, 69, 79, 89, 93, 100, 173, 174, 175, 176, 177, 179, 180, 215, 229, 240, 245, 253, 254
Hadis alimleri, 174
Hadis araştırmaları, 32
Hadis ilimleri, 155, 173
Hadis ilmi, 175, 176
Hadis imamları, 70, 153, 156, 216
Hadis inkârcılığı, 89
Hadis kaynakları, 153
Hadis kitapları, 29, 44, 217
Hadis meclisleri, 176
Hadis merkezli yaklaşım, 44
Hadis otoriteleri, 21, 25, 26, 28
Hadis ravileri, 155
Hadis rivayetleri, 77
Hadis Tetkikleri Dergisi, 22, 25, 35
Hadis uleması, 174
Hadis usulcüleri, 94
Hadis Usulü, 76, 94
Hadisçiler, 28, 215
Hadisler, 12, 28, 31, 33, 34, 37, 44, 55, 85, 88, 215
Hadislerle amel, 253
Hakem olayı, 12
Hakikat, 17, 107, 116
ek-Hâkim, 39, 117
Halep, 173
Halepçe, 198
Halife, 132
Halil İnalcık, 132, 133
Halku'l-Kur'an, 183
Hama, 198

Hanbelî mezhebi, 131, 173, 174
Hanbelîler, 51, 52, 259
Hanefî ekolü, 247
Hanefî imamlar, 45
Hanefî mezhebi, 173, 174, 250
Hanefî ulema, 56
Hanefîler, 51, 52, 143, 247
Hanifi Sarıhan, 233
Haraç, 134
Haram, 151
Harem, 161
Haricîler, 12
Hâris b. Esed el-Muhâsibî, 193, 255
Harun er-Reşîd, 67
Harun Yahya, 88, 89
Hasais, 22
el-Hasâisu'l-Kübrâ, 216
Hasan-ı Basrî, 56, 193
Hasen, 39, 40
Hâss, 140
Haşhaşîler, 172
Haşr, 243
Hatîbu'l-Bağdâdî, 174, 175, 191, 192
Havariler, 237
el-Hâvi'l-Kudsî, 173
Hayri Kırbaşoğlu, 31
Hazreti İsa Gelecek, 88
Hazreti İsa'nın Geliş Alametleri, 88
Helal, 63
el-Heysemî, 213, 227
Hicaz, 172
Hicret, 233
Hidayet, 16, 17
Hilafet, 132
Hilafetin Kureyşîliği, 124
Hilmi Yavuz, 51, 129, 130, 131, 132, 133, 135, 136, 138, 139, 140, 141, 142, 143, 144, 145, 146, 147, 148

Himyerliler, 219
Hint/Pakistan alt-kıtası, 121
Hintçe, 183
Hirzu'l-Emânî, 173
Horasan, 69
Hristiyan dünyası, 77
Hristiyan inancı, 77
Hristiyan kültürü, 76
Hristiyan mezhepleri, 69
Hristiyanlar, 76, 77, 84, 97, 98, 183, 184
Hristiyanlık, 77, 84, 85, 131, 135, 136, 146, 186
Hukema, 136
Hulefa-i Raşidun, 129, 130, 137, 144, 145
Huntington, 205
Huruf-u mukattaa, 142
Hususi hukuk, 132, 133
Hutbe, 60, 61, 63, 64, 65
Hücecu'l-Kur'ân, 16
Hülagü, 202
Hürriyet, 241
Hürriyet gazetesi, 97
Hz. Hüseyin, 193
Hüseyin Kahraman, 21, 25, 27, 28, 29
Hüsnü Mübarek, 198
Hz. İsa'nın (a.s) Gelişi, 88

I

II. Bayezid, 135
II. Osman, 148
Ilımlı İslam, 204
Irak, 71, 169, 188, 191, 193, 194, 195, 196, 199, 203, 204, 205, 206, 261
Irak fukahası, 56
Irak halkı, 196, 197
Irak savaşı, 195, 196, 197, 201, 205

İ

İbadat, 140, 145, 146
İbn Abbâs, 224
İbn Abdilberr, 68, 216, 217
İbn Âbidîn, 56
İbn Arabî, 122
İbn Asâkir, 173, 176
İbn Burhan, 250
İbn Cerîr et-Taberî, 68, 193
İbn Dakîk el-İyd, 177
İbn Ebî Asrûn, 177
İbn Ebî Leylâ, 59, 60
İbn Ebî Şeybe, 39, 68
İbn Ebî Useybi'a, 173
İbn Hacer, 27, 28, 36, 155, 213, 214, 216, 217, 221, 250
İbn Haldun, 219
İbn Hallikân, 173
İbn Hammûye, 173
İbn Hazm, 68, 220, 221
İbn Hibbân, 39, 117, 153
İbn Huzeyme, 153
İbn İshâk, 193
İbn Kesîr, 260
İbn Kudâme, 68, 173
İbn Kuteybe, 27, 193
İbn Mâce, 153, 216
İbn Mehdî, 21, 25, 26, 214
İbn Receb, 118
İbn Rüşd, 135, 136
İbn Sayyâd, 217, 218, 219
İbn Sina, 122
İbn Sîrîn, 193
İbn Surûr, 173
İbn Şeddâd, 174
İbn Teymiyye, 122, 123, 180, 209, 210, 211, 227, 263
İbnu'l-Adîm, 173
İbnu'l-Cevzî, 173, 175, 193
İbnu'l-Kasım, 54
İbnu'l-Kıftî, 173
İbnu'l-Mübârek, 214, 227
İbnu'l-Münzir, 68
İbnu'n-Neccâr, 175
İbnu'n-Nedîm, 35, 38
İbnu's-Salâh, 173
İbnu'z-Zebîdî, 176
İbnu'z-Zekî, 177
İbrahim Hatiboğlu, 25
İbrahim Maraş, 122
İbrahimî dinler, 117
İcma, 43, 49, 50, 123, 136, 138, 252
içtihad, 94, 123, 129, 130, 136, 137, 138, 141, 143, 144, 145, 146, 148, 177

İ

İdâhu'l-Kelâm, 259
İdil-Ural bölgesi yenilikçiliği, 121
İfk hadisesi, 212
İftar, 12
İhsan A. Bagby, 43
İhtilâfu'l-Fukahâ, 68
İhtilâfu'l-Ulemâ, 68
İhvan, 198
el-İhyâ, 255
İkta, 134
İlahî dinler, 49
İ'lâu's-Sünen, 55, 56
İlham, 237, 238, 239, 240
İllet, 51, 129, 130, 145
İlmihal, 16, 17, 264
İmam Ahmed, 175, 254
İmam Mâlik, 172
İmam Rabbânî, 122
İman, 84, 108, 111, 242
İnfak, 257
İngilizce, 187
İnkâr, 108, 165
İnkârcılar, 108, 116
İnkıta, 47
İnkişaf dergisi, 246
İnsan hakları, 55, 112, 186
İntihar eylemleri, 204
el-İntisâr, 173

İrsad-ı gayri sahih, 134
İrsad-ı sahih, 134
İrsadî vakıflar, 135
İrtidat, 31, 33, 34
Hz. İsa, 76, 77, 79, 80, 81, 124, 184, 219, 237
İsa b. Yusuf, 174
İshak b. İbrahim, 183
İshâk b. Kindâc, 221
İshak b. Râhûye, 69
İskenderiye, 174
İslam, 12, 17, 31, 34, 43, 49, 50, 51, 52, 61, 76, 85, 87, 97, 98, 99, 108, 117, 123, 129, 132, 135, 136, 137, 138, 140, 146, 147, 148, 151, 152, 157, 162, 163, 172, 184, 186, 187, 188, 189, 200, 203, 233, 236, 241, 242, 245
İslam ahkâmı, 138
İslam akaidi, 76
İslam Ansiklopedisi, 76
İslam bilginleri, 97, 98
İslam coğrafyası, 235
İslam dünyası, 44, 49, 83, 99, 111, 116, 117, 173, 184, 189, 195, 196, 200, 204
İslam düşüncesi, 93, 94, 117
İslam Düşüncesinde 73 Fırka Kavramı, 39
İslam Fıkhı, 55, 145, 146
İslam Hukuk sistemi, 249
İslam Hukuk Tarihi, 43
İslam Hukuku, 34, 131, 133, 135, 146, 210
İslam Hukuku Metodolojisi, 43
İslam itikadiyatı, 77
İslam kaynakları, 183, 204
İslam medeniyeti, 205
İslam mezhepleri, 69
İslam mistisizmi, 117

İslam Modernistleri, 128
İslam Müçtehidlerinin Kıymet-i İlmiyesi, 123
İslam Nasıl Yozlaştırıldı, 61, 63
İslam tarihi, 172, 183, 201
İslam toplumu, 155
İslam toprakları, 186
İslam ülkeleri, 195, 197
İslam Ümmeti, 67
İslam ve Modern Çağ, 75, 76, 191
İslam'ın modernizasyonu, 51, 52, 138
İslamî bilgi kaynakları, 87
İslamî hükümler, 162
İslamî ilimler, 32, 104, 121, 155, 157, 177, 184, 255
İslamî yenileşme hareketleri, 121
İslamiyat çalışmaları, 184
İslâmiyât dergisi, 31, 35, 85
İslamiyet, 148
İsmail Gaspıralı, 121, 123
İsmail Kara, 250
İsmail Türkoğlu, 122
İsnad, 213, 215, 224
İsrail, 185, 186, 204
İsrailiyat, 21
İsrailliler, 97
İsrailoğulları, 81, 152
İstanbul, 11, 192, 204, 255
İstıslah, 137, 138
el-İstî'âb, 216
İstiğfar, 154
İstihare, 249
İstihbab, 57
İstihsan, 53, 54, 136, 138
İstishab, 137, 138
el-İstizkâr, 68
İtikad, 87, 100
İtikadda çoğulculuk, 99
İtikadî fırkalar, 99
İzafî mutlaklık, 136

İzzuddîn b. Abdisselâm, 173, 229, 259

K

Kâbe, 67, 189, 259, 261
Kabir suali, 243
Kabr-i saadet, 254
Kadı Iyâd, 220, 221, 222, 223, 224, 225, 226, 227
Kadılık, 59
Kadın hakları, 151
Kadının şahitliği, 154, 155
Kâfirler, 34
Kafkaslar, 188
Kahire, 173, 192
Kamu hukuku, 136
Kamu yararı, 53
Kanal 7, 83
Kapitalizm, 197
Kardeş katli, 133, 148
el-Kâsânî, 173
Kâtip Çelebi, 251
Kaza, 45
Kehhâle, 156
Kelam, 16, 100, 184
Kelam alimleri, 123
Kelamcılar, 124
Kelde b. Zeyd, 88, 89
el-Kemâl fî Ma'rifeti'r-Ricâl, 173
Keramet, 238, 243
Kerbela, 193
Kerkük, 193
Keşfu'l-Hafâ, 216, 223
Keşif, 239
el-Kettânî, 38
el-Kevserî, 47, 175, 214, 243, 250
Kıdem, 122
Kıraat, 179
Kırbaşoğlu, 85
Kıyamet, 49, 83, 84, 124
kıyamet alâmetleri, 217
Kıyamet günü, 84

Kıyas, 43, 51, 52, 136, 138, 139, 252, 253
Kimya, 103
el-Kirmânî, 193
Kitab-ı Mukaddes, 88, 187
Kitâbu'l-Harâc, 191
Kitâbu'l-İcma, 68
Kitâbu'l-Îmân, 37
Kitâbu'l-Keşf, 135
Kitâbu'l-Megâzî, 38
Kitap, 16, 94, 116, 140, 143, 145
Kokain, 113
Konya, 31
Koptça, 183
Kore savaşı, 109
Kökten dincilik, 117
Kölelik, 137
Kremer, 148
el-Kudûrî, 222
Kudüs, 127
Kûfe, 178
Kulun iradesi, 103
el-Kunye, 222, 227
Kur'an, 11, 12, 13, 15, 16, 17, 31, 33, 43, 47, 48, 50, 51, 59, 75, 76, 79, 80, 83, 94, 98, 108, 115, 123, 129, 130, 137, 138, 141, 142, 143, 144, 145, 146, 147, 148, 165, 166, 177, 179, 180, 183, 187, 188, 189, 199, 234, 237, 245, 246, 252, 259, 260
Kur'an ilimleri, 173
Kur'an tefsiri, 128, 211
Kur'an ve Sünnet'e dönüş, 17
Kur'an'a uygunluk/aykırılık" söylemi, 33
Kur'an'daki İslam, 165
Kur'an-ı Kerim'de Sahabe, 246
Kur'an-Sünnet ilişkisi, 12

Kurban bayramı, 63
Kureyş, 55, 56
Kurtarıcı Mesih inancı, 85
Kutsal Kitap, 186
Kuveyt, 187
Kuveyt Üniversitesi, 201
Kuzey Afrika, 172
Kuzey Kore, 109
Küfür, 40, 211, 221
kültür, 152
Kütüb-i Sitte, 180, 212

L

Lafzî mütevatir, 85
Laik/seküler hukuk, 133
Lisânuddîn el-Belhî, 173
Lisânu'l-Mîzân, 221
LSD, 113

M

M. Enverşâh el-Keşmîrî, 244
M. Hayri Kırbaşoğlu, 85
Maddî alem, 104
Mahmut Gül, 75
Makâlât, 47, 49
Maktu, 76
Malezya, 100, 201
Mâlik, 36, 52, 53, 54, 67, 94
Mâlik b. Enes, 44
Mâlikî imamlar, 45
Mâlikî mezhebi, 222
Malikîler, 51
Ma'mer b. Râşid, 35, 36, 37, 86
Manevi tevatür, 85, 86
Mantık, 103
Mardin, 185
Marife dergisi, 33, 43, 53, 93
Marmara Üniversitesi İlahiyat Fakültesi, 97
Ma'rûf el-Kerhî, 194

Maslahat, 51, 52, 53, 129, 130, 145
Maslahat-ı mürsele, 52
Matematik, 103, 157, 173, 201
el-Mâturîdî, 163
el-Mâverdî, 193
el-Mebsût, 54, 63, 263
Mecduddîn İbnu'l-Esîr, 173, 193
Mecelle, 107, 121, 129, 130, 141
Mecmau'l-Müesses, 250
Mecma'u'z-Zevâid, 212, 213
Medeniyet, 112, 152, 205
Medeniyetler çatışması, 205, 206
el-Medhal, 39, 68
Medine, 65, 191, 192, 217, 254
Medineliler, 172
Medinetu's-Selâm, 191
Mehdi inancı, 86
Mehmet Görmez, 123
Mekanik, 103
Mekke, 71, 212
Mekruh, 13
Mele-i A'la, 220
Melekler, 161, 219, 220
Meliku'l_Muazzam, 175
Meliku'l-Âdil Muhammed, 176
Meliku'l-Azîz Osman, 176
Meliku'l-Efdal Ali, 176
Meliku'l-Eşref Musa b. Muhammed, 176
Meliku'l-Kâmil, 175
Meliku'l-Mansûr Mahmud, 176
Meliku'l-Mansûr Nâsıruddîn Muhammed, 175
Meliku'l-Muazzam, 173, 174, 175

Meliku'l-Muazzam
　Turanşah, 176
Meliku'l-Müeyyed
　İmâduddîn Ebu'l-Fidâ
　İsmail b. Ali, 175
Meliku'n-Nâsır Davud b. İsa,
　176
Meliku's-Sa'îd Abdülmelik
　b. İsmail, 176
Meliku'z-Zâhir Gazi, 176
Melikü'l-Eşref, 259
Memlûklüler, 155, 170
Me'mun, 183
Menâhilu's-Safâ, 227
Menakıb, 249
el-Menâkıb, 178
Mensuh, 130, 143, 144
el-Merâsîl, 65
Merâtibu'l-İcma, 68
Merfu, 76
Mervan, 64
Mescid-i Nebî, 172
Mesih, 186
Mesih Müjdesi, 88
Metin Akpınar, 235
Mevkuf, 76
Mevlüt Özer, 39
Mezhep çatışmaları, 69
Mezhep imamları, 44
Mezhepler, 45, 51, 56, 69
Mısır, 121, 172, 177, 185,
　198
Mihne, 183
Mikâil, 161
Mina, 11
Miraç, 223, 225
Miras, 192
Miras paylaşımı, 151
Mir'âtu'z-Zemân, 173
Mirî arazi, 134
Misyonerler, 188
Misyonerlik faaliyetleri, 188
Mişna, 127
Mi'yâru'l-İlm, 122
el-Mîzânu'l-Kübrâ, 69

el-Mizzî, 180
Modern dönem, 17, 99,
　117, 121
*Modern Fetvalar Çağdaş
　Hurafeler*, 61, 75
Modern İslam anlayışı, 115
*Modern İslam Düşüncesinin
　Tenkidi*, 44, 54, 233
modern zamanlar, 99, 184,
　242
Modernistler, 99, 188, 245,
　253, 260
Modernite, 136, 241, 249
Modernizm, 50, 260
Modernleşme, 111, 148
Moğol istilası, 172
Moğollar, 201, 202
MOSSAD, 186
Muamelat, 140, 145, 146
Mu'âviye b. Ebî Süfyân, 39
Mu'âz b. Cebel, 47
el-Mu'cem, 176, 212
Mu'cemu'l-Buldân, 173
Mu'cemu'l-Udebâ, 173
Mu'cize, 22, 124, 243
el-Muğnî, 68, 173
Muhaddis Fukaha, 56
Muhammed eş-Şeybânî,
　44, 54
Muhammed Necib Tünterî,
　121
Muhammed Zâhid el-
　Kevserî, 49
Muhammediyye, 220
Muhkem, 129, 141, 145,
　146, 147
Muhtâr b. Mahmûd el-
　Ğazmînî, 221
*el-Muhtasar fî Ahbâri'l-
　Beşer*, 175
Muhtasaru İhtilâfi'l-Ulemâ,
　68
Muhyiddîn İbn Arabî, 123,
　263
Mukaddime, 173, 219

Mukâtil b. Hayyân, 65
Hz. Musa, 237
Musa Carullah Bigiyef, 123, 124, 125
el-Musannef, 35, 36, 37, 38, 68, 85, 86
Mustafa Ertürk, 32
Mustafa İslamoğlu, 209, 210, 211, 212, 213, 214, 215, 216, 217, 218, 219, 220, 221, 222, 223, 224, 225, 226, 228
Mustafa Sabri Efendi, 123
Musul, 169, 193
Mut'a nikâhı, 53
Mu'tezile, 49, 93, 100, 116, 183, 184, 263
Mutlak içtihad, 249
el-Muvatta, 36, 54, 67, 176
Mübah, 13
Müceddit hadisi, 93
Mücedditler, 49
Mücmel, 47, 48
Müçtehid İmamlar, 68, 123
el-Müdevvene, 54
Müellefe-i kulub, 137, 147
Müfesser, 129, 141, 142
Müfessirler, 166, 225
Mü'minler, 118, 217
Münakehat, 140, 145, 146
el-Münâvî, 118, 169
el-Münzirî, 229
Mürsel maslahat, 53
Müsbet bilimler, 229
el-Müslim, 26, 39, 65, 117, 153, 156, 161, 217, 218, 257
Müslümanlar, 34, 67, 77, 86, 111, 117, 118, 137, 148, 151, 186, 201, 202, 203, 204, 205, 241
Müslümanlık, 148
Müslüman-Türk devletleri, 131, 146

el-Müsned, 37, 118, 161, 175, 212
Müsnedu'ş-Şâmiyyîn, 161
Müsnedu'l-Fârûk, 260
Müstehap, 13
Müsteşrikler, 44
Müşrikler, 93, 98
Müteşabih, 141, 142, 143
Mütevatir, 75, 85, 189
el-Müzenî, 180

N

Nafaka, 164
en-Nâfi', 172
Namaz, 153, 154, 161, 247, 263, 264
Nasbu'r-Râye, 29
Nasîruddîn et-Tûsî, 201
Nasslar, 93, 124, 130, 131, 138, 139, 145, 146, 147, 162, 163
Nass-Maslahat ilişkisi, 51
Nebiler, 220
Necef, 193
Nefs-i emmâre, 242
Neo İ'tizal, 116
en-Nesefî, 193
Neseme, 244
Nesh, 47, 129, 130, 145
en-Nevâdiru's-Sultâniyye, 174
en-Nihâye, 173, 193
Nikâh, 57
Nikâh akdi, 127
Nikâhta denklik, 55, 56, 57
Ninova, 194
Nizam-ı alem, 132, 133, 139
Hz. Nuh, 216
Nuh b. Ebî Meryem, 156
Nu'mân b. Sâbit, 71
Nureddin Mahmud b. Zengi, 170
Nuri Topaloğlu, 22

Nübüvvet, 239, 240
en-Nüket ala İbni's-Salah, 213
Nüzul-i İsa, 75, 76, 77, 79, 83, 85, 86, 87, 88

O

Orta yaş bunalımı, 158
Ortadoğu, 185, 187, 195, 197, 205, 206
Ortadoğu halkları, 185, 205
Oruç, 153, 154, 161
Oryantalistler, 111, 184, 245
Osmanlı, 121, 132, 133, 134, 135, 139, 192, 197
Osmanlı hukuk sistemi, 134
Osmanlı Kanunnameleri, 133
Osmanlı sultanları, 204

Ö

Ölüm cezası, 31
Hz. Ömer, 53, 59, 131, 136, 137, 147, 152, 191, 217, 218, 260, 263
Ömer Abdüsselâm Tedmürî, 229
Ömer b. Abdilazîz, 169
Ömer b. Mekkî, 231
Ömer el-Mevsılî, 170
Ömer Nasuhi Bilmen, 264
Örf, 131, 132, 146, 147
Örfi Hukuk, 131, 132, 133, 135, 140, 146
Özcan Hıdır, 35
Özel Hukuk, 140, 145
Özgürlük, 206, 241, 242

P

Papa, 132, 146

Peygamberler, 79, 81, 107, 161, 238, 239
Peygamberlik, 237
Pozitif bilimler, 176
Pozitivizm, 104
Primus inter pares, 56
Protoplazma, 104
Psikoloji, 103

R

Rabbiler, 127
Rahat'üs-Sudur, 132, 146
Rahmet-i İlahiye Bürhanları, 123
Ramazan, 11, 153, 163
Raşid Halifeler, 64
Râvendî, 132, 146
Recm, 31
er-Redd alâ Siyeri'l-Evzâ'î, 70
Reddü'l-Muhtâr, 56
Reform, 128
Reformist/modernist çizgi, 123
Renan, 129, 140, 148
Rey, 136, 138
Re'y ehli, 94
Rızâeddîn b. Fahreddîn, 123, 121
Rical kitapları, 32
Ridde olayları, 152
Risâletu Ebî Dâvûd, 214
er-Risâletu'l-Müstatrafe, 38
Risâletu'l-Müsterşidîn, 255
Risâletu'n-Nâsıriyye, 222
Robinson Crusoe, 107
Romalılar, 79, 81
Ruh, 243, 244
Ruhsat, 69
Rûhu'l-Ma'ânî, 194
Rusya Müslüman Türkleri, 121
Ruveym b. Ahmed el-Bağdâdî, 193

Rüya, 243, 249, 250

S

S.H.Nasr, 136, 260
Sa'îd b. Ebî Meryem, 156
Sa'd b. Ebî Vakkâs, 39
Sadaka, 154
Saddam, 193, 195, 196, 205, 206
Sadru'ş-Şeria el-Asgar, 249
Sahabe, 12, 34, 44, 47, 49, 50, 53, 61, 67, 76, 94, 145, 161, 166, 189, 210, 211, 214, 216, 217, 245, 246, 257
Sahih, 39
es-Sahîh, 215, 227
Sahîhu Müslim, 118, 175
Sahîhu'l-Buhârî, 176, 193
Sahte Mesihler, 86
Salâhuddîn Halîl b. Keykeldî el-Alâî, 179
Salih Yusuf Ma'tûk, 155
Saltanat, 132
Samiri Tevratı, 127
Sana Din'den Sorarlar, 111
Sârimu'l-Meslûl, 210, 211, 212
es-Saymerî, 59, 171, 178
Sebep-sonuç ilişkisi, 103
Sedd-i zerayi, 137, 138
es-Sehâvî, 214
Sehl b. Abdillah et-Tüsterî, 193
es-Sehmu'l-Musîb fî Kebidi'l-Hatîb, 174, 175
Selahaddin Eyyubi, 173, 174, 176
Selef, 49
Semavî dinler, 187
Sened tenkidi, 32
es-Serahsî, 63, 64, 263
Serdar Demirel, 100, 201
Sevad arazisi, 192

Sevad-ı A'zam, 40
es-Sevrî, 214
es-Seyfu'l-Meslûl, 212
Seyyid Kutup, 263
Sezar, 131, 132, 146
Sıbtu İbni'l-Cevzî, 173, 174
Sıle b. Züfer, 37
Sidre-i Münteha, 225
Silsiletu'l-Ahâdîsi'd-Da'îfe ve'l-Mevdû'a, 40
Siyaset, 172
Siyer, 70, 174, 193
Siyeru A'lâmi'n-Nübelâ, 254
Siyonist Haçlılar, 186
Sosyal Bilimler, 104
Sosyal Mukavele, 241
Sosyoloji, 116
Sovyet Devrimi, 121
Suret Hadisi, 25, 27
Suriye, 195, 198
es-Sübkî, 178, 179, 180
Süfyân es-Sevrî, 37, 179, 193
Süleyman b. Abdilkavî et-Tûfî, 131
Süleyman Hayri Bolay, 103
Süleymaniye kütüphanesi, 89
es-Sünen, 35
es-Sünenu'l-Kübrâ, 68
es-Sünenu's-Suğrâ, 68
Sünnet, 13, 17, 33, 43, 47, 48, 51, 59, 63, 75, 76, 87, 89, 93, 123, 129, 130, 131, 136, 137, 140, 142, 143, 144, 145, 146, 148, 152, 189, 233, 234, 245, 252
Sünnet'in hücciyyeti, 75
Sünnet'in Kur'an'a arzı, 33
Sünnetullah, 49
Sünnî Fıkıh mezhepleri, 253
Sünnî paradigma, 93
Süryanice, 183

es-Süyûtî, 177, 216, 227

Ş

eş-Şâfi'î, 43, 44, 53, 54, 69, 70, 93, 94, 180, 222
Şafi'î mezhebi, 45
Şafiî ulema, 223
Şâfiîler, 51, 52
Şah Veliyyullah, 122
Şahadet, 153
Şahitlik, 151, 153, 154, 158, 159
Şam, 70
eş-Şâmil, 222
eş-Şa'rânî, 69
eş-Şâtıbî, 52, 53, 173
Şebbîr Ahmed el-Osmânî, 118
Şehadet alemi, 17, 204
Şehit, 203, 244
Şemseddin Muhammed Kültesî, 121
Şemsuddîn İbnu'l-Cezerî, 229
Şer'i Hukuk, 131, 132, 146
Şerhu'l-Kavâidi'l-Fıkhiyye, 130
Şeriat, 131, 132, 133, 135, 136
eş-Şeybânî, 53
Şeyh Efendinin Rüyasındaki Türkiye, 250
Şeytan taşlama, 12
eş-Şifâ, 220, 221, 222, 226
Şihâbuddîn es-Sühreverdî, 173, 194
Şihabuddin Mercânî, 121, 123
Şirk, 97, 98, 166, 185
Şu'be b. el-Haccâc, 193
eş-Şumunnî, 221
Şura, 234
Şükrü Özen, 53

T

Ta'zir, 133, 148
Tabakat kitapları, 16
Tabakâtu'l-Kurrâ, 76
Tabakâtu'ş-Şâfi'iyye, 177, 259
Tabakâtu'ş-Şu'arâ, 175
et-Taberânî, 39, 161, 212, 213
Tabiat Kanunlarının Zournsuzluğu Hakkında, 103
Tabiun, 34, 65, 67, 76, 94, 214, 245
Tâcuddîn Abdülvehhâb es-Sübkî, 100, 177, 179, 259
Tadlil, 124
Tafsil, 47
et-Tahaddüs bi Ni'metillâh, 177
Takiyyuddîn es-Sübkî, 179, 180, 210, 252
Taklid ehli, 123
Takva, 55, 68, 77, 238
Takvîmu'l-Buldân, 175
Takyid, 47
Talha b. Ubeydillah, 191
Ta'lil, 21, 25
Talmud, 127
Tanrı hükümranlığı, 76
Tanrı Krallığı, 186
Tanrıtanımazlık, 97
Tanzimat, 112, 192
Tarih, 173, 174, 175
Tarihsel tenkit metodu, 245
Tarihselci bakış, 151, 152
Tarihsellik, 117, 162
Târîhu Bağdâd, 174, 175, 191
Târîhu Havâdîsi'z-Zemân ve Enbâihî ve Vefeyâti'l-Ekâbir ve'l-A'yân min Ebnâih, 229
Târîhu İbni'l-Cezerî, 229, 231

Târîhu'l-Hukemâ, 173
et-Târîhu'l-Kebîr, 175
Târîhu'n-Nuhât, 176
Tasadduk, 161, 257
Tasavvuf, 100, 173, 255
Tasavvuf ehli, 124
Tashih, 240
Tataristan, 121
Te'vîlu Muhtelifi'l-Hadîs, 27
et-Tebarânî, 254
Teberrük, 22
Tecsim, 142
Tedvin dönemi, 76
Tefsir, 79, 179, 245, 263, 264
et-Tehâfüt, 122
Tekfir, 12, 122, 124
et-Temhîd, 68
et-Temyiz, 214
Te'nîbu'l-Hatîb, 175
Teoloji, 136
Teracim, 249
Terakki, 111, 129, 148
Terör, 203, 204
Tesettür, 115
Te'sîsu'n-Nazar, 255
Teşbih, 142
Tevatür, 76, 85, 86, 87
Tevessül, 254
Tevhid, 116
Tevil, 248
Tevrat, 127, 152
Tımar, 132, 133
Tıp, 173
et-Tirmizî, 39, 153, 239
Tutuculuk, 117
Türkçe, 32, 246, 251
Türkî cumhuriyetler, 188
Türkiyat Mecmuası, 35
Türkiye, 109, 157
TV 5, 75, 79

U

Ubeydullah b. Mes'ûd, 249

Ukubat, 140, 145, 146
Ulema, 69, 70, 131, 132, 133, 142, 148, 172, 174, 184, 189, 192, 216, 243, 248, 259
Ululemr, 139
ulum-u diniyye, 229
Ulumu'l-Kur'an, 12
Umdetu'l-Karî, 21, 25, 26
Umum, 48
Usbû dergisi, 185, 187
Usul, 11, 45, 179, 249, 250, 251, 255
Usulcüler, 51
Usul-i Fıkıh, 43, 100, 137, 138, 139, 140, 143, 145, 251, 259
Usul-i Hadis, 28, 215, 251
Usul-i Tefsir, 251
Utbe b. Ferkad, 191
Uydurma, 22, 33, 34
Uyeyne b. Hısn el-Fezari, 212
Uyûnu'l-Enbâ', 173

Ü

Üç Muhammed, 209, 210, 211, 212, 213, 214, 215, 216, 218, 220, 221, 222, 223, 225, 226, 227
Üç talak, 53
Üç uknum, 184
Üç aylar, 264
el-Ümm, 70, 180
Ümmet, 12, 17, 40, 191, 194, 253
Ümmü'l-veled, 53
Üsame b. Ladin, 97
Üsâme b. Munkız, 173

V

Vacip, 13
Vahiy, 104, 111, 128, 144, 186, 234, 237, 248

Vakıf, 134, 135, 192
Vakıf arazisi, 133
Vakıf müessesesi, 134
Vakıflar, 133
Vakıfların ilgası, 192
el-Vefeyât, 173
Veliyyül emr, 134
Vera, 192
Vietnam, 196
Vücup, 57

Y

Yahudi din adamları, 127
Yahudi geleneği, 127
Yahudi Kutsal Kitap Külliyatı, 127
Yahudi kültürü, 127, 128
Yahudi tarihi, 128
Yahudi Tevratı, 127
Yahudiler, 79, 81, 84, 97, 98, 127, 186, 217
Yahudilik, 85, 186
Yahudilik tarihi, 128
Yahyâ b. Âdem, 191
Yahya b. Said el-Kattan, 214
Yahya el-Gassânî, 169
Yahya el-Leysî, 54
Ya'kub b. Şeybe, 37
Yâkût el-Hamevî, 173
Yaşar Nuri Öztürk, 11, 60, 63, 165
Yaşayan Sünnet, 53
Yemen, 172
Yeni Ahit, 245
Yeni Ümit dergisi, 203
Yenileşme, 128
Yenilikçi akım, 124
Yenilikçi yaklaşım, 123
Yenilikçilik hareketleri, 121

Yeruşalayim (Kudüs) Gemarası, 127
Yobazlık, 12
Yunanca, 183
Yunus, 194
Yusuf (a.s), 80

Z

Zafer Ahmed et-Tehânevî (Tanevî), 56
Zâhir, 142, 143
Zahirîler, 51
Zahîruddîn Ahmed, 176
Zakir Kadiri Ugan, 121
Zaman gazetesi, 129, 140
Zaruriyyat, 51, 52
Zayıf hadis, 214
ez-Zehebî, 39, 176, 180, 214, 254
Zekât, 137, 138, 152
Zenadıka, 116
Zerdüştiler, 97, 98
ez-Zerkeşî, 223, 227
Zevâid, 213
ez-Zeyla'î, 29, 39
Zeynuddîn Ebû Hafs Ömer b. Mekkî, 229
Zimmîler, 34
Zina, 33, 34
Zina iftirası, 59
Ziyade, 21, 25, 27, 28
Ziyâdetu's-sika, 28, 29
Ziyâeddîn Kemâlî, 121, 123, 125
Zorunsuzluk ilkesi, 103
Zulüm, 169, 197, 242
Zuyûlu Tezkireti'l-Huffâz, 250
Zühd, 238, 255
Züheyr b. Mu'âviye, 37